■ 浙江工商大学文化精品研究工程

■ 改革开放40周年浙商研究院智库丛书

中国模式

中国跨境电商综合试验区
试点实践与创新经验

肖 亮 余福茂 / 著

浙江工商大学出版社 | 杭州

ZHEJIANG GONGSHANG UNIVERSITY PRESS

图书在版编目(CIP)数据

中国模式：中国跨境电商综合试验区试点实践与创
新经验 / 肖亮，余福茂著. —杭州：浙江工商大学出
版社，2018.12(2021.5重印)

ISBN 978-7-5178-3080-1

Ⅰ. ①中… Ⅱ. ①肖… ②余… Ⅲ. ①电子商务－产
业发展－研究－中国 Ⅳ. ①F724.6

中国版本图书馆 CIP 数据核字(2018)第 275637 号

中国模式：中国跨境电商综合试验区试点实践与创新经验
ZHONGGUO MOSHI：ZHONGGUO KUAJING DIANSHANG ZONGHESHIYANQU
SHIDIAN SHIJIAN YU CHUANGXIN JINGYAN

肖　亮　余福茂 著

责任编辑	谭娟娟
封面设计	王妤驰
责任印制	包建辉
出版发行	浙江工商大学出版社
	（杭州市教工路 198 号　邮政编码 310012）
	（E-mail：zjgsupress@163.com）
	（网址：http://www.zjgsupress.com）
	电话：0571－88904980，88831806（传真）
排　　版	杭州朝曦图文设计有限公司
印　　刷	杭州高腾印务有限公司
开　　本	710mm×1000mm　1/16
印　　张	19.5
字　　数	306 千
版 印 次	2018 年 12 月第 1 版　2021 年 5 月第 2 次印刷
书　　号	ISBN 978-7-5178-3080-1
定　　价	55.00 元

丛书编委会

总 主 编：陈寿灿
副总主编：李 军
副 主 编：范 钧 鲍观明 吴 波
编 委（按照姓氏笔画）：

于希勇 马 良 马淑琴 王江杭 刘 杰
肖 亮 余福茂 周鸿承 姜 勇 宫云维
徐 锋 徐越倩 高 燕 陶 莺 黎 常

总　序

　　当代中国社会 40 年的改革开放历程与当代浙江发展的"浙江模式"及当代浙商的成长是一个相互辉映、互促互进的动态历史进程。一方面，当代中国改革开放伟大进程既成就了当代"浙江模式"的发展奇迹，也成就了当代浙商的辉煌，并因此成为考察"浙江模式"与浙商成就的基础视界；另一方面，当代"浙江模式"与浙商以其自身的耀眼成就与成长轨迹诠释了中国改革开放 40 年的时代特点，涉及各历史时期的政治、经济结构性样态与转型范式。与之相应的是，作为改革开放之潮头阵地的浙江经济及作为改革开放之急先锋的浙商所代表的发展理念、未来趋势也在某种程度上指明了当代中国全面改革开放的可能方向。

　　所谓"浙江模式"，是指在由计划经济向市场经济及由农业社会向工业社会转型的进程中，发源于"温州模式"的以市场为主导、民营经济为主体及服务型地方政府建设为特征的当代中国改革开放进程中最具活力的经济模式。"浙江模式"的最主要特色在于创新——特别是通过民间尝试性制度创新——形成了民间投资、民间运营和民间分享的"民有、民营、民享"的自我循环体系，型塑了内生型的自组织的增长动力系统，并在结合社会发展与政府治理模式创新的基础上，较早且较为系统地解决了经济体制改革中的企业改制与产权改革等问题。可以说，"浙江模式"极为动态地呈现了经济体制改革图景中社会发展的内生型逻辑：一方面，制度变革首先为个体私营经济、民营经济的发展开辟了道路，并因此成为促进当代中国个体经济、民营经济发展的直接力量；另一方面，基于个体创业或集体创业的浙江个体私营经济和民营经济发展实践，成为中国改革开放的先锋，并为制度变革提供了坚实的基础和实践依据，从而成为推动制度变革的积极力量。

20世纪90年代以后，"温州模式"扩展至台州、宁波、绍兴、金华和杭州等地。进入21世纪，"浙江模式"又率先在乡村振兴、电子商务、海外并购、绿色金融等领域迅速发展，极大地拓展了"浙江模式"的恢宏图景，不但在当代中国改革开放与现代化建设中的道路开创与引领方面有所建树，更重要的是，"浙江模式"还在当代中国发展的"中国经验"的型构中，为全球发展中国家的发展提供了极其有益的"中国道路"与"中国方案"的战略借鉴。因为，在本质上，"浙江模式"代表的是新兴的中国特色社会主义市场经济模式，是中国特色社会主义道路的基本方向与策略指引下的市场经济，而"浙江模式"的成功代表了中国道路与中国方案的科学性与有效性。

当代浙商是浙江模式的最先锋力量，他们因特色的发展道路与辉煌的成就成为当代中国社会经济领域最引人瞩目的群体。当代浙商，萌芽于20世纪70年代末期即改革开放初期，在80年代商品经济和市场发育的进程中积聚了最初的资本力量；而后，在90年代市场经济体制建构的实践中迅速成长，并伴随着国有经济战略性调整和企业改制、产权改革等一系列的改革绘就了恢宏的浙商新画卷。当代浙商在90年代之前的发展历程，最为生动地呈现了他们自主改革、自担风险、自我发展、自强不息的"四自精神"。进入21世纪以来，当代浙商又成为中国经济融入全球化进程的先锋力量，迅速在经济全球化的进程中积极布局，在世界创业与全球并购中崭露头角。可以说，在当代中国，特别是在改革开放以来的社会进程中，当代浙商因其在国内外众多经济热点领域中的活跃表现与巨大成就而成为被公众广泛认可的地域性商帮。它既充分诠释了当代中国改革开放的伟大进程，又深刻揭示了作为浙商成长的"浙江模式"的实践价值。尤其值得关注的是，不论是当代浙江经济发展的"浙江模式"还是当代浙商创造的巨大成就，都离不开特定的文化支撑与引领。马克斯·韦伯在其《新教伦理与资本主义精神》一书中阐明了一个关于经济发展与文化支撑的真理性命题，即"任何形态的经济发展都必定内蕴了特定的文化力支撑，缺少这种文化力的支撑，任何形态的经济发展都不可能获得持续的生命力"。这一命题说明，当代浙江经济发展必定基于特定的文化力支撑，毫无疑问，浙学传统才是浙商文化、浙江经济发展的源头活水。而浙学传统所代表的并非一般意义上的地域性学术，因为，无论是从其学术要旨的维度还是从其学术的实践精神维度考察，浙学传统所代表的其实是中国传统文化的承继与创新性发展，并在这种承继与创新性发展中成就独特的浙商精神，其要旨有三：①以义和利的义利观。浙商精神中的以义和利的义利观既是对儒家传统的义利观的继承，又在永嘉事功学说的基础上有所开掘：一方面，永嘉事功学说的基本旨趣在于经世致用，它承继了二程的"义为利之和"的义利观，强调义和利并没有绝对的分别，即所谓的"圣人以义为利，义安处便为利"；另一方面，永嘉事功学说虽提倡事功趣向，但其事功并非以个体功利为目标，并非如道学家所批判的"坐在利欲的胶漆盆中"那样，而是始终把国家民族的社会公利置于私利之上。叶适所倡导的即是"明大义，求公心，图大事，立定论"的"公利主义"精神。②知行合一。知行合一是阳明心学的核心要旨，一方面它强调知中有行，行中有知，反对把知与行截然二分化。故王阳明说："知是行的主意，行是知的工夫，知是行之始，行是知之成。"另一方面，阳明心学的知行与道德是高度一致的，在四句教中就有"知善知恶是良知，为善去恶是格物"，故此，其知行观内蕴了深刻的道德追求。正是这种以知善为善行的取向成就了浙商的儒商气度。③包容开放精神。从中国传统文化发展的角度看，两宋以来，浙学绝非只意味着狭隘的地域性文化发展：永嘉学派、金华的婺学代表了儒家文化在浙江的传承与发展；象山心学虽盛于赣，但象山之后心学的最盛况发展却仍在浙江，先有甬上心学承象山衣钵，后有阳明心学之气象大成。朱氏闽学源于且盛于福建，但朱熹之后，闽学在黄榦之后便转向浙江，黄震是闽学在浙江最具代表性的学者，也是闽学后期最具代表性的学者。由此不难看出，浙学发展最为完美地体现了创新与融汇乃是成就学术气象的根本。在浙学激荡成长的过程中确立起来的浙江精神、浙商传统也因此成为最富于包容与开放的精神。

值此当代中国改革开放 40 年之际，我们推出"改革开放 40 周年浙商研究院智库丛书"，拟在当代中国改革开放的恢宏图景中审视当代浙江经济、社会发展的"浙江模式""浙江经验"与"浙商精神"，既在历史的回溯与反思中深究未来浙江发展的应然方向与实践路径，又在"浙江模式""浙江经验"与"浙商精神"的系统阐述中挖掘后发地区可资借鉴的思想资源与实践经验。收入本丛书的研究成果，不同于传统意义上的浙江经济发展研究与浙商研究，它们不求面面俱到，但求视界独特；不求论述系统，但求思想创进；它们既着眼于揭示当代浙江经济社会发展与浙商精神的文化真谛，又努力澄清人们在相关问题上的认知误区。

《中国范本：改革开放 40 年义乌国际贸易综合改革的理路与成就》一书通过介绍改革开放以来义乌市场的发展历程，义乌国际贸易综合改革试点的确立与进展，"一带一路"背景下义乌市场竞争新支点、电子商务与物流业的新发展等内容，展现了义乌打造国际贸易综合改革的创新之路。《以利养义：改革开放 40 年浙商参与公益研究》则从改革开放以来社会主义市场经济体制建立与完善的视角解读了浙商及其文化，并从企业家的社会效应维度审视了浙商的公益参与，阐明了浙商的公益参与在促进经济增长和社会进步方面的重要作用。《中国模式：中国跨境电商综合试验区试点实践与创新经验》在全面回顾当代中国改革开放 40 年以来电子商务及跨境电商发展历程、趋势与动因的基础上，从微观、中观和宏观的角度系统阐述了跨境电商相关理论；在总结我国跨境电商综合试验区试点背景与历程、试点方案、试点成效与存在问题的基础上，从业务模式、"单一窗口"、产业园区、物流模式、制度创新的角度系统阐述了我国跨境电商综合试验区试点的主要内容和实践创新，并从杭州、宁波、义乌跨境电商综合试验区试点建设背景与基础、现状与问题、成效与对策的角度总结了跨境电商综合试验区试点的浙江经验。《治理转型：浙江服务型政府建设研究》主要论述了浙江省服务型政府建设在简政放权、规制权力、效率提升和民生保障等方面的经验，并提出了服务型政府建设的未来趋向。《"撤村建居"：人的现代化和社区融合》一书以多元中心的理论为主导，主要探讨了"撤村建居"社区的基层社会治理以及基层社区重建与"城市化"建设方面的重要问题，阐明了突破"城乡二元分治"的基本路径及如何通过完善基层民主自治实现"人的城市化"等问题。《健康浙江：社会健康治理的方法与实践》一书以当代中国改革开放40年为背景，系统梳理了"健康中国"发展的主要脉络，并在中日社区健康教育比较的基础上，阐述了浙江杭州市30个街道、300个社区在社区健康教育方面的典型案例和成功经验，阐明了将社会工作方法融入公共健康教育，以及从以卫生管理与控制为目的的行政主导型健康教育到个人自发参与学习的以居民需求为核心的公共卫生健康教育发展的实践路径。《浙商与制度环境的共生演化：企业家精神配置的视角》一书基于企业家精神配置理论，对转型经济背景下浙商的行为进行解释，构建了企业家与制度之间的互动分析框架，并在总结不同时期浙商成长路径、机制和模式研究的基础上，从理论层面和实践层面诠释了浙商40年的技术创新和制度创新行为。《浙学传统与浙商精神》深入探究了浙江思想文化与社会经济发展的互动关系，阐明了浙江文化与浙学思想传统及浙江精神之间的内在关联，并揭示了浙学的基本精神对当代浙江乃至中国的经济社会发展、文化建设的重要价值和普遍意义，以及其中存在的一些问题。《中国商业史研究40年》是第一部针对改革开放以来中国商业史研究的学术总结类专著，作者系统梳理了近40年来的中国商业史研究及其走向，并简要介绍了相关的研究论著、研究团体和研究机构等。《南宋临安商业史资料整理与研究》通过对正史、地方志、笔记小说等有关南宋临安商业资料的整理，深入研究了南宋临安的商业状况，再现了700多年前杭州商业的繁荣盛况。《朝廷之厨：杭州运河文化与漕运史研究》一书通过中西方历史文献、档案资料的比较研究，立体地呈现了杭州历史上的漕运文化的历史变迁、演变特征与区域特点，并在大力倡议"一带一路"及大运河文化带构建的时代背景下，探讨杭州漕运文化的历史遗产价值。《〈童子鸣集〉笺注》在对《童子鸣集》进行点校的基础上，对童珮生平及交游进行了翔实的考证，并将相关成果以笺注形式呈现，在为学界提供扎实可靠的古籍整理文本方面有所建树。

整体地看，当代中国改革开放的 40 年，是浙江经济快速发展的40 年，也是浙江经验、"浙江模式"发展的 40 年。"浙江模式"并不意味着一个固定的产业模式，作为一种具有典范性的发展模式，"浙江模式"的独特之处在于，它的每一发展阶段都是当代中国改革开放的先锋与旗帜，这里既体现了浙商的创新进取精神，也体现了浙商精神与浙学传统在当代浙江发展中的文化力，而这种创新进取的浙商精神与浙学传统的文化力恰是未来浙江经济、社会发展的不竭的动力源泉！

是为序。

陈寿灿

2018 年 10 月 30 日

本著作是以下项目资助成果：

浙江省高校重大人文社科项目攻关计划资助"电子商务与中国商贸流通业全球化"(编号:2016GH024)

前　言

　　跨境电商正日益成为经济新常态下中国外贸增长的新引擎，对中国经济发展的贡献与日俱增。 为加快培育跨境电商产业，进一步促进外贸稳定增长，推动我国经济的持续健康发展，国务院及国家相关部委先后启动了跨境电商领域试点的相关工作。 2012 年，国家发展和改革委员会批准同意杭州、郑州、宁波、上海、重庆 5 个城市作为国内首批跨境贸易电子商务试点城市。 在已确立 5 个跨境贸易电子商务试点城市的基础上，2015 年 3 月，国务院同意设立中国（杭州）跨境电商综合试验区，率先探索并形成了"两平台六体系"的宝贵经验。 2016 年 1 月，国务院同意在天津、上海、重庆、合肥、郑州、广州、成都、大连、宁波、青岛、深圳、苏州等 12 个城市设立跨境电商综合试验区，力图为推动全国跨境电商健康发展探索更多可复制推广的经验。 2018 年 7 月，国务院常务会议决定进一步扩人试点范围，在北京、呼和浩特等 22 个城市新设一批跨境电商综合试验区，这标志着跨境电商这一新兴外贸模式得到国家层面的高度认可。 截至 2018 年 7 月，全国共有 24 个城市获批成为跨境贸易电商服务试点城市，35 个城市获批成立跨境电商综合试验区。 这充分表明，跨境电商综合试验区已经成为当前我国探索跨境电商发展经验和推动跨境电商健康发展的重要支撑，也将成为未来国家推动传统外贸转型升级和发展新型数字贸易的重要抓手。

　　与之同时，中国改革开放 40 年的经验充分表明，中国经济的快速发展在很大程度上受益于试验区发展模式，基于不同类型试验区试点探索形成的体制机制是驱动中国经济改革和转型发展的重要动力之一。 特别是在新兴战略领域，选择有较强抵御风险能力和较大自身基础优势的区域进行先行先试，进而以点带面实现突破性发展，已经成为中国经济改革和转型发展的重要模式。 中国跨境电商综合试验区正是国家在跨境电商领域设立的先行先试区域，涉及跨境电商领域的经济体制、政治体制和社会治理等领域的综合改革，旨在跨境电商交易、支付、物流、通关、退税、结汇等环节的技术标准、业务流程、监管模式和信息化建设等方面先行先试，通过制度创新、管理创新、服务创新和协同发展，破解跨境电商发展中的深层次矛盾和体制性难题，打造完整的跨境电商产业链和生态链，逐步形成一套引领全球跨境电商发展的管理制度和规则，为推动中国跨境电商健康发展提供可复制、可推广的经验。

近年来，作者及其团队一直在从事跨境电商领域的理论研究和应用实践工作，先后承担和参与了国家社科基金重大招标课题"基于大数据的跨境电商监测、评估与监管体系研究"（16ZDA053）、教育部人文社科重点研究基地重大项目"互联网经济视阈下基于协同价值创造的商贸物流生态系统重构研究"（18JJD790013）、浙江省高校重大人文社科攻关计划项目"电子商务与中国商贸流通业全球化"（2016GH024）等理论课题的研究工作；同时，承担和参与了国家商务部、浙江省商务厅等部门委托的电子商务和商贸流通领域应用研究课题工作，以及杭州市、宁波市、南昌市等全国多个跨境电商综合试验区委托的相关课题研究工作。 本书正是在上述课题研究的基础上形成的最终研究成果。 全书共 8 章，首先，通过计量模型分析论证了跨境电商对中国经济发展的贡献，系统梳理了中国跨境电商试点工作的发展历程，深刻诠释了中国跨境电商综合试验区设立的深层次动因。 其次，在对国内外理论研究述评的基础上，综合采用案例比较研究、统计分析和文献计量分析等方法，从跨境电商业务模式、"单一窗口"、产业园区、物流模式和制度创新等不同视角出发，对主要跨境电商综合试验区的试点进展情况进行了全方位的比较研究，归纳提炼了跨境电商综合试验区试点工作取得的成效和经验。最后，从理论总结和案例研究两个方面出发，构建了跨境电商综合试验区的创新演化理论模型，以明晰跨境电商综合试验区的创新演化机理及实现机制。相关研究成果先后获得省部级领导肯定性批示或转化为政府部门文件10余项，对中国跨境电商综合试验区的发展实践具有重要的指导价值。

全书是作者及其研究团队多年来的集体研究成果。其中，肖亮教授负责全书编辑和统稿工作，并承担了全书主要章节核心内容的撰写和修改；余福茂教授参与了第5章和第6章部分内容的撰写工作；刘胜男和郭培花分别参与了第5章和第7章的撰写工作；柯彤萍和张亚男参与了第4章和第8章的撰写工作；舒莉参与了本书第1章部分内容的撰写工作；王丞晖和袁智慧等参与了第2章和第6章部分内容的撰写工作。此外，现代商贸研究中心郑勇军教授、袁霄研究员等也参与了本书及相关课题的部分研究工作，苏为华教授对本书相关章节的撰写提出了宝贵建议。由于跨境电商综合试验区的理论研究和应用实践均发展较快，书中有关论述难免出现谬误。恳请同行、读者提出批评意见，以便逐步完善。此外，由于本书撰写时间较长，作者及其团队在写作过程中参阅了大量的相关文献资料，难免出现对参考文献引用的疏忽，因此，对于本书中引用但是由于疏忽而没有在参考文献中准确指出资料出处的情况，表示诚挚的歉意。

肖亮

2018 年 10 月于浙江工商大学

1

中国跨境电商发展与综合试验区试点历程

　　发展跨境电商是推动区域经济和对外贸易高质量发展的重要举措。作为一种新型国际贸易方式，跨境电商搭建了一个自由、开放、通用、普惠的全球贸易平台，是当前我国对外贸易发展的重要动力。尤其是近年来，为主动适应经济新常态和新一轮全球流通革命趋势，我国正在更大范围、更高层次上推进开放型经济体系建设，以沿边、内陆开放和自由贸易试验区建设为重点，大力发展跨境电商综合试验区、自由贸易试验区等新型开放经济功能区，全面推进"一带一路"倡议和"网上丝绸之路"国际合作。这些进一步加快了我国跨境电商的发展。随着跨境电商在生产、流通、服务等关键环节领域应用广度和深度的不断提高，跨境电商已经成为经济新常态下中国对外贸易增长的新引擎，受到了国务院的高度重视。自 2015 年起，连续 4 年的政府工作报告均提出促进跨境电商等新业态的发展。2017 年国务院总理李克强再次在政府工作报告中提及跨境电商，将跨境电商发展作为"坚持对外开放的基本国策"的工作项目之一。为破解跨境电商发展中的深层次矛盾和体制性难题，打造跨境电商完整的产业链和生态链，国务院还先后批准设立了 3 批共 35 个跨境电商综合试验区。本章首先分析我国跨境电商发展的总体现状。其次，论证跨境电商与经济增长、外贸产业增长的长期均衡关系，并运用 Cobb-Douglas 模型测算跨境电商对经济增长的影响和作用。最后，全面总结我国跨境电商试点历程、主要内容及阶段重点。

1.1 中国跨境电商发展的总体现状

自 2008 年以来，我国跨境电商步入快速发展阶段。 根据中国电子商务研究中心的监测数据，2017 年中国跨境电商交易额为 8.06 万亿元，同比增长 24％。 其中，出口跨境电商交易额为 6.30 万亿元，同比增长 14.5％；进口跨境电商交易额达到 1.76 万亿元，同比增长 46.7％。 2008—2017 年间，跨境电商交易额年均增长速度为 27.90％，在 2010 年达到了最高的 44.44％，如图 1-1 所示。

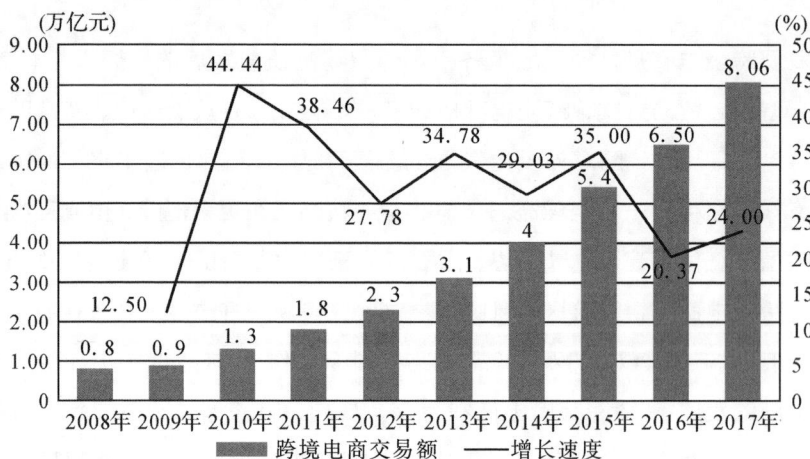

图 1-1　中国跨境电商交易额及增长速度

资料来源：根据商务部、海关总署、中国电子商务研究中心（100EC.CN）等发布的公开资料整理、计算。

从跨境电商交易额对经济增长的贡献率来看，2017 年我国跨境电商交易额占 GDP 的比重为 9.74％，较上年提高了 1 个百分点。 2017 年我国跨境电商交易额对 GDP 增长的贡献率为 18.80％，近 5 年的平均贡献率为 20.75％，最高贡献率达到 33.82％，如图 1-2 所示。 可见，在国家 "一带一路" 倡议大力推进和经济、外贸新常态的背景下， 跨境电商的发展已经成为推动我国经济增长的重要途径。

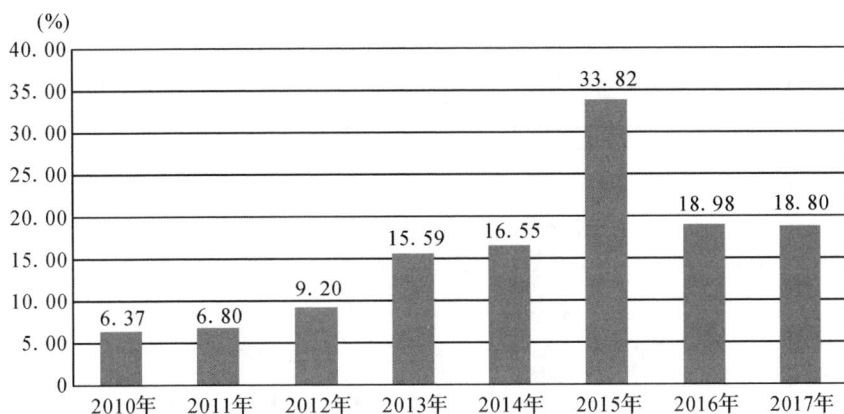

图 1-2 中国跨境电商交易额对经济增长的贡献率

资料来源：根据国家统计局、商务部、海关总署等发布的公开资料整理、计算。

从我国跨境电商对外贸产业的贡献率来看，一方面，2008—2017 年我国跨境电商交易额占外贸产业进出口总额的比重呈逐年上升趋势，2017 年这一比重达到了 29.00%，较上年提高了 10.1 个百分点，这表明我国跨境电商正在成为外贸产业新的增长点，如图 1-3 所示。 另一方面，2017 年我国跨境电商交易额对外贸进出口总额增长的贡献率为 23.60%，2010—2017 年我国跨境电商交易额对外贸进出口总额增长的平均贡献率为 30.43%，最高贡献率达到了 71.43%，这表明跨境电商已成为我国外贸产业的主要增长点之一，如图 1-4 所示。

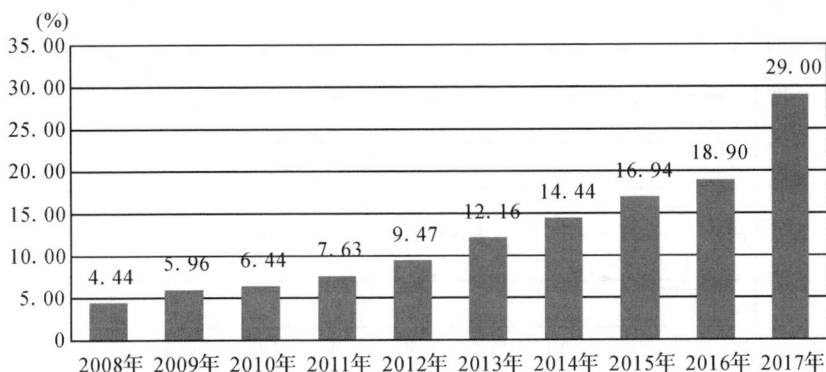

图 1-3 2008—2017 年中国跨境电商交易额占外贸进出口总额的比重

资料来源：根据国家统计局、商务部、海关总署等发布的公开资料整理、计算。

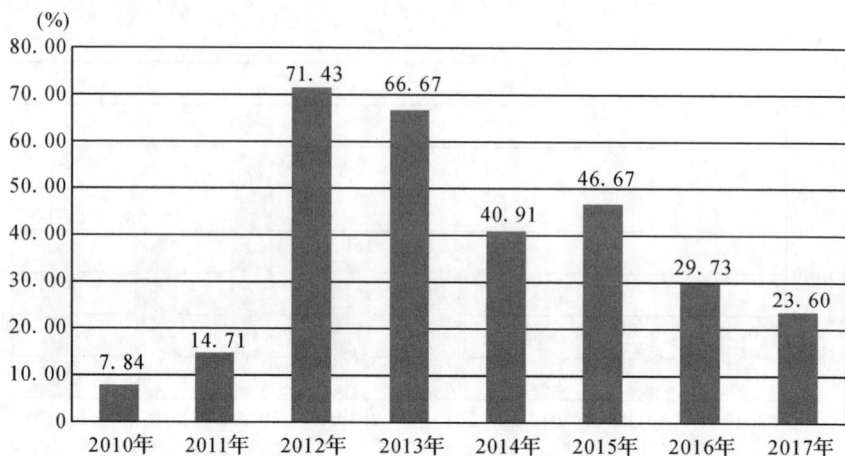

图 1-4　2010—2017 年中国跨境电商交易额对外贸进出口总额增长的贡献率

资料来源：根据国家统计局、商务部、海关总署等发布的公开资料整理、计算。

在跨境电商出口对外贸产业出口额的贡献方面，自 2008 年以来，出口跨境电商交易额持续增长（见图 1-5），出口跨境电商交易额占全国商品出口额的比重逐年上升，从 2008 年的 7.67％提高至 2017 年的 41.09％，年均增长速度超过 29％（见图 1-6）。 另外，出口跨境电商交易额对全国商品出口额增长的贡献率从 2012 年开始连续 3 年均超过 50％，在 2014 年达到了最高的 107.13％（见图 1-7），这些显示了出口跨境电商交易额对全国商品出口总额的增长起到了重要的拉动作用。

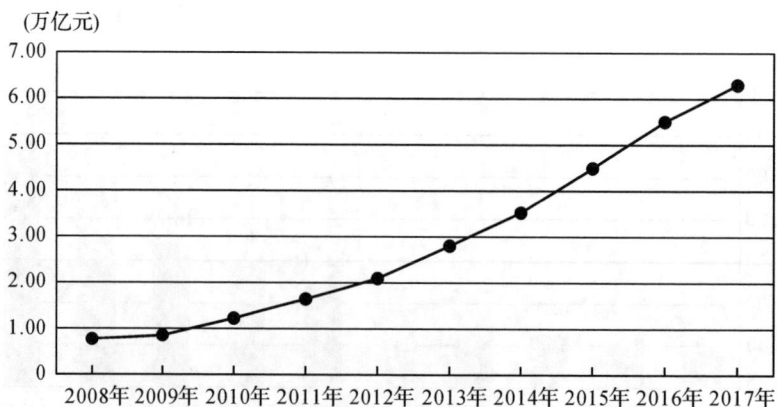

图 1-5　2008—2017 年中国出口跨境电商交易额

资料来源：根据国家统计局、商务部、海关总署、中国电子商务研究中心（100EC.

CN）等发布的公开资料整理、计算。

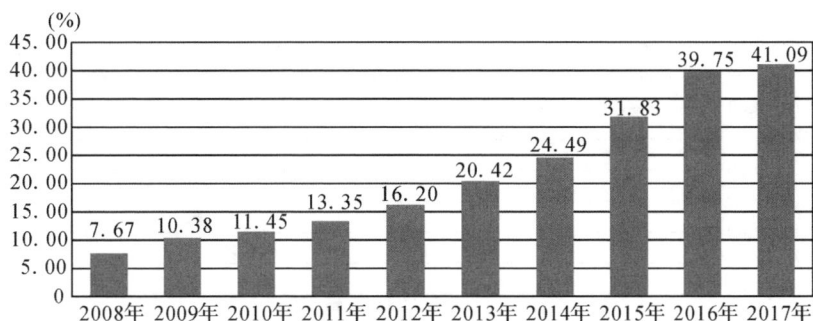

图 1-6 中国出口跨境电商交易额占全国商品出口额的比重

资料来源：根据国家统计局、商务部、海关总署、中国电子商务研究中心（100EC.CN）等发布的公开资料整理、计算。

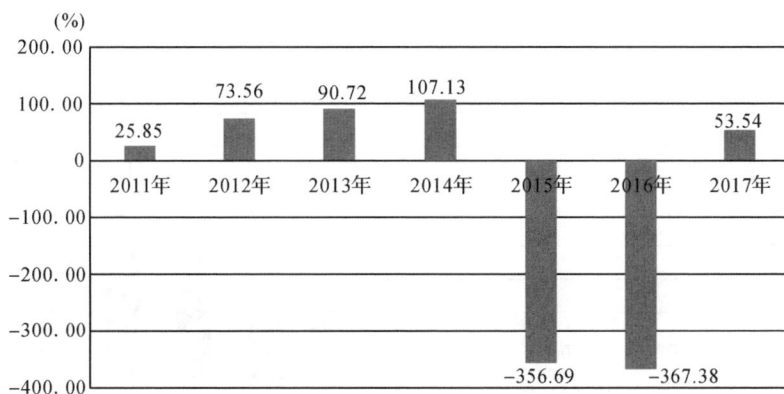

图 1-7 中国出口跨境电商交易额对全国商品出口额增长的贡献率

资料来源：根据国家统计局、商务部、海关总署等发布的公开资料整理、计算。

在跨境电商进口对外贸产业进口额的贡献方面，自 2008 年以来，我国进口跨境电商交易额增长较快（见图 1-8）。从 2008 年开始，进口跨境电商交易额占全国商品进口额的比重逐年上升，年均增长速度为 60.1%。到 2017 年底，中国进口跨境电商交易额达到了 1.76 万亿元，增长速度为 90.47%，占全国商品进口总额的比重为 14.12%，是 2008 年的 0.38% 的 37.2 倍（见图 1-9）。另外，进口跨境电商交易额对全国商品进口额增长的贡献率最高为 2016 年的 460.38%，2017 年为 28.64%，表现出较大的贡献作用（见图 1-10）。

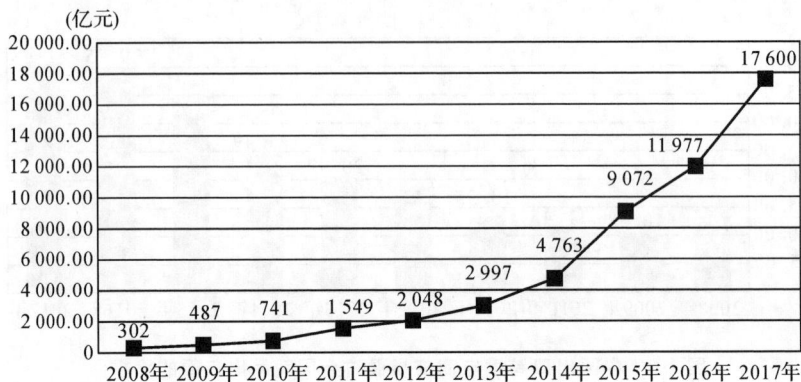

图 1-8　2008—2017 年中国进口跨境电商交易额

资料来源：根据国家统计局、商务部、海关总署、中国电子商务研究中心（100EC.

CN）等发布的公开资料整理。

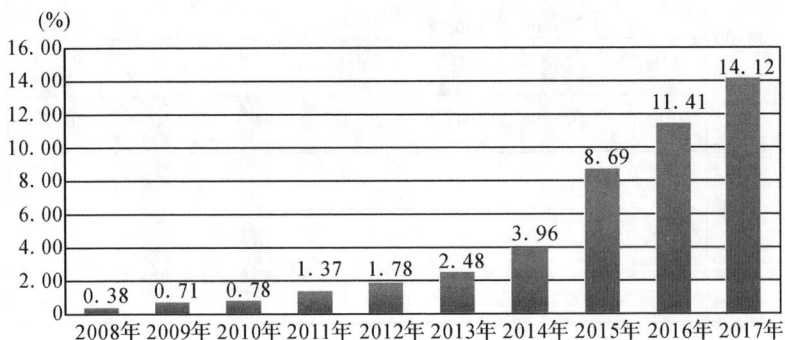

图 1-9　中国进口跨境电商交易额占全国商品进口额的比重

资料来源：根据国家统计局、商务部、海关总署等发布的公开资料整理、计算。

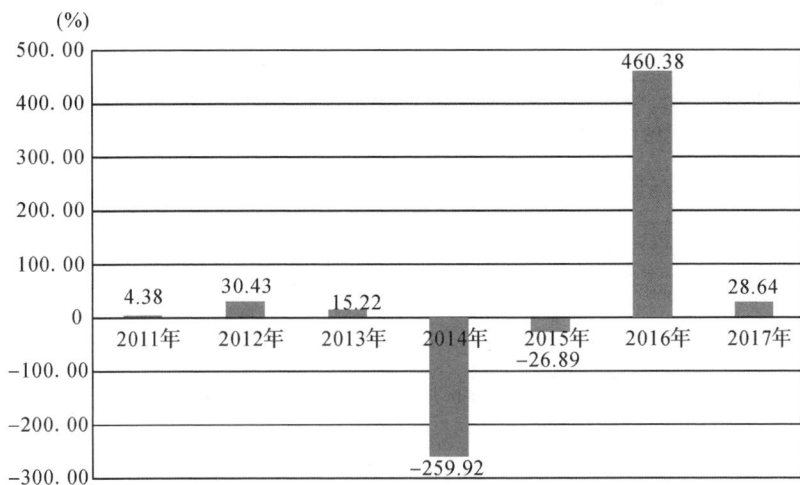

图 1-10 中国进口跨境电商交易额对全国商品进口额增长的贡献率

资料来源：根据国家统计局、商务部、海关总署等发布的公开资料整理、计算。

1.2 跨境电商对中国经济的贡献分析

1.2.1 跨境电商与经济增长的长期均衡关系

由于可获得跨境电商数据的时间年限较短，不能直接用回归分析方法来计量跨境电商发展对经济发展的贡献，因此，采用协整分析方法来讨论我国跨境电商与经济增长是否存在长期稳定均衡关系。本研究以国内生产总值（GDP）作为被解释变量，以跨境电商交易额（*GEEXIM*）、出口跨境电商交易额（*GEEX*）、进口跨境电商交易额（*GEIM*）等为解释变量，来研究我国跨境电商发展在经济增长中起到的作用。其中，GDP 数据主要来源是国家统计局，跨境电商相关数据主要来源是国家商务部。

(1)数据平稳化处理

为消除时间序列中存在的异方差，对时间序列取对数，同时为消除趋势性使时间序列表现出平稳性特征，对数据还做了进一步的差分处理，数据平稳化处理过程和结果如图 1-11、图 1-12 和图 1-13 所示。

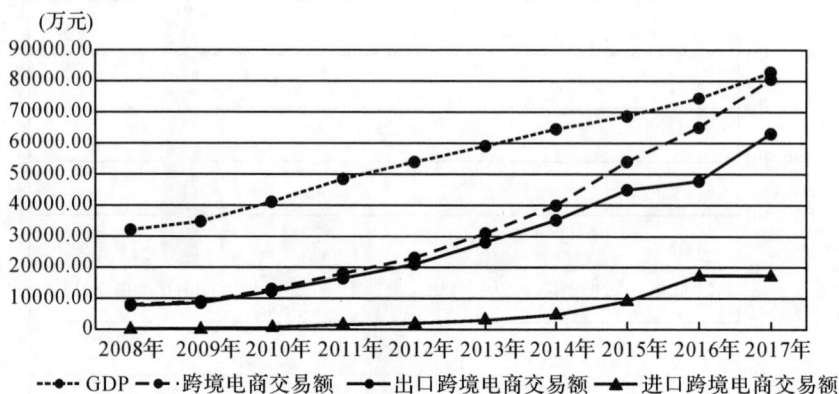

图 1-11　相关指标的原始数据

资料来源：根据国家统计局、商务部、海关总署等发布的公开资料整理。

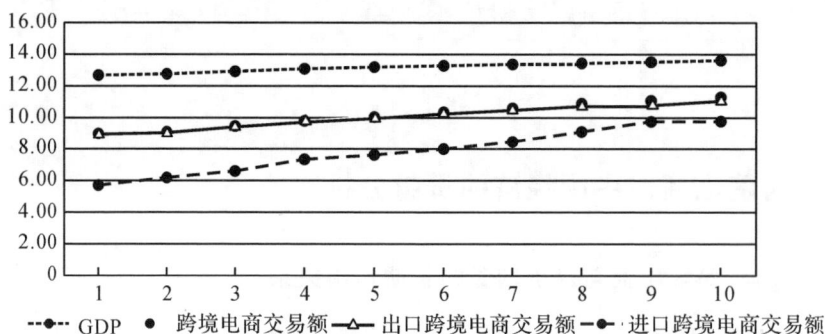

图 1-12　相关指标原始数据的对数处理

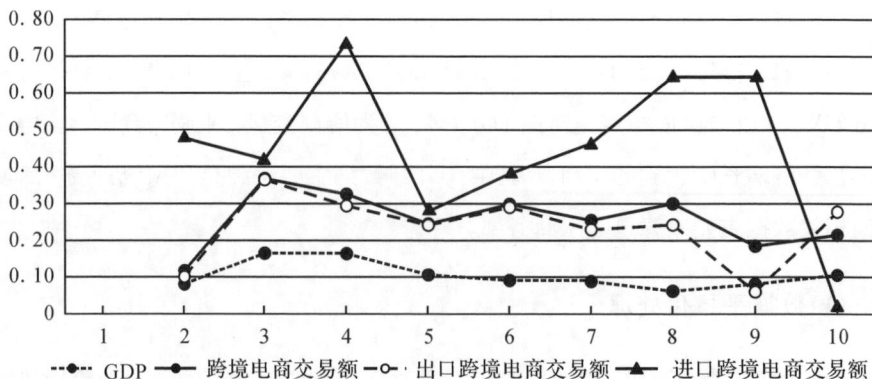

图 1-13　相关指标原始数据的对数一阶差分

由图 1-11 可以观察到各指标的变化特征：经济增长指标与跨境电商指标的变化特征较为相似，表现出较为明显的同趋势性；出口跨境电商交易额在跨境电商交易额中所占的份额较大，因此，与跨境电商交易额的发展变化特征一致；而进口跨境电商交易额则明显表现出较快的增长速度，与出口跨境电商交易额的差距呈逐渐缩小趋势。由于各指标仍呈现出一定的趋势性，需通过差分处理让指标更加平稳。通过二阶差分处理，如图 1-14 所示，各指标表现出较为平稳的特征。

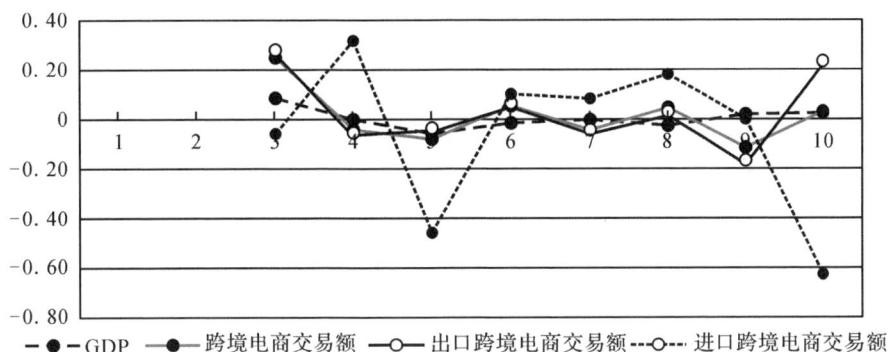

图 1-14　各指标的对数二阶差分

（2）单整阶数检验

为检验跨境电商与经济增长存在的长期因果关系，需先检验时间序列的单整阶数。根据计量经济理论对协整回归分析的要求，如果变量个数多于 2 个，即解释变量个数多于 1 个，被解释变量的单整阶数不能高于任何一个解释变量的单整阶数。本部分利用 Eviews 对时间序列进行单位根检验，检验结果如表 1-1 所示。

表 1-1　各指标的时间序列单位根检验结果

	检验类型(c,t,n)	ADF 值	P 值	临界值(0.1)	结论
$\ln GDP$	(c, t, 1)	-1.5759	0.4535	-3.25	非平稳
$\Delta \ln GDP$	(c, 0, 1)	-2.959	0.0861	-2.84	平稳
$\ln GEEX$	(c, t, 1)	0.7786	0.9975	-3.59	非平稳

	检验类型(c,t,n)	ADF 值	P 值	临界值(0.1)	结论
$\Delta\ln GEEX$	(c, 0, 1)	−3.3508	0.0481	−2.80	平稳
$\ln GEIM$	(c, t, 1)	−2.4698	0.3320	−3.59	非平稳
$\Delta\ln GEIM$	(c, 0, 1)	−3.4808	0.0405	−2.80	平稳
$\ln GEEXIM$	(c, t, 1)	−2.0193	0.5167	−3.52	非平稳
$\Delta\ln GEEXIM$	(c, 0, 1)	−4.1954	0.0162	−2.80	平稳

注：(c, t, n)分别表示在 ADF 检验中是否有常数项、时间趋势和滞后阶数。其中，滞后阶数根据 AIC, SC 准则确定。

(3)协整回归分析

根据前面的分析，我们可以按 EG 两步法对 lnGDP 与 $\ln GEEXIM$，$\ln GEEX$，$\ln GEIM$ 做协整回归，得到的模型如下所示：

$$\ln GDP = 10.8788 - 0.9267\ln GEEXIM + 1.0287\ln GEEX + 0.1573\ln GEIM$$

通过数据分析，得到回归检验结果，如表 1-2 所示。

表 1-2　跨境电商对 GDP 增长作用的回归模型分析结果

Variable	Coefficient	Std. Error	t-Statistic	Prob.
C	10.8788	0.5423	20.6931	0.0000
$\ln GEEXIM$	−0.9267	0.4037	−4.6123	0.0058
$\ln GEEX$	1.0287	0.3442	5.4127	0.0029
$\ln GEIM$	0.1573	0.0691	3.7220	0.0137
R-squared	0.9967	Durbin-Watson stat		2.2308
F-statistic	501.3708	Prob(F-statistic)		0.0000

对回归分析模型的残差进行 ADF 检验，结果见表 1-3。从表 1-3 可以看到，残差 ADF 检验的 P 值小于 0.01，残差是平稳的，说明 lnGDP 与 $\ln GEEXIM$，$\ln GEEX$，$\ln GEIM$ 之间存在协整关系，即跨境电商交易额、出口跨境电商交易额、进口跨境电商交易额与区域经济增长之间存在长期的均衡关系。

表 1-3　跨境电商对 GDP 增长作用的回归模型的残差检验结果

	t-Statistic	Prob.
Augmented Dickey-Fuller test statistic	−3.1825	0.0059
Test critical values：1% level		−2.8861
5% level	−1.9959	
10% level	−1.5991	

然而，从表 1-3 的分析结果可以知道，跨境电商交易额变量的系数为负值，这与实际是不相符的，其主要原因是跨境电商交易额变量与出口跨境电商交易额变量、进口跨境电商交易额变量之间存在多重共线性问题，因此不能直接将跨境电商的全部变量放在一起进行回归计算，来分析跨境电商对经济增长的作用。针对上述问题，本部分利用 OLS 法，分别对跨境电商交易额（$\ln GEEXIM$）、出口跨境电商交易额（$\ln GEEX$）、进口跨境电商交易额（$\ln GEIM$）与国内生产总值（$\ln GDP$）进行回归分析（见表 1-4），所得到的 3 个回归模型如下：

$$\ln GDP = 10.0761 + 0.1462 \ln GEEXIM \tag{1-1}$$

$$\ln GDP = 9.8688 + 0.3143 \ln GEEX \tag{1-2}$$

$$\ln GDP = 11.6872 + 0.1712 \ln GEIM \tag{1-3}$$

表 1-4　回归模型的检验结果

检验	模型一：式(1-1)	模型二：式(1-2)	模型三：式(1-3)
回归系数 t 统计量	20.2376	22.0688	19.1699
回归系数 t 检验(P 值)	0.0000	0.0000	0.0000
拟合度(R-squared)	0.9808	0.9838	0.9787
模型检验(F 检验)	409.5616	487.0309	367.4839

由表 1-4 中的回归结果可见：①3 个回归模型的判定系数均接近 1，表明模型拟合程度较好；②跨境电商的 3 个自变量的回归系数的 t 统计值的伴随概率明显小于显著性水平 0.01，表明 3 个自变量均通过 t 检验；③3 个回归模型的 F 统计值均大于 10，表明回归方程显著；④跨境电商的 3 个变量系数均为正，即跨境电商的发展对我国经济增长的影响为正，与实际相符，则 3 个变量通过经济检验。

由此可知，我们所建立的回归模型具有一定的经济意义，同时可得出如下结论：跨境电商交易额每增长 1%，则我国 GDP 总值会增加 0.1462%；出口跨境电商交易额每增长 1%，则我国 GDP 总值会增加 0.3143%；进口跨境电商交易额每增长 1%，则我国 GDP 总值会增加 0.1712%。 从跨境电商交易额、出口跨境电商交易额、进口跨境电商交易额对经济增长的作用大小来看，出口跨境电商交易额对我国经济增长具有更强的促进作用。

综上分析，我国跨境电商交易额与经济增长存在长期的均衡关系，对经济增长的拉动作用较为明显，尤其是出口跨境电商交易额表现出了对区域经济更强的拉动作用，这表明目前我国仍处于以出口带动经济增长的发展阶段。因此，大力支持跨境电商的发展，充分发挥跨境电商进出口拉动经济增长的潜力，有利于保持在经济、外贸新常态下稳定、高效的经济增长态势。

1.2.2 跨境电商对经济增长影响的测算分析

(1)计量模型

利用柯布-道格拉斯函数进行测算，则

$$Y = A_0 K^\alpha L^\beta M^\gamma e^\mu \tag{1-4}$$

式中，Y 代表 GDP，A_0 表示一定技术条件下的产出，K 和 L 分别代表资本和劳动要素投入量，α 与 β 代表资本和劳动投入的产出弹性；M 表示跨境电商交易规模，γ 表示跨境电商交易规模的产出弹性，e^μ 为随机误差项。 将其两边取对数得到模型：

$$\ln Y = \ln A_0 + \alpha \ln K + \beta \ln L + \gamma \ln M + \mu \tag{1-5}$$

(2)数据来源和处理

反映跨境电商交易规模（M）的指标主要有进口跨境电商交易额、出口跨境电商交易额、跨境电商交易额。 根据 GDP 的支出法计算公式，最为合理的反映跨境电商交易规模的指标是跨境电商净出口额。 因此，本研究将采用跨境电商净出口额指标（$GEXIM$）作为跨境电商交易规模指标，其数据来源是商务部公布的 2008—2017 年跨境电商的相关数据。

模型中变量 Y 采用 GDP 指标，考虑到通货膨胀因素，以 2000 年的居民消费价格指数为基期，对国内生产总值进行了比价处理，重新计算可比后的国内生产总值。

L 采用年末从业人员数。 在国内外相关研究中，常见的劳动投入量指标有：①劳动者人数，大多是采用从业人员数；②总劳动时间，通过平均劳动时间乘以从业人数得到；③劳动者报酬。 选用从业人员数作为劳动投入测度指标的占绝大多数，优点很明显：数据易取得、不存在价格调整、可直接看出劳动规模，意义明确。 用从业人员数作为劳动投入测度指标也有缺点：一方面，我国目前还是低报酬、高就业的机制，要素的利用效率低，从业人员数还不能准确反映劳动需求量；另一方面，根据从业人员数量无法区分劳动者质量，按人头统计没有区分不同职称、不同级别劳动者，显然不太合理。 因此，综合考虑各项因素，根据数据可获得的便利性、统计制度健全性与统计口径一致性，本研究选择年末从业人员数作为劳动投入指标，其数据来源是国家统计年鉴和国家统计公报。

K 采用物质资本存量。 确定资本投入量要涉及：测度指标的选择、基年存量的确定、资本折旧率或折旧额的估算、可变价折算成不变价的问题。 因此资本存量的确定会对计算结果产生比较大的影响。 我们将用永续盘存法计算出 2008—2017 年的全国资本存量，其计算公式：

$$K_t = K_{t-1} \times (1-\delta) + I_t \qquad (1\text{-}6)$$

式中，全社会资本投入量 (I) 主要通过以下指标来反映：①投资统计中的固定资产投资额；②各部门的固定资产原值（或净值）和流动资产平均余额；③用支出法核算的 GDP 中的资本形成存量净额或固定资本形成存量净额；④资本服务量。 根据数据的可获得性，本书采用固定资产投资额代表全社会资本投入量。 另外，为了剔除价格因素的影响，本书采用投资价格指数对其进行缩减，以 2000 年为基期，计算出全社会固定资产投资额的实际值。

对于基准年份资本存量的确定则主要采用折旧—贴现法，Halland（1999）在估计各国 1960 年的资本存量时，就是采用 1960 年的投资与 1960—1970 年各国投资几何平均增长率（G）与资本折旧率（δ）之和的比值表示。 Young（2000）用类似的方法估算出 1952 年中国固定资本存量约为 815 亿元

（1952 年价格）。 本书用 2000 年的投资额除以投资几何平均增长率与资本折旧率之和，得到以 2000 年为基年的资本存量，即

$$K_{2000} = \frac{I_{2000}}{g_{2000-2016} + \delta} \qquad (1\text{-}7)$$

折旧率的数据，采用全国的平均数据，即 5.34％。 而 g 为 2000—2017 年的投资几何平均增长率，为 16.94％，以此计算得到 2000 年的资本存量约为 147 412.2 亿元，以后每年的资本存量都是按相同的折旧率计算，由此可以得到 2001—2017 年的资本存量，资本服务量为固定资产折旧，用资本存量乘以折旧率即可得到。

当年投资的选取主要分为 3 种：①全社会固定资产投资；②所谓"积累"的概念及其相应的统计口径；③资本形成总额（Gross Capital Formation） 或固定资本形成总额（Gross Fixed Capital Formation）。 全社会固定资产投资额是在物质产品平衡体系（The System of Material Product Balances，MPS）和联合国国民经济核算体系（System of National Accounts，SNA）下公布的一个投资指标，其优点是：有较长的时序数据，而且主要采用全面统计报表，数据较为全面可信。 许多关于投资的具体统计信息，仍然以全社会固定资产投资额为总体指标加以细分，所以本书仍旧采取全社会固定资产投资额的数据。 2000—2016 年全社会固定资产投资额的数据来源于国家统计年鉴，2017 年的全社会固定资产投资额的数据来自国家统计局公布的数据。

资本折旧率或折旧额的估算。 固定资产折旧是指一定时期内为弥补固定资产损耗，按照核定的固定资产折旧率提取的固定资产折旧，或按国民经济核算统一规定的折旧率虚拟计算的固定资产折旧。 它反映了固定资产在当期生产中转移的价值。 由于在估算资本存量时，采用的固定资产投资序列需要扣除折旧，折旧率选取的不同必然导致资本存量估算的差异。 参照张军、陈诗一和谢千里（2009），以及孙辉、支大林和李宏瑾（2010）的计算方法，根据《中国统计年鉴》和《中国工业统计年鉴》公布的工业企业固定资产净值和固定资产原值数据，笔者估算出当年投资变化的情况，而其年度变化则大致等于折旧数据，这样将折旧数据与上一年固定资产原值相比，大致可以得到当年的折旧率数据。 据此，本书在计算资本存量时采用平均折旧率 5.34％。

根据上述说明，用永续盘存法计算出了 2008—2017 年全国资本存量的指标数据，如表 1-5 所示。

表 1-5　2008—2017 年中国资本存量值

年份	资本存量(亿元)
2008	643 012.9
2009	788 350.8
2010	940 598.6
2011	1 116 002.2
2012	1 324 873.6
2013	1 572 935.1
2014	1 852 882.3
2015	2 160 727.3
2016	2 486 525.1
2017	2 788 210.4

资料来源：国家统计局。

(3)计量分析

利用上述数据和模型，并且通过 Eviews 9.0 软件，我们计量了我国跨境电商对经济增长的影响作用，结果如表 1-6 所示。

表 1-6　回归分析结果

Variable	Coefficient	Std. Error	t-Statistic	Prob.
C	21.6254	443.2407	5.3845	0.0028
$\ln L$	0.3102	41.2098	5.4658	0.0028
$\ln K$	0.5932	0.6054	9.9384	0.0004
$\ln GEXIM$	0.0954	0.2080	4.5552	0.0119
R-squared	0.9907	F-statistic		171.8576
Adjusted R-squared	0.9935	Prob(F-statistic)		0.0000

从表 1-6 的回归分析结果可以知道：①回归模型的判定系数约达到了 0.9907，接近于 1，表明模型拟合程度较好；②跨境电商的 3 个自变量的回归

系数的 t 统计值的伴随概率明显小于显著性水平 0.01，表明 3 个自变量均通过 t 检验；③3 个回归模型的 F 统计值均大于 10，表明回归方程显著；④自变量的系数均为正，即与实际相符，通过经济检验；⑤根据柯布-道格拉斯函数的特点，经检验，$\alpha + \beta + \gamma = 0.9988$，基本满足 $\alpha_0 + \beta_0 + \gamma_0 = 1$ 的柯布-道格拉斯函数的特点，所以回归方程具有经济意义。

(4)研究结论

从上述内容可知，跨境电商的发展与经济增长存在长期均衡关系，对经济增长的促进作用较为明显，即跨境电商净出口交易规模每增长 1%，则我国 GDP 总值约增加 0.095%，表明跨境电商已成为我国经济增长的一支新生力量。同时，跨境电商出口比跨境电商进口表现出了更强的经济拉动作用。因此，我国要大力发展跨境电商，充分挖掘跨境电商拉动经济增长的潜力。

1.2.3 跨境电商对外贸产业的贡献分析

以往关于跨境电商对外贸产业贡献的实证研究较少，主要是由于对跨境电商数据的统计时间较短，这会对模型的稳定性和结果的准确性产生影响。近年来，随着跨境电商统计数据的丰富，也有不少学者开始对跨境电商和外贸产业之间的关系进行实证研究。本书拟参照郑红明（2016）有关跨境电商对进出口贸易贡献的计量，来测算我国跨境电商对外贸产业的贡献度。

(1)数据平稳化处理

为消除时间序列中存在的异方差，我们对时间序列取对数，同时为消除趋势性使时间序列表现出平稳性特征，我们将对数后的数据进行差分处理，并且进行单位根检验。由于在前面已经对跨境电商交易额的数据进行了处理和检验，这次只处理我国外贸产业的商品进出口额（EXIM）、商品进口额（IM）和商品出口额（EX）的指标数据，结果如图 1-15、图 1-16、图 1-17 所示。

(万元)

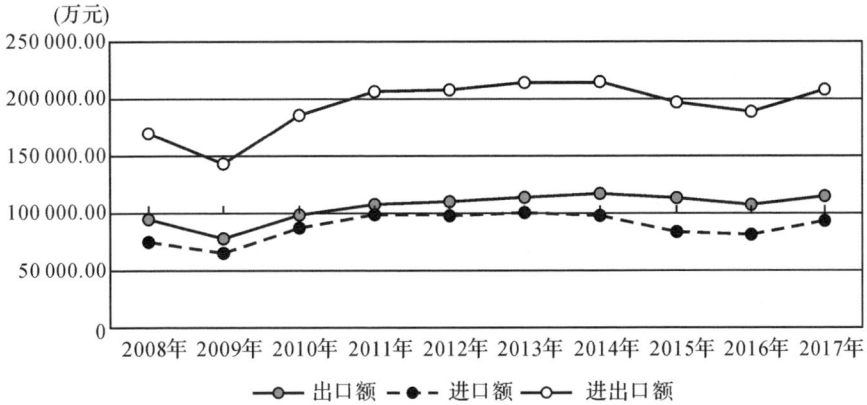

图 1-15 各指标原始数据

资料来源：根据国家统计局、商务部、海关总署等发布的公开资料整理。

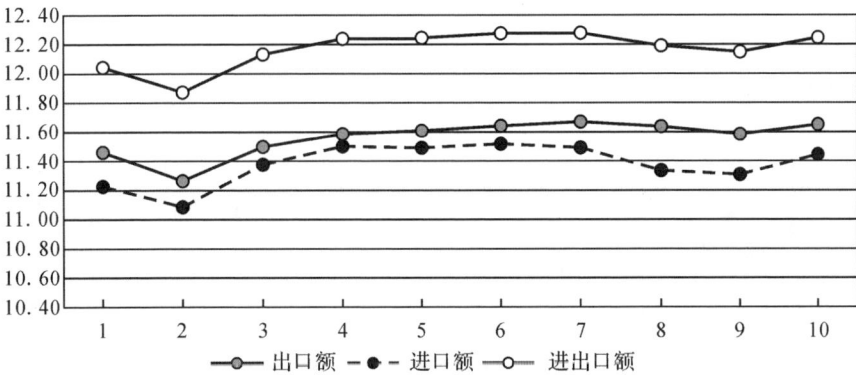

图 1-16 各指标的对数

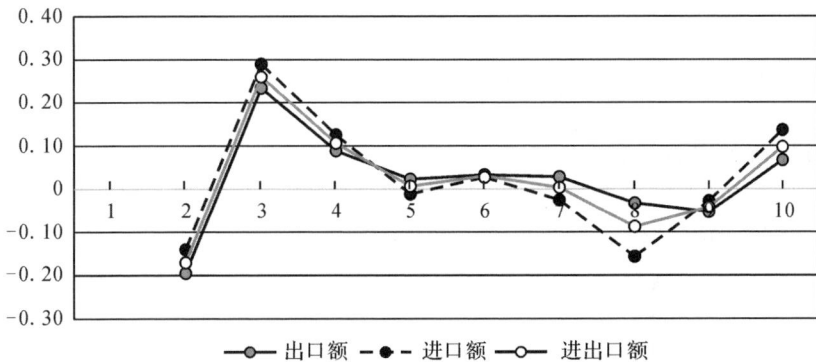

图 1-17 各指标的对数的一阶差分

(2)单整阶数检验

为检验跨境电商与外贸产业增长存在的长期因果关系,需先检验时间序列的单整阶数。 根据计量经济理论关于协整回归分析的要求,如果变量个数多于 2 个,即解释变量个数多于一个,则被解释变量的单整阶数不能高于任何一个解释变量的单整阶数。 我们利用 Eviews9.0 软件对时间序列进行单位根检验(ADF),对序列进行平稳性检验,检验结果如表 1-7 所示。

表 1-7 各指标时间序列单位根检验结果

	检验类型(c,t,n)	ADF 值	P 值	临界值(0.05)	结论
$\ln EX$	(none,t,1)	0.5377	0.8115	−1.9881	非平稳
$\Delta\ln EX$	(none,0,1)	−4.0638	0.0014	−1.9959	平稳
$\ln IM$	(none,t,1)	0.4931	0.8004	−1.9881	非平稳
$\Delta\ln IM$	(none,0,1)	−2.9956	0.0090	−2.0062	平稳
$\ln EXIM$	(none,t,1)	0.5301	0.8096	−1.9881	非平稳
$\Delta\ln EXIM$	(none,0,1)	−3.3399	0.0045	−1.9959	平稳

注:(c,t,n)分别表示时间序列在 ADF 检验中是否有常数项、时间趋势、滞后阶数。其中,滞后阶数根据 AIC,SC 准则确定。

由表 1-7 可知,对外贸易产业商品进口额、商品出口额、商品进出口额的对数序列数据的单位根检验结果都是不平稳的,但经过一阶差分后,商品进口额、商品出口额、商品进出口额的单位根检验结果都是平稳的,与进口跨境电商交易额、出口跨境电商交易额、跨境电商交易额指标的对数序列经过一阶差分达到平稳一致。 这说明,$\ln EX$ 与 $\ln GEEX$,$\ln IM$ 与 $\ln GEIM$,$\ln EXIM$ 与 $\ln GEEXIM$ 均存在一阶单整。

(3)协整回归分析

根据前面的分析,我们利用 EG 两步法来检验 $\ln EX$ 与 $\ln GEEX$,$\ln IM$ 与 $\ln GEIM$,$\ln EXIM$ 与 $\ln GEEXIM$ 的长期均衡关系,得到的 3 个模型如下:

$$\ln EX = 10.2784 + 0.1276\ln GEEX \qquad (1\text{-}8)$$

$$\ln IM = 11.0240 + 0.0452\ln GEIM \tag{1-9}$$

$$\ln EXIM = 11.1469 + 0.1004\ln GEEXIM \tag{1-10}$$

对回归分析结果的残差进行 ADF 检验，结果如表 1-8 所示。 从表 1-8 中可以看到，模型一、模型二和模型三的残差 ADF 检验的 P 值都小于 0.1，通过了检验，表明残差是平稳的，说明 $\ln EX$ 与 $\ln GEEX$，$\ln IM$ 与 $\ln GEIM$，$\ln EXIM$ 与 $\ln GEEXIM$ 之间存在协整关系，即商品出口额与出口跨境电商交易额、商品进口额与进口跨境电商交易额、商品进出口额与跨境电商交易额之间均存在长期的均衡关系。

表 1-8　回归模型残差 ADF 检验结果

检验	模型一:$\ln EX$ 与 $\ln GEEX$	模型二:$\ln IM$ 与 $\ln GEIM$	模型三:$\ln EXIM$ 与 $\ln GEEXIM$
系数 t	-2.5216	-2.8057	-1.9774
系数 t 检验（P 值）	0.0182	0.0115	0.051
临界值	-1.9881	-1.599	-1.6001

（4）回归模型检验

从表 1-9 中的回归结果可以知道：①3 个回归模型的判定系数都在 60％左右，表明模型拟合程度较好；②跨境电商的 3 个自变量的回归系数的 t 统计值的伴随概率明显小于显著性水平 0.1，表明 3 个自变量均通过 t 检验；③3 个回归模型的 F 统计值均大于 10，表明回归方程显著；④跨境电商的 3 个变量系数均为正，即出口跨境电商交易额对商品出口额、进口跨境电商交易额对商品进口额、跨境电商对商品进出口的经济作用为正向作用，与实际相符，通过经济检验。

表 1-9　回归模型的检验结果

检验	模型一:式(1-8)	模型二:式(1-9)	模型三:式(1-10)
系数 t	3.5146	3.3979	2.3890
系数 t 检验（P 值）	0.0079	0.0270	0.0439
拟合度（R-squared）	0.6069	0.5950	0.6715
模型检验（F 检验）	12.3524	11.295	13.5645

综合以上分析，我们所建立的回归模型具有一定的经济意义，同时根据模型的分析结果可以知道：出口跨境电商交易额每增长 1％，则我国外贸商品出口额增加 0.1276％；进口跨境电商交易额每增长 1％，则我国外贸商品进口额增加 0.0452％；跨境电商交易额每增长 1％，则我国外贸商品进出口额增加 0.1004％。从跨境电商交易额、出口跨境电商交易额、进口跨境电商交易额对经济增长的作用大小来看，出口跨境电商对我国外贸商品出口具有更强的促进作用，进口跨境电商对我国外贸商品进口具有较小的促进作用。

1.3　中国跨境电商试点历程与特点分析

在传统外贸增长有限的背景下，跨境电商正日益成为中国外贸增长的新引擎，对中国经济发展的贡献与日俱增。为加快培育跨境电商产业，进一步促进外贸稳定增长，推动我国经济持续健康发展，国务院及国家相关部委先后启动了跨境电商领域试点的相关工作。目前，跨境电商政策落实试点城市包括由海关总署牵头的"跨境贸易电商服务试点城市"和国务院牵头的"跨境电商综合试验区"，两者都是选择对外贸易发展较好的地区进行先行先试，在选择城市方面有重叠，但后者是前者的升级版，且在具体工作落实上更为规范与成熟。尤其是 2015 年以来，国务院通过批准设立跨境电商综合试验区，在通关、物流便利化等方面进行了积极探索和实践，为推动全国跨境电商健康发展，提供了可复制、可推广的经验。截至 2018 年 7 月，全国共有 24 个城市获批成为跨境贸易电商服务试点城市，35 个城市获批成为跨境电商综合试验区。

中国跨境电商综合试验区的试点历程大致可分为 4 个阶段，具体如表 1-10 所示。

表 1-10 中国跨境电商综合试验区建设历程

试点阶段	试点批复文件名称	试点城市	主要工作内容
先行先试阶段（2012年12月—2013年8月）	国家发改委办公厅《关于开展国家电子商务试点工作的通知》（发改办高技〔2012〕2218号）	杭州、郑州、上海、重庆、宁波	首次提出并建立了跨境贸易电商标准及业务管理规范；从国家层面对我国的跨境电商零售出口做出了明确的定义，解决了海关、检验检疫、税务和收付汇等环节的问题。对跨境电商出口的各监管主体职责做出了明确的划分
试点扩大阶段（2013年9月—2015年2月）	海关总署《关于哈尔滨市开展跨境贸易电子商务服务试点工作的复函》（署科函〔2014〕52号）等	广州、苏州、银川、长沙、青岛、牡丹江、哈尔滨、烟台、西安、长春、深圳、绥芬河	探索了"9610"①、"1210"②、市场采购、外贸综合服务平台等业务监管模式；明确了以"清单核放、汇总申报"的方式办理通关手续，初步解决了跨境电商出口退税和结汇问题；建立了一批重要的跨境电商综合服务平台
深化探索阶段（2015年3月—2017年11月）	《海关总署办公厅关于福州、平潭跨境贸易电子商务保税进口试点项目实施方案的复函》；国务院《国务院关于同意设立中国（杭州）跨境电商综合试验区的批复》（国函〔2015〕44号）；国务院《关于同意在天津等12个城市设立跨境电商综合试验区的批复》（国函〔2016〕17号）	7个跨境贸易电商服务试点城市：张家港、天津、福州、平潭、合肥、成都、大连。13个跨境电商综合试验区城市：杭州、宁波、天津、上海、重庆、合肥、郑州、广州、成都、大连、青岛、深圳、苏州	"两平台六体系"模式得到国家层面的高度认可，具备面向全国复制推广的基础；进一步优化跨境电商海关进出口通关作业流程，积极开展税收、支付、通关、结汇、金融、海外仓等方面的政策创新；推动跨境电商单一窗口平台建设，推动跨境电商各业务环节之间的信息共享

---

① "9610"，全称"跨境贸易电子商务"，简称"电子商务"。
② "1210"，全称"保税跨境贸易电子商务"，简称"保税电商"。

续 表

试点阶段	试点批复文件名称	试点城市	主要工作内容
全面推广阶段(2017年12月至今)	《商务部等14部门关于复制推广跨境电子商务综合试验区探索形成的成熟经验做法的函》；2018年7月召开的国务院常务会议，决定新设一批跨境电商综合试验区，持续推进对外开放、促进外贸转型升级	北京、呼和浩特、沈阳、长春、哈尔滨、南京、南昌、武汉、长沙、南宁、海口、贵阳、昆明、西安、兰州、厦门、唐山、无锡、威海、珠海、东莞、义乌等22个城市	推动跨境电商在更大范围内发展，择优选择基础条件好、进出口发展潜力大的地方，并向中西部和东北地区倾斜

1.3.1 先行先试阶段

2012年底，国家发改委办公厅发布《关于开展国家电子商务试点工作的通知》（发改办高技〔2012〕2218号），批准同意杭州、郑州、上海、重庆、宁波5个城市作为国内首批跨境贸易电商服务试点城市，同时开展进出口试点工作。2012年12月，海关总署在郑州召开了跨境贸易电商服务试点工作启动部署会，这标志着试点工作的全面启动。该通知批准5个试点城市先行先试，依托自身的优势，寻找解决跨境贸易电商快速通关、规范结汇及退税等问题的改革之路，解决跨境电商发展过程中遇到的问题，制订跨境电商相关基础信息标准规范和管理制度，提高跨境电商通关管理和服务水平。该试点由国家发改委总体推动，海关总署和试点城市所在省市的发改委具体管理，以试点企业为依托，采取试点项目方式推进。其中，宁波国际物流发展股份有限公司、东方电子支付有限公司、重庆国际电子商务交易认证中心、浙江电子口岸有限公司、郑州河南省进口物资公共保税中心有限公司，分别为上述5个城市的跨境贸易电商服务试点项目的实施单位。主要试点工作包括：第一，制订跨境贸易电商通关、结汇、退税等方面的管理办法及标准规范，探索适应跨境电商发展的管理制度；第二，以便利化通关服务为重点，加快通关服务过程的信息化，建设一站式的跨境贸易电商服务平台；第三，推进典型电商企业应用跨境贸易电商服务的试点示范项目。

随着跨境贸易电商服务试点工作的不断深入，试点工作由通关环节向

"关、检、汇、税"等多个环节延伸。2013 年 2 月，国家外汇管理局综合司发布《支付机构跨境电子商务外汇支付业务试点指导意见》（汇综发〔2013〕5 号），明确提出，支付机构可以通过银行为小额电商（货物贸易或服务贸易）交易双方提供跨境互联网支付所涉及的外汇资金集中收付及相关售汇服务。同时，国务院办公厅发布《关于实施支持跨境电子商务零售出口有关政策的意见》（国办发〔2013〕89 号），提出在已开展跨境贸易电商服务试点的上海、重庆、杭州、宁波、郑州等 5 个城市试行 12 项政策，包括对电商出口经营主体的分类、建立适应电商出口的新型海关监管模式并进行专项统计、建立相适应的检验监管模式、支持企业正常的收结汇工作、鼓励银行机构和支付机构为跨境电商提供支付服务、实施相适应的税收政策，以及建立电商出口信用体系。

该阶段的跨境贸易电商服务试点工作，取得了显著的成效。具体而言：第一，首次提出并以标准规范的形式，清晰界定了跨境贸易电商概念，初步建立了覆盖跨境电商主要环节的管理规范；第二，从国家层面对我国的跨境电商零售出口做出了明确的定义，解决了目前困扰跨境出口电商在通关、检验检疫、税务和收付汇等方面的主要问题；第三，对跨境出口电商各监管主体的职责做出了明确的划分，解决了以往监管职责不明确、监管存在漏洞的问题，进一步从监管层面推动了跨境出口电商的有序发展。

1.3.2 试点扩大阶段

2013 年 9 月开始，我国跨境电商城市试点开始在全国有条件的地方扩大，其审批流程改为地方城市申请，海关总署审批即可。9 月 24 日，海关总署回复广州市政府，同意广州市政府提出的针对 B2C 一般出口（邮件/快件）、B2B2C 保税出口、B2B 一般出口等三类业务进行跨境贸易电商试点，广州正式成为华南地区第一个跨境贸易电商服务试点城市。到 2015 年初，全国新增跨境贸易电商服务试点城市 12 个，分别是广州（2013 年 9 月）、苏州（2013 年 11 月）、银川（2014 年 1 月）、长沙（2014 年 1 月）、青岛（2014 年 2 月）、牡丹江（2014 年 2 月）、哈尔滨（2014 年 2 月）、烟台（2014 年 3 月）、西安（2014 年 3 月）、长春（2014 年 5 月）、深圳（2014 年 7 月）、绥芬河（2014 年 8 月）。除广州、深圳两个城市可同时开展进出口试点工作外，其他 10 个试点城市仅准许进行出口试点，这表明海关总署对于出口业务更为放开，对于进口业务较为谨慎。

该阶段的重点工作是贯彻落实商务部《关于实施支持跨境电商零售出口有关政策的意见》。其中，2013 年 11 月底，商务部发布《关于促进电子商务应用的实施意见》，明确提出，引导和支持电商平台企业在边境地区设立专业平台，服务边境贸易。比如在中俄边境出现边境中转仓，促进"俄速通""俄品汇"等一批跨境电商物流公司和平台的发展。2013 年 12 月，财政部、国家税务总局《关于跨境电商零售出口税收政策的通知》（财税〔2013〕96号）要求，跨境电商零售出口货物适用退（免）税、免税政策的，由跨境电商零售出口企业按现行规定办理退（免）税、免税申报。2014 年 1 月，根据《海关总署关于增列海关监管方式代码的公告》（海关总署公告〔2014〕12号），增列监管方式代码"9610"，全称"跨境贸易电子商务"，促进跨境贸易电商零售进出口业务的发展，方便企业通关，规范海关管理，实现贸易统计。2014 年 3 月，海关总署下发《海关总署关于跨境贸易电子商务服务试点网购保税进口模式有关问题的通知》（署科函〔2014〕43号），进一步对"保税进口"模式进行规范，强调只有上海、杭州、宁波、郑州、广州、重庆等 6个城市拥有跨境电商进口试点的资格，也就是把保税区＋行邮税模式控制在一定范围内。2014 年 7 月，海关总署《关于跨境贸易电子商务进出境货物、物品有关监管事宜的公告》（海关总署公告〔2014〕56号）明确规定了通过与海关联网的电商平台进行跨境交易的进出境货物、物品范围，以及数据传输、企业备案、申报方式、监管要求等事项。海关对电商出口商品采取"清单核放、汇总申报"的方式办理通关手续，从而有效解决跨境贸易电商出口商品退税和结汇问题。2014 年 7 月，海关总署《关于增列海关监管方式代码的公告》（海关总署公告〔2014〕57号）要求增列海关监管方式代码"1210"，全称"保税跨境贸易电子商务"，适用于境内个人或电商企业在经海关认可的电商平台实现跨境交易，并通过海关特殊监管区域或保税监管场所进出的电商零售进出境商品〔海关特殊监管区域、保税监管场所与境内区外（场所外）之间通过电商平台交易的零售进出口商品不适用该监管方式〕。2015 年 1 月，

国家外汇管理局《关于开展支付机构跨境外汇支付业务试点的通知》（汇发
〔2015〕7号）的内容主要包括：第一，提高单笔业务限额。 网络购物单笔交
易限额由等值1万美元提高至5万美元，放宽支付机构开立外汇备付金账户户
数的限制。 第二，规范试点流程。 支付机构要取得试点资格，应先到注册地
外汇局办理"贸易外汇收支企业名录"登记。 第三，严格风险管理。 要求支
付机构严格履行交易真实性审核职责，留存相关信息5年备查，并及时准确报
送相关业务数据和信息。 外汇管理局将对试点业务开展非现场核查和现场核
查，进行审慎监管。

该阶段重点从通关、税收、支付等方面，为跨境电商出口的发展扫除障
碍，创造各种有利条件推动其快速发展。 具体而言，首先，跨境电商进出口
监管模式的试点工作取得突破，探索试点了"9610"、"1210"、市场采购、
外贸综合服务平台等跨境电商进出口业务监管模式，并初步建立了与之匹配
的管理规范。 其次，以支持跨境电商出口便利化为重点，明确了以"清单核
放、汇总申报"的方式办理通关手续，初步解决了跨境贸易电商出口商品的退
税和结汇问题，跨境电商第三方支付试点也取得较好的成效。 然后，针对国
内居民跨境网购需求旺盛的问题，提出了"直购进口"和"网购保税进口"2
种模式，充分发挥海关特殊监管区域的功能和政策优势，打造阳光跨境直购渠
道，规范了跨境电商进口市场。 最后，初步实现了跨境电商企业与口岸管理
相关部门的业务协同与数据共享，建设并培育了一批重要的跨境电商综合服
务平台，如重庆的"e点即成"、上海的"跨境通"、宁波的"跨境购"、杭州
的"一步达"、郑州的"E贸易"等。

1.3.3　深化探索阶段

随着跨境贸易电商试点工作的不断深入，试点城市范围进一步扩大，截至
2017年11月，新增了7个试点城市，分别是张家港（2015年9月）、天津
（2015年10月）、福州（2016年1月）、平潭（2016年1月）、合肥（2016
年1月）、成都（2016年1月）、大连（2016年1月）。 其中，天津、成都、
大连均获得跨境电商进出口试点资格，张家港、福州、平潭、合肥获得跨境电
商出口试点资格。 与此同时，由于跨境电商在快速发展的同时，对平台、物

流、支付、通关等环节提出了新的需求，原有以进出口业务试点为核心的政策
体系仍存在较大局限。因此，国家从战略层面启动了跨境电商综合试验区试
点工作。总体而言，跨境电商综合试验区是跨境贸易电商试点城市的升级
版，地位高于试点城市，涉及的试点内容也更为丰富和系统。2015年3月，
国务院印发《关于同意设立中国（杭州）跨境电子商务综合试验区的批复》
（国函〔2015〕44号），同意设立中国（杭州）跨境电子商务综合试验区。
2016年1月，国务院印发《关于同意在天津等12个城市设立跨境电子商务综
合试验区的批复》（国函〔2016〕17号），同意在天津、上海、重庆、合肥、
郑州、广州、成都、大连、宁波、青岛、深圳、苏州等12个城市设立跨境电商
综合试验区。

从跨境电商综合试验区试点来看，杭州作为首个跨境电商综合试验区，通
过制度创新、管理创新、服务创新和协同发展，先后出台了85条制度创新清
单，逐步探索并形成以"单一窗口"为核心的"两平台六体系"模式。其中，
"单一窗口＋综合园区"两平台共同发力，加速跨境电商通关流程，首次实现
"一次申报、一次查验、一次放行"。"信息共享＋金融服务＋智能物流＋
电商信用＋统计监测＋风险防控"六体系，则连通了跨境电商生态链上的相关
监管主体，实现了服务、评价、监管的全面电子化。在借鉴中国（杭州）跨
境电商综合试验区建设"两平台六体系"经验和做法的基础上，第二批获批的
12个跨境电商综合试验区，因地制宜，突出本地特色和优势，着力在跨境电
商B2B的相关环节的技术标准、业务流程、监管模式和信息化建设等方面开
展先行先试工作，力图为推动全国跨境电商健康发展创造更多可复制推广的
经验。如中国（宁波）跨境电商综合试验区提出"三大平台、四大服务、五
大体系"的试点任务，其建设的"三大平台"是指跨境电商综合信息平台、跨
境电商园区平台、跨境电商物流平台；拓展的"四大服务"功能是指可信交易
服务、快捷结算服务、便利商务服务、协同物流服务；构建的"五大体系"是
指信息共享体系、风险防控体系、金融支撑体系、企业孵化体系、人才建设体
系。各综合试验区的主要试点内容如表1-11所示。

表 1-11　主要跨境电商综合试验区试点方案对比

城市	总体定位	平台建设	创新举措
杭州	全国跨境电商创业创新中心、跨境电商服务中心和跨境电商大数据中心	线上"单一窗口"平台和线下"综合园区"平台	信息共享体系、金融服务体系、智能物流体系、电商信用体系、统计监测体系和风险防控体系
深圳	亚太地区电商投资合作便利、产融创新突出、服务体系健全、营商环境规范的跨境电商交易中心、金融服务中心和物流枢纽	完善跨境电商通关服务平台功能,打造产业综合服务平台	完善跨境电商监管政策措施,建立跨境电商 B2B 管理新体系,依托深港区域优势建立跨境电商新格局
上海	全球跨境电商运营中心、物流中心、金融中心和创新中心	建设跨境电商公共服务平台,对接"单一窗口"平台,推动跨境电商园区建设	创新企业与商品准入制度、创新海关监管模式、创新检验检疫监管模式、创新税收征管模式、创新外汇监管制度、创新邮路监管制度、创新市场监管制度
苏州	建设全国性跨境电商的产业聚集中心、大数据信息中心、创新创业中心、配套服务中心等"四大中心"	线上"单一窗口"和线下"综合园区"	创新监管及服务,构建"六体系",加大产业链招商力度,拓展"互联网＋外贸"出口规模,增强"互联网＋外贸"品牌竞争力
广州	打造成为跨境电商创新发展先行区、外贸优化升级加速器,建设成为全国跨境电商中心城市和发展高地	国际贸易"单一窗口"、粤港澳跨境电商合作平台和跨境电商聚集区	创新通关监管模式,创新检验检疫流程,创新金融服务,加快跨境电商物流发展,完善财税政策,完善质量与信用保障体系,强化服务保障体系,做好统计监测,推动海外仓发展
宁波	国内领先的跨境电商产业升级引领区、监管服务创新区、仓储物流示范区	跨境电商综合信息平台、跨境电商园区平台、跨境电商物流平台	信息共享体系、风险防控体系、金融支撑体系、企业孵化体系、人才建设体系
青岛	打造成为对接国家两大开放战略、带动山东省跨境电商创新发展的"互联网＋大外贸"创新示范高地,全力打造国内重要的区域性电商服务中心	线上综合服务平台、线下综合支撑平台	构建数据化贸易驱动优进优出发展机制、互联网大数据推进贸易融资发展机制、互联网信息引领物流绿色发展机制、货物贸易和服务贸易融合发展机制、线上线下境内外大市场联运发展机制

城市	总体定位	平台建设	创新举措
大连	建设成为东北跨境电商发展的先行区、外贸转型发展的引领区、老工业基地振兴的示范区和东北亚跨境商品的集散区	"单一窗口"平台、园区综合服务平台、外贸综合服务平台、特色交易平台	智能物流体系、金融服务体系、公共服务体系、综合试验区间联动合作体系、跨境电商贸易便利化服务体系等
郑州	进出口商品集疏交易示范区、对外贸易转型升级试验区、监管服务模式创新探索区、内外贸融合发展试验区	"单一窗口"综合服务平台、"综合园区"发展平台、人才培养和企业孵化平台	信息共享体系、金融服务体系、智能物流体系、信用管理体系、质量安全体系、统计监测体系、风险防控体系
成都	一府一都三中心	"单一窗口"线上公共服务平台、跨境电商线下产业载体区域	建设成都跨境电商综合试验区多维立体支撑体系,创新跨境电商政策支持体系,积极探讨电商贸易新规则体系
天津	建设服务京津冀、辐射北方地区的跨境电商仓储物流集散中心	线上"单一窗口"平台和线下"创新试验园区"发展平台	信息共享体系、金融服务体系、仓储物流体系、便利监管体系、电商信用体系、人才培养体系、统计监测体系、风险防控体系
合肥	基本建立适应全省跨境电商发展的管理制度和规则,力争建成国内领先的跨境电商创业创新高地,形成具有一定国际影响力的跨境电商集聚区和产业示范区	线上"单一窗口"和线下"综合园区"	建立信息共享体系、统计监测体系、电商信用体系、风险防控体系、金融服务体系、智能物流体系六体系,创建跨境电商监管服务、出口模式,探索跨境电商进口展销新模式
重庆	建成具有内陆特色的跨境电商综合试验区	建设"单一窗口"平台,培育跨境电商产业聚集区	服务监管、信息共享、智能物流、信用保障、风险防控、统计监测等体系

资料来源:根据各综合试验区试点实施方案整理得到。

从国家跨境电商政策试点工作来看,2015 年 5 月,国务院印发的《关于大力发展电子商务加快培育经济新动力的意见》(国发〔2015〕24 号),推动跨境电商试点工作步入试点深化阶段,跨境电商在前期摸索式增长之后迎来二次成长期。该意见中有关提升对外开放水平的部分,提出要提升跨境电商通关效率,积极推进跨境电商通关、检验检疫、结汇、缴进口税等关键环节的建设。同月,海关总署发布《关于调整跨境贸易电子商务监管海关作业时间和通关时限要求有关事宜的通知》（署监发〔2015〕121号），提出自2015年5月起，海关对跨境贸易电商监管实行"全年（365天）无休日、货到海关监管场所24小时内办结海关手续"的作业时间和通关时限要求（简称"全年无休日、24小时内办结海关手续"）。 同月，国家质检总局发布《关于进一步发挥检验检疫职能作用促进跨境电商发展的意见》，指出要构建符合跨境电商发展的检验检疫工作体制机制，建立跨境电商清单管理制度，构建跨境电商风险监控和质量追溯体系，创新跨境电商检验检疫监管模式，实施跨境电商备案管理，加强跨境电商信息化建设。 2015年6月，国家质检总局发布《关于加强跨境电商进出口消费品检验监管工作的指导意见》，提出要建立跨境电商进出口消费品监管新模式、跨境电商消费品质量安全风险监测机制、跨境电商消费品质量安全追溯机制，并进一步明确跨境电商企业的质量安全主体责任，建立跨境电商领域打击假冒伪劣工作机制。 同月，国务院办公厅印发《关于促进跨境电商健康快速发展的指导意见》（国办发〔2015〕46号），提出要进一步完善跨境电商进出境货物、物品管理模式，优化跨境电商海关进出口通关作业流程，研究跨境电商出口商品简化归类的可行性，完善跨境电商统计制度。同年7月，国务院办公厅印发《关于促进进出口稳定增长的若干意见》，提出提高跨境贸易人民币结算的便利化水平，帮助企业规避汇率风险，积极推进中国（杭州）跨境电商综合试验区建设等。 9月，海关总署出台了58号公告《关于加强跨境电子商务网购保税进口监管工作的函》，规定进口保税业务只能在试点城市开展。 2016年3月，财政部、海关总署、国家税务总局3部委公布《关于跨境电子商务零售进口税收政策的通知》，指出，自4月8日起，跨境电商零售进口商品将不再按邮递物品征收行邮税，而是按货物征收关税和进口环节增值税、消费税。 同年4月，财政部联合多个部门先后发布了《跨境电子商务零售进口商品清单》及有关商品备注的说明和《跨境电子商务零售进口商品清单（第二批）》，清单内明确不能通过的商品将受到拦截，极大地限制了跨境电商的进口商品品类，使得跨境电商平台需要对其品类进行一系列调整。 经国务院批准，自2016年5月11日起，我国对跨境电商零售进口有关监管的要求给予一年的过渡期，即继续按照试点模式进行监管，对天津、上海、杭州、宁波、郑州、广州、深圳、重庆、福州、平潭等10个试点城市经营的网购保税商品"一线"进区时暂不核验通关单，暂不执行化妆品、婴幼儿配方奶粉、医疗器械、特殊食品（包括保健食品、特殊医学用途配方食品等）的首次进口许可批件、注册或备案要求；对所有地区的直购模式也暂不执行上述商品的首次进口许可批件、注册或备案要求。同年 11 月 15 日，商务部新闻发言人发表讲话，进一步延长对跨境电商零售进口有关监管的要求从给予一年的过渡期改至 2017 年底。2016 年下半年，流通领域 2 个国家级规划相继出台，进一步明确了跨境电商产业定位及其发展思路。11 月 11 日，商务部、国家发改委等 10 部门印发的《国内贸易流通"十三五"发展规划》提出，"统筹推进发展现代流通和对外开放，促进国内市场规则体系与国际经贸规则对接互融，加快国内外市场一体化建设。鼓励流通企业运用电子商务等手段开拓国际市场，稳妥发展跨境电子商务。鼓励创建内外贸融合发展平台，打造一批具有国际影响力的大型展会，推动建设和改造特色边贸市场和跨境物流通道"。12 月 26 日，商务部印发的《对外贸易发展"十三五"规划》提出了更为具体的跨境电商发展思路："推进跨境电商综合试验区建设。加快建立适应跨境电商特点的政策体系和监管体系，提高贸易各环节便利化水平。鼓励设立海外仓储，推进 B2B 业务创新发展。总结评估并复制推广各综合试验区经验，推动全国跨境电子商务持续健康发展。推进'网上丝绸之路'经济合作试验区建设，推动与'一带一路'沿线国家和地区开展电子商务合作。深入参与或发起跨境电子商务规则交流和谈判，积极发挥建设性推动作用。发展跨境电子商务产业链。支持各地引导本地跨境电子商务产业向规模化、标准化、集群化、规范化方向发展。"2017 年 9 月 20 日，国务院总理李克强主持召开国务院常务会议，提出要在全国复制推广跨境电商综合试验区形成的线上综合服务和线下产业园区"两平台"及信息共享、金融服务、智能物流等"六体系"的成熟做法。在此基础上，再选择一批基础条件好、发展潜力大的城市建设新的综合试验区，推动跨境电商在更大范围内发展；同时，将跨境电商监管过渡期政策延长一年，至 2018 年底。

通过该阶段的试点工作，跨境电商已经得到国家层面的认可和支持。取得的主要试点成效包括：第一，探索建立了国家有关部委和省、直辖市人民政府协同推进跨境电商综合试验区试点工作的治理模式，积累了丰富的政府监管经验。 通过综合试验区试点，探索形成的"两平台六体系"模式已经得到国家层面的高度认可，已从相关做法中取得成熟经验并具备面向全国复制推广的基础。 第二，进一步完善了跨境电商进出口货物、物品管理模式，优化了跨境电商海关进出口通关作业流程，通过税收、支付、通关、结汇、金融、海外仓等方面的一系列政策创新，创造各种有利条件推动跨境电商取得快速发展。 第三，通过跨境电商"单一窗口"平台建设，推动跨境电商各业务环节信息系统之间的互联互通，初步实现了信息共享，并以跨境电商综合试验区为依托，逐步探索构建了覆盖"关、检、汇、税"等跨境电商主要业务环节的统计监测体系，为后续跨境电商行业的健康发展提供了有力的大数据支撑。第四，政策助力出口跨境电商驶入黄金期，行业小步跑向成熟市场。 国家不仅进一步规范了跨境电商行业，推动跨境电商由粗放式发展向高质量发展逐步转变，而且充分运用政策工具引导跨境电商行业格局、主体结构、商品结构、仓储物流模式等方面的调整，实现行业规模化、规范化和创新性发展。

1.3.4　全面推广阶段

由于第一批和第二批跨境电商综合试验区试点工作取得较好成效，得到国家层面的高度认可和支持。 2017 年 11 月，《商务部等 14 部门发布关于复制推广跨境电商综合试验区探索形成的成熟经验做法的函》（商贸函〔2017〕840 号），明确提出，跨境电商线上综合服务和线下产业园区"两平台"及信息共享、金融服务、智能物流、风险防控等监管和服务"六体系"等做法已成熟并可面向全国复制推广。 2018 年 7 月，《国务院办公厅转发商务部等部门关于扩大进口促进对外贸易平衡发展意见的通知》（以下简称《通知》）（国办发〔2018〕53 号），重申要加快复制推广跨境电商综合试验区成熟经验做法，研究扩大试点范围。 在此基础上，2018 年 7 月国务院常务会议决定，要推动跨境电商在更大范围内发展，择优选择电商基础条件好、进出口发展潜力大的地方，并向中西部和东北地区倾斜，在北京、呼和浩特、沈阳、长春、哈尔滨、南京、南昌、武汉、长沙、南宁、海口、贵阳、昆明、西安、兰州、厦门、唐山、无锡、威海、珠海、东莞、义乌等 22 个城市新设一批跨境电商综合试验区。

第三批跨境电商综合试验区获批后，全国跨境电商综合试验区试点城市达到 35 个，已较为广泛地分布于全国各地区，可辐射各个经济片区，基本覆盖全国范围。 此外，随着跨境电商"中国方案"的不断成熟，中国跨境电商综合试验区的试点成果被越来越多的国家所接受，正在全球化框架下重构新的贸易规则，如阿里巴巴集团提出的"eWTP"倡议（Electronic World Trade Platform，电子世界贸易平台）。 和前面阶段相比，该阶段跨境电商综合试验区试点工作呈现出以下特征：第一，试点城市的空间布局有重大变化。 第一批和第二批跨境电商综合试验区试点城市主要设在杭州、天津、上海、广州等东部大中型城市，在经济基础、国际物流条件、电商氛围、城市人口等方面都具有明显优势。 本次新设的跨境电商综合试验区，明显向中西部和东北地区倾斜，也包括义乌等一批跨境电商基础条件好、进出口发展潜力大的中小型城市，这标志着跨境电商综合试验区从示范试点阶段进入普惠推广阶段。 第二，试点的重要任务之一是加速传统外贸格局的转变。 本次试点扩容，意味着跨境电商作为一类重要新兴产业的发展的各项条件已经逐步成熟，也标志着跨境电商这一新兴外贸模式得到国家层面的高度认可，将成为未来国家推动传统外贸转型升级的重要抓手、新型数字贸易发展的重要增长点。 第三，本次试点城市扩容进一步夯实"一带一路"倡议。 2013 年 9 月，中国国家主席习近平提出建设"丝绸之路经济带"和"21 世纪海上丝绸之路"。 经过几年的发展，跨境电商已经成为实施"一带一路"倡议的重要方式，在经济全球化和多边贸易体制中发挥着越来越大的作用。 原外经贸部首席谈判代表、副部长龙永图表示："跨境电商在'一带一路'的发展当中具有很重要的意义。"特别是本次新设跨境电商综合试验区还有一个突出特点，即大多数试验区都位于已开通中欧班列的城市，与"一带一路"倡议高度吻合。 第四，试点终极目标是提高中国参与全球经济的竞争力。 跨境电商是我国少数处于全球第一方阵的经济或产业领域，在跨境电商日渐成为全球贸易主流形态的今天，把跨境电商的"中国模式"输出到全球，将助力中国更好地参与全球治理，并通过帮助"一带一路"沿线国家发展经济和培育共同市场，使中国引领全球跨境电商和新经济发展的国际规则和标准制定，逐步成长为有重要话语权的参与全球经济治理的大国、强国。

2

跨境电商理论研究与文献述评

在"互联网＋"时代，跨境电商迅速发展，并不断改变着传统贸易模式，已经成为全球贸易发展的一大趋势，也成为学界研究的热点问题之一。国内外学者对跨境电商的内涵、特征、功能、类型、商业模式及影响因素等已经做了比较广泛的研究，我国学者对跨境电商试点的实践经验也做了较为及时的跟踪研究。目前，关于跨境电商的研究以实践调查、现状分析及对策研究为主，研究方法以定性研究和比较分析为主，实证研究、定量研究、模型分析和实验仿真等科学研究方法的应用还较为少见。总体而言，学界目前对跨境电商的理论研究亟待深入。本章在对跨境电商内涵、业务模式、影响因素及综合试验区实践等基本内容进行文献综述的基础上，结合本书研究主题，从跨境电商与经济发展关系、跨境电商物流及跨境电商产业管理的视角，进一步综述跨境电商相关研究领域的最新热点及研究进展。

2.1 跨境电商相关研究

2.1.1 跨境电商的内涵

随着电商应用广度和深度的不断提高，以及全球贸易自由化和便利化步伐的加快，跨境电商作为一种重要的对外贸易方式受到国内外学界和业界的广泛关注。2009 年，欧盟将跨境电商表述为分处不同国家的买卖双方基于互联网的交易行为，并归纳了跨境电商区别于境内电商的若干特征，如地理分割、信息不对称、耗时长、风险高、全球资源配置等。[①] Stylianou（2008）认为，跨境电商是不同国家的消费者和企业，依赖互联网销售和购买其他国家的产品或服务，这种电商交易通常是跨境贸易。Terzi（2011）认为，跨境电商是不同关境的交易主体，通过电商平台达成交易和进行支付结算，并通过跨境物流送达商品的一种新兴国际贸易形式。Asosheh et al.（2012）将跨境电商定义为不同国家与地区的贸易主体之间，借助电商平台达成商品交易、完成支付结算，最后借助跨境物流配送商品，实现交易流程的商业活动。Kawa et al.（2016）认为，客户可以通过互联网从世界最遥远的地区购物，跨境电商的交易经常涉及以电子方式订购的商品或服务的购买或销售，但是对商品或服务的支付可以以任何形式执行。

国内学者主要是从交易方式和服务功能等角度对跨境电商的内涵进行讨论，认为跨境电商是不同关境的贸易双方借助互联网交易平台对传统进出口贸易中的展示、洽谈、成交、支付结算等各环节工作进行的电子化、信息化，并通过跨境物流实现产品送达的一种跨境交易行为。林斯颖（2013）认为，跨境电商是指出口企业直接利用电商实现跨境商品的交易，境外买家可以在互联网上直接购买并支付。王淙等（2012）认为，小额跨境电商是指不同国别或地区间的交易双方通过互联网及其相关信息平台实现不需报关、不缴付关税的交易，即传统小额国际贸易基于网络化、电子化的新型贸易方式。李皓（2013）认为，跨境电商是指生产和贸易企业或者个人通过电商的手段，将传统贸易中的展示、洽谈和成交环节数字化、电子化，实现产品进出口的新型贸易方式。李向阳（2014）认为，跨境电商是利用现有产业平台与资源优势，探索制订跨境电商综合服务体系及跨境电商进出口所涉及的在线通关、检验检疫、退税、结汇等基础信息标准和接口规范，实现海关、国检、国税、外

---

① Katja Meier-Pesti、Christian Trübenbach：*Mystery Shopping Evaluation of Cross-Border E-Commerce in the* EU，Conducted on Behalf of the European Commission，Health and Consumers Directorate-General，Final Report，2009.

管等部门与电商企业、物流配套企业之间的标准化信息流通。刘章发（2016）认为，跨境电商是把传统国际贸易加以网络化、电子化的新型国际贸易方式。此外，也有学者就跨境电商的特征进行讨论。穆承刚（2012）认为，相比于大型外贸，小额跨境电商贸易具有贸易形式灵活、交易利润丰厚、进入门槛低等特征。江利祥（2016）认为，跨境电商包含所有贸易平台共有的基本特征，如开放性、自组织性、复杂性、整体性及关联性，另外还具备传统贸易市场所不具有的特征，如虚拟性、竞协性等。

2.1.2　跨境电商的模式

目前，学界主要是按交易主体属性对跨境电商模式进行分类，如耿雁冰（2014）将跨境进口电商划分为 4 种模式，即 B2C 平台模式、海淘模式、C2C 模式和自营 B2C 模式。上海社会科学院经济研究所课题组（2014）将我国跨境电商模式分为传统跨境大宗交易平台（大宗 B2B）模式、综合门户类跨境小额批发零售平台（小宗 B2B 或 C2C）模式、垂直类跨境小额批发零售平台（独立 B2C）模式和专业第三方服务平台（代运营）模式 4 种类型。王荣（2017）、张夏恒（2017）则把跨境电商模式分为跨境 B2B 模式、跨境 B2C 模式和跨境 C2C 模式 3 种类型。

此外，也有学者从价值链或商业形态的角度对跨境电商模式进行分类研究。穆承刚（2014）采取价值链分析，将我国小额跨境电商模式分为自营式模式、平台式模式、综合服务商模式及企业应用式模式 4 种，并对 4 种模式的价值链体系及其核心价值创造进行比较分析，认为综合服务模式是我国小额跨境电商发展的趋势。Gessner（2015）从跨境电商企业的角度，基于其所提出的新型商业生态系统观点，通过评估跨境电商的运行机制，将跨境电商模式划分为主宰型模式、骨感型模式和缝隙型模式 3 种。

从进出口业务运营的角度对跨境电商模式进行分类则更加直观。张亚等（2015）认为，跨境电商进口主要有 3 种模式，即集货、备货、直邮入境，而跨境电商出口则主要包括一般零售出口模式和网购保税出口模式；王星等（2017）则认为，进口跨境电商运营模式可以分为海外代购模式、直发/直运平台模式、自营 B2C 模式、导购/返利模式、海外商品闪购模式及海外商品批发模式。

2.1.3 跨境电商发展的影响因素

目前，学界有关跨境电商发展影响因素的研究主要集中在物流、监管、税收、结汇、支付、人才和产业政策等方面，而且多数学者认为，物流成本过高是制约跨境电商发展的重要因素。刘娟（2012）认为，通关、跨境物流、跨境支付是跨境电商交易的最大壁垒。Gomez-Herrera et al.（2014）通过考察欧盟市场的消费者数据，认为成本优势、在线支付、物流模式等因素对跨境电商发展具有重要影响，并建议欧盟国家应积极从规划、监管、通关等方面为跨境电商企业提供便利。来有为等（2014）认为，我国跨境电商发展在通关服务、市场监管体系、结汇方式等方面存在一系列问题，这些因素都制约了我国跨境电商的进一步发展。张滨等（2015）认为，目前我国跨境电商及其物流发展存在诸多问题，如政策支持不足、物流基础设施不完善、缺乏第三方物流的专业化服务、与跨境电商的需求不匹配，导致跨境电商的物流成本高、效率低。Arkadiusz et al.（2016）认为，跨境电商是全球电商市场的重要组成部分，但跨境电商在运输成本、交货质量、语言、支付、法律法规和退货处理等方面存在的一系列问题制约了其发展。还有许多国内学者剖析了人才因素对跨境电商发展的作用。张琴（2016）通过对江苏省跨境物流的优势和问题进行研究后，认为跨境物流基础设施建设及优秀跨境物流人才培养对促进跨境电商的发展有深远意义。范敏等（2016）研究了合肥跨境电商发展情况，认为合肥的跨境电商发展主要面临着主体相对薄弱、跨境物流发展缓慢、专业人才缺乏等问题。宁波海关课题组（2017）在研究宁波跨境电商发展的基本情况之后，发现制约宁波跨境电商发展的问题主要体现在2方面：一是政策存在不确定性，以至于企业信心不足；二是宁波电商起步较晚，基础相对薄弱，主要表现为缺乏龙头企业的支撑、市场主体转型意识薄弱、配套政策服务不完善及缺乏专业人才等。此外，徐锦波（2018）认为，跨境电商的发展主要受网络营销、国际物流、电子支付、电子通关和政府政策等因素的影响，并利用灰关联熵方法研究不同因素与跨境电商的关联性，发现这些因素与跨境电商的关联程度存在明显差异。综上所述，学界认为，制约跨境电商发展的因素可以归纳为跨境物流、产业政策、专业人才、语言差异、跨境支付、通关监管、税收、结汇和退货处理等。

2.1.4　跨境电商综合试验区

自 2015 年 3 月 7 日国务院批复同意设立中国（杭州）跨境电商综合试验区以来，有关杭州跨境电商综合试验区的实践经验和创新举措一直受到国内外学者的密切关注。尹伊梦芝等（2015）从战略管理的角度出发，运用 SWOT 分析法分析了杭州建立跨境电商综合试验区的优势和劣势，以及面临的机会和挑战。王锦锦等（2016）通过实地调研，总结了杭州跨境电商综合试验区发展可能面临的主要问题，如跨境电商产业法律监管困难、政策落实速度缓慢等。郭建芳（2016）总结了影响杭州跨境电商综合试验区发展的具体因素，包括综合试验区政策及服务、国际交易环境、国际电子支付、国际物流及国际贸易监管等。邬关荣等（2017）认为，杭州通过跨境电商综合试验区建设，有利于全面融入"一带一路"，能够重塑外贸新优势。此外，随着研究的不断深入，不少学者也发现，杭州跨境电商综合试验区可能面临诸如知识产权侵权及风险、跨境电商通关流程不畅等问题（韩旭，2017；钟峥，2018）。

在杭州跨境电商综合试验区试点工作不断推进的过程中，试点的模式创新、平台建设、体制机制创新等问题得到关注。在模式创新方面，李金芳等（2015）认为，杭州发展跨境电商的重点应当是出口，而就出口模式方面认为 M2B2C 出口模式可以较好地解决 B2C 出口模式面临的困境，M2B2C 模式有利于做大跨境电商交易额，提高海外用户的体验感，破解跨境电商的物流困境，规避国外法律体系的政策风险。张俭（2016）也表示，试点一年来杭州跨境电商综合试验区联合阿里巴巴等平台，积极推动商业模式创新，建立以跨境 B2B 为主导的产业体系，推动外贸稳增长促转型，同时通过引入一批有能力、规范操作的项目入园发展，让杭州跨境电商相关体系正在逐步完善。在平台、体系建设方面，杨夏悦（2016）认为，杭州跨境电商综合试验区创新构建了以"两平台六体系"为核心的顶层设计框架，包括信息共享体系、金融服务体系、智能物流体系、电商信用体系、统计监测体系和风险防控体系，以及线上"单一窗口"和线下"综合园区"两平台，并作为先行试点经验在全国范围内复制推广，建立了适应跨境电商发展的新型监管服务体系，促进了产业发展。 此外，赵峥嵘（2016）认为，互联网金融支持有助于推进杭州综合试验区跨境电商平台的建设，并在理论分析的基础上提出了包括"与政府线上平台数据交换方案""跨境电商支付金融服务方案"和"跨境电商融资金融方案"等3个子方案在内的跨境电商互联网金融支持方案。 在标准化建设方面，蒋睁睁（2016）总结了杭州跨境电商综合试验区的标准化建设经验，一是制订地方标准，二是创新监管模式，三是搭建公共信息平台，四是建立健全信息规范标准体系、金融服务体系、物流标准体系、企业信用体系及风险监控标准体系等五大标准体系。 张鑫等（2016）则根据杭州跨境电商综合试验区中跨境电商产业的标准化现状，就如何开展标准化提出了具体的建议，包括组建跨境电商标准技术联盟、推进标准化公共信息服务平台建设、建立跨境电商标准化人才培养机制等。 在人才培养方面，陈竹韵（2016）针对杭州综合试验区缺乏高职外贸人才现状，以杭州某学院国贸专业为例研究了人才的培养方案，包括深度校企合作、课程体系建设、师资力量培养、课程开发设计及实训场地建设等。

随着2016年宁波等第二批12个跨境电商综合试验区，以及2018年第三批22个跨境电商综合试验区获批成立，学界对其他综合试验区试点工作的研究也取得了显著进展。 潘云飞等（2016）系统总结了苏州跨境电商综合试验区在监管模式方面的创新举措，包括以信用管理和风险监测为核心的检验检疫监管模式，"前期备案、提前监管、后期跟踪、质量监控"的出口监管模式，以及"提前申报备案、入区集中检疫、出区分批核销、质量安全追溯"的进口监管模式。 范敏等（2016）从加快出台相关优惠政策、加强校企合作、成立跨境电商培训中心、建立一站式服务的跨境电商创业和孵化中心等方面，探讨了合肥跨境电商综合试验区如何加快引进和培养跨境电商所需的综合性人才。 王欢等（2017）对河南省跨境电商人才的能力现状进行剖析，提出了河南省电商人才能力培养的对策与途径，即发挥政府主导，完善企业对接，加强校企联合与互动，优化课程设置与重组，改善教学手段与方式，模拟跨境交易与服务等，旨在建设高质量、高水平的跨境电商人才队伍，促进跨境电商的快速发展。

2.2　跨境电商与经济发展的关系

2.2.1　跨境电商与经济增长

国际贸易对于经济增长的贡献作用不言而喻，而跨境电商作为国际贸易的一种新形式，其对区域经济增长的促进作用也是有目共睹的。关于贸易与经济增长的研究，亚当·斯密最早提出对外贸易是经济增长发动机的思想，此后李嘉图、约翰·穆勒、劳尔·普雷维什都把对外贸易作为经济增长的一个重要因素。20 世纪 90 年代以来，许多学者就我国对外贸易与国民经济增长的关系进行了实证研究。董秘刚（2000）研究发现，我国 1978—1998 年间对外贸易与经济增长的相关系数达到 94％。林毅夫等（2001）通过联立方程组进行的计量分析发现，出口增长对我国经济增长具有较大作用。石传玉等（2003）对我国 1952 年以来的 GDP 与进出口数据进行协整分析，并运用 EG 两步法建立三者之间的误差修正模型，发现短期内出口对经济增长的促进作用在长期中并不存在。张倩等（2009）运用格兰杰因果检验、协整检验方法，根据中国 1987—2007 年进出口贸易额及 GDP 等经济数据建立回归模型，将对外贸易与经济增长的关系进行了实证分析，研究表明，出口贸易对我国经济有着明显的促进作用。胡善磊等（2011）根据 1978—2008 年统计数据，运用协整检验和误差修正模型，对全国对外贸易与经济增长的关系进行实证研究，发现对外贸易与经济增长具有长期均衡关系，对外净出口能够有效促进经济增长。郭雁（2016）以 1978—2012 年出口额、进口额和 GDP 的实际数据为样本，运用协整分析及 VAR 模型进行研究，发现出口、进口与经济增长之间存在长期稳定的协整关系。苏小莉（2018）采用单位根检验、EG 协整检验、格兰杰因果检验，分析了改革开放以来我国不同发展阶段下经济增长与贸易总额、出口和进口之间的关系，发现对外贸易对国民经济增长具有正向作用。也有许多国内学者实证研究了区域经济增长与对外贸易的关系。查贵勇（2006）通过构建一元线性回归模型，分析了广东贸易总额、出口和进口与经济增长的关系，结果表明，从长期来看，广东 GDP 对出口的弹性为 0.8275，远远高于全国平均水平,而对进口的弹性为 0.4934。 郑晶(2006)通过构建联立方程模型估算了 1987—2002 年间对外贸易对广东经济增长的作用,发现广东出口额每增长 10.33% 可以促进 GDP 增长约 1%。 周爱农(2010)使用误差修正模型分析了广东外贸出口与经济增长的关系,发现外贸出口每增加 1%,经济产出就会相应增加 0.92%。 杨友孝等(2014)从外贸区域发展的差异性角度,采用面板模型,实证分析了广东外贸区域发展泰尔指数对 GDP 贡献率变动的影响。

跨境电商作为国际贸易的一种新形式,其发展与区域经济的关系也受到学者的关注。 当前的研究主要是针对特定的区域展开的实证研究,重在揭示跨境电商对区域经济发展的重要影响。 左锋(2016)以广东跨境电商与经济增长的关系为研究对象,分析了跨境电商对广东经济增长的贡献度,并对跨境电商与广东经济增长的关系进行了协整分析和检验,发现广东跨境电商与经济增长之间存在协整关系即长期均衡关系:长期来看,跨境电商出口每增加 1%,广东 GDP 就增长 0.77%;跨境电商进口每增加 1%,广东 GDP 就增长 0.47%;跨境电商进出口总额每增加 1%,广东 GDP 就增长 1.04%。 汪倩玉(2017)使用加权最小二乘法测算了我国跨境电商与经济增长的关系,研究发现,跨境电商交易规模每增加 1 万亿元,我国 GDP 增加 5.299 万亿元,表明促进跨境电商的发展对我国的经济增长具有显著的支撑作用。

学界就跨境电商对区域经济增长的作用机理方面的研究,定性分析相对较多,而定量研究则鲜见。 田沛(2016)、赵玉(2014)等许多学者认为,电商的发展有利于区域内需的拉动与经济结构的调整,有利于促进新型城镇化建设与区域特色经济发展,也有利于推动区域制造业升级和创业就业。 徐金河(2016)认为,跨境电商已经成为我国对外贸易新的增长点,发展跨境电商有利于应对国际贸易的新格局,有利于抢占潜力巨大的新市场,有利于充分发挥综合保税区的新优势,从而有利于促进区域经济的新发展。 有少量学者试图采用定量分析模型揭示跨境电商对区域经济增长的作用机理,如张立(2018)通过构建系统动力学模型,定量研究跨境电商的经济贡献度,并以杭州为例测定跨境电商对区域经济的贡献度,发现跨境电商交易量每增加 1 个单位,可以平均带动杭州市 GDP 增加 0.03 个单位,说明跨境电商对优化经济结构、促进经济协调发展具有重要作用。

2.2.2　跨境电商与国际贸易

从宏观层面来看，跨境电商作为一种新的国际贸易交易方式，具有交易便利化、信息透明化和多样化的特点，对国际贸易具有明显的正面促进作用。杨兆（2002）认为，跨境电商会通过变换外贸交易手段、改变外贸成本结构等途径影响国际贸易的发展。何琳纯（2005）认为，跨境电商的发展能够降低国际贸易中的成本，包括订约成本、信息成本、履约成本。Terzi（2011）认为，跨境电商会给所有国家带来收益，短期内这种收益主要集中在发达国家，但从长期来看，发展中国家受益程度更大。Ghorbani et al.（2013）从全球化理论及模型出发，研究了全球化与跨境电商之间的关系，发现跨境电商对全球化有极大的影响，甚至推动了全球化的进程。赵怡昕（2014）认为，跨境电商成为推动我国对外经济发展、促进外贸增长及实现我国企业逐步走向世界的新型生产引擎。王淑华（2016）就跨境电商的发展对我国外贸模式的影响进行研究后，认为跨境电商改变了我国对外贸易的经营主体，使对外贸易的交易方式发生了改变，促使交易效率得到提高。张小玲（2016）认为，跨境电商可以起到统一国际市场的作用，将传统个体经济单位之间过长的对外贸易流程缩短，并通过标准化和集中化作业的方式创新了外贸合同的订立方式。樊宇（2018）指出，跨境电商占我国进出口总额的比例逐年增高，对加速外贸增长、优化调整外贸结构、扩展外贸企业的生存空间有着深远的影响。在肯定跨境电商对国际贸易正面促进作用的同时，不少学者也关注到了跨境电商可能带来的负面影响。呼彦成（2015）认为，跨境电商的无纸化交易会造成监管困难，进而导致税款的大量流失，同时加剧国际贸易中的马太效应，恶化发展中国家的国际贸易条件，并进一步拉大发展中国家与发达国家的差距。不少学者采用计量模型揭示跨境电商对国际贸易的影响作用。赵志田等（2012）构建了进口、出口与电商发展水平等因子之间的动态面板计量模型，发现跨境电商对进出口贸易产生的一系列积极作用已开始体现，而且其影响趋势正在加快和增强。李子等（2014）通过建立 ARCH 模型和向量自回归模型，实证研究了电商发展对贸易周期的影响及电商与对外贸易的长期均衡关系，发现跨境电商发展可带动进出口贸易的增长，电商交易总额每增加 1％，进出口贸易总额平均增加 0.033 16％。 黎仕贤（2014）运用面板数据模型分析跨境电商对进出口的影响，同时进行 Housman 检验并建立随机效应模型，结果发现，电商发展水平与出口贸易呈高度线性关系，与进口贸易存在正相关关系。

在微观层面上，有关外贸企业转型发展跨境电商是当前研究的热点之一。众多学者认为，转型发展跨境电商有助于提升传统外贸企业附加值及企业竞争力，减少外贸企业库存，加快外贸企业品牌的形成及拓展国际市场等（王外连等，2013；杨璐，2014；吴春芬，2015）。 季雪珺（2016）针对全球速卖通的研究表明，B2C 跨境电商平台有助于从流通成本、沟通及交易成本、信息成本、营销成本等方面降低企业外贸成本。 郝静（2016）从增加外贸企业利润空间、塑造海外品牌等方面，分析了跨境电商模式在河南省中小型外贸企业中发挥的作用。 胡秋华（2017）认为，跨境电商的发展不仅给传统国际贸易带来了极大的冲击和挑战，也为经济新常态下状态低迷的外贸企业走出泥潭和重塑国际竞争优势创造了难得的机遇。 与此同时，许多学者也注意到了在传统外贸企业转型发展跨境电商的过程中所暴露出的一系列问题。 赵旭明等（2016）认为，外贸企业转型发展跨境电商的过程中存在安全机制不够健全、信息基础设施状况亟待改善、管理不规范且法律不健全等问题。 李典徽等（2017）研究发现，河北省中小外贸企业转型发展跨境电商时，普遍存在市场较为狭窄、开拓能力不够、抗风险能力差、综合型人才匮乏、恶性价格竞争严重，以及外贸传统交易习惯不易改变等问题。 申帅（2017）研究发现，我国传统外贸企业存在的产品定位模糊、专业人才短缺、物流服务落后等问题，严重制约了传统外贸企业的快速发展。 在此种情况下，传统外贸企业就需要向跨境电商方向转型，利用跨境电商平台对货物进行销售，及时掌握不同消费者的内容需求，从而提升我国货物出口量，提升我国在国际上的地位，实现快速发展。 许多学者对我国传统外贸企业转型发展跨境电商提出了对策建议。 李媛媛（2017）分析了外贸出口企业转型发展跨境电商的主要途径和策略：一是需改变原有的发展思维及经营模式；二是需将大数据融入电商发展；三是需在创新中求稳求变；四是将"引、留、培"结合，建立稳固的人才队伍；五是针对企业具体情况，选对物流模式。黄仕靖等（2017）认为，中小型外贸企业转型发展跨境电商时，应正确选择产品类目和有实力的第三方平台，加强自主品牌建设，加强跨境电商人才培养。吴婷等（2017）在分析江苏外贸企业转型升级发展跨境电商的瓶颈的基础之上，提出充分利用跨境电商综合试验区优势，建设跨境电商信用公共服务平台，提升企业核心竞争力，加大对外贸企业的金融支持力度，发展多种跨境物流模式等一系列策略。王菁菁（2017）以广东外贸企业为研究对象，提出积极培养跨境电商人才、寻求自身产品的创新和转型及完善跨境电商流程等建议。冯曦涓（2018）以绍兴纺织外贸企业为例，提出了基于大数据的跨境店铺建设、基于 SNS 营销的跨境店铺推广及基于互动体验的跨境店铺品牌塑造 3 种经营战略，帮助传统外贸企业转型发展跨境电商。

2.2.3 跨境电商与"一带一路"

"一带一路"倡议的提出为中国带来了一种新的经济发展模式，使当下经济发展能够与其他国家共同融合，在协同努力下实现经济的共同发展。而在"一带一路"倡议的带动下，中国的跨境电商也迎来了新的发展契机。"一带一路"倡议的推进，有利于沿线各国贸易壁垒的消除，有助于通关服务的优化升级，有利于推进我国跨境物流的发展，而这些为我国的跨境电商带来了新的发展契机（杜永红，2016；穆沙江·努热吉等，2017）。王丽（2016）针对"一带一路"倡议背景下义乌跨境电商的发展现状，分析其对义乌跨境电商发展的影响，认为"一带一路"倡议是搭建"网上丝绸之路"的重要助推，有助于促进传统外贸企业的转型升级，有助于义乌产业结构的升级，并为企业打造国际品牌提供了新的机会。韦斐琼（2017）认为"一带一路"倡议对我国跨境电商发展的正效应主要表现在 3 个方面：第一，加强了基础设施建设，促进跨境路网和口岸建设，降低了流通成本；第二，为对外贸易往来提供政策支持，在清关、税收等方面都出台了一系列专项政策，减少了国际贸易摩擦；第三，使国际交流更加频繁，多边文化经济交流加深，为中国企业走出去、为商品双向流通提供潜在市场。黄艺（2017）认为，在互联网时代的背景下，"一带一路"倡议给沿线国家跨境电商的发展带来了宝贵的机遇，有利于价值链格局的重塑，有利于促进中小外贸企业的发展和服务贸易的发展。高艳丽等（2017）表示"一带一路"倡议为跨境电商的发展提供了政策红利——打造良好区域政治环境、打通跨境物流关键节点、改善跨境电商支付环境、拓展跨境电商物流空间，因此可以借力"一带一路"推进跨境电商的转型升级。

由于跨境物流发展不成熟、相关市场环境不完善及专业人才缺乏等因素的制约，我国和"一带一路"沿线国家的跨境电商在实践中也遇到了一系列问题。王玉玉（2015）分析了"一带一路"背景下我国跨境电商发展存在的问题，包括购买导向引导不足、业务流程烦琐复杂、监管政策体系不明确及跨境电商市场环境有待改善等。刘小军等（2016）认为，我国与"一带一路"沿线国家发展跨境电商物流遇到的问题，主要包括物流费用偏高且运输时间过长、售后服务问题难以有效解决、通关效率偏低、跨境电商物流通道基础设施建设滞后等。郭建芳等（2017）研究发现，在"一带一路"背景下，杭州跨境电商物流存在的问题，包括物流成本较高、物流配送时间过长、物流风险偏大、国内物流与国际物流差距较大等。也有学者从法律政策、税收监管等视角进行剖析。谢尚果等（2017）分析了"一带一路"背景下我国边境在发展和依法管理跨境电商中存在的问题，主要包括边民对跨境电商的认同感不强、"软件"和"硬件"不足、与边境扶贫结合的程度不够及法治举措还不完善等。梁仲通等（2017）认为，税收征管服务信息化与跨境电商税收特点不匹配、跨境电商综合性服务需求与当前税收服务不匹配、区域性国际税收合作沟通力度不足及跨境电商征管服务人才储备不足等问题，是制约广西—东盟跨境电商发展的主要因素。

随着对"一带一路"倡议的进一步认同和相关政策法规的不断建立及完善，前期发展中出现的各种问题都将逐步得到解决。多数学者认为，"一带一路"背景下跨境电商产业的着重点仍在于如何提升企业的行业竞争力，即如何从自身的品牌、供应链、服务质量入手，结合"一带一路"倡议这一利好政策，加大把控力度，对消费者进行精细耕耘，在这一新兴领域获得进一步发展（朱妮娜等，2015；杜永红，2016；丁天豪，2017）。Ray（2011）分析了印度开展跨境电商的经验和做法，认为政府应该提供有关电商的法律框架，同时帮助企业扩大其国内和国际贸易的视野，并着力保障企业的隐私权、知识产权,同时注重保护消费者权益。 褚学力(2016)针对我国与"一带一路"沿线国家在金融互联互通支持中小企业跨境电商发展过程中存在的信用机制差异等一系列问题提出了建议,包括通过构建金融服务网络、投融资联动及金融服务功能互联互通体系,推进人民币区域布局,建立信用监管机制,联动监测跨境资本流动,形成互联互通的跨境电商金融支持体系等。 此外,王娟娟等(2017)针对"一带一路"区域跨境电商通关服务显著的供求缺口,提出从顶层设计层面的互联互通、对接产品标准与管理制度、构建信息化通关平台、完善基础设施建设等 4 个方面弥补通关服务供求缺口,以推进制度设计、组织机构、管理模式、作业平台等子体系的一体化进程,进而实现"一带一路"区域通关一体化。 穆沙江・努热吉等(2017)从我国东、中、西部地区的电商发展水平差异较大的角度提出对策建议:一是要完善国内"一带一路"沿线省份的基础设施;二是完善中国银行业与境外支付体系的交流与合作,加强对跨境电子支付政策的支持,并通过法律法规规范和监督跨境电子支付,提高跨境电商的安全性;三是我国各省份也需要结合当地实际情况,与"一带一路"倡议进行对接,补齐自身短板;四是国家应该继续推进"一带一路"省份试点工作,让更多的节点城市、重要城市参与到"一带一路"建设中来,帮助中国企业走出去,并发挥城市自身特质,为跨境电商、跨境物流发展提供新的机会。

综上所述,跨境电商与区域经济发展有着密切的关系,而"一带一路"倡议的提出,为我国跨境电商的发展提供了新的战略机遇。 多数学者认为,跨境电商的发展对于区域经济增长、区域经济结构的调整等具有极大的推动作用,跨境电商与对外贸易具有长期均衡关系,跨境电商与"一带一路"倡议也具有联动关系。 总体而言,目前对于跨境电商与区域经济发展的相关研究文献还很少且主题较为杂乱,相关研究主题和研究方向还不够集中和聚焦,因此关于跨境电商与区域经济发展的研究脉络梳理,还有许多值得进一步深入开展的工作。

2.3 跨境电商物流研究

2.3.1 跨境电商物流内涵研究

现有相关文献主要是从物流服务功能、物流交易主体等视角对跨境电商物流的内涵进行讨论。 从物流服务功能的视角看，Selçuk（1999）认为，跨境物流指在 2 个或 2 个以上国家之间进行的物流服务，是物流服务发展到高级阶段的一种表现形式。 Lee（2001）则强调物流配送对跨境电商的重要性，认为跨境物流承担了跨境交易流程的末端配送，可以称其为跨境电商的"最后一公里"。 从跨境电商交易主体的角度看，沈丹阳等（2015）认为，跨境电商物流是位于不同国家或地区的交易主体通过电商平台达成交易并进行支付清算后，通过物流送达商品进而完成交易的一种商务活动。 杜莉杰（2015）也认为，跨境电商物流与传统电商物流的区别在于跨境电商的交易主体分属于不同关境，商品要跨越不同的国家或地区才能够从生产者或供应商处到达消费者手中。

更多的学者则将跨境电商物流定义为伴随跨境电商的国际物流活动，或者定义为一般电商物流活动的跨关境拓展。 连远强（2015）认为，跨境电商物流是 2 个或 2 个以上国家或地区之间进行的物流服务，是伴随跨境电商产生的行业。 跨境电商物流立足于电商物流，并且融合了保税物流的特征，在自贸区及保税区等监管平台上，对各类电商产品展开一系列的处理，诸如配送、运送、流通加工、通关、包装、装卸及存放等流程。 何江等（2017）将跨境电商物流定义为在电商环境下，依靠互联网、大数据、信息化与计算机等先进技术，将物品从跨境电商企业流向跨境消费者的跨越不同国家或地区的物流活动。

综上所述，尽管目前学界对跨境电商物流的认识还存在不同的争论，但普遍认为，跨境电商物流是指位于不同国家或地区的交易主体通过电商平台达成交易并进行支付清算后，通过跨境物流送达商品进而完成交易的一种商务活动。

2.3.2 跨境电商物流的模式研究

随着跨境电商物流的蓬勃发展，跨境电商物流模式也渐渐成为专家和学者研究的重点。国外学者对跨境电商物流模式的研究主要集中在对不同物流配送模式的比较和发展趋势分析等方面。Ghadami et al.（2010）对不同的物流配送模式进行了比较分析，指出各种不同物流模式的优缺点。Bask（2012）则对跨境电商及其物流模式的发展趋势进行了研究。Wong et al.（2014）建立了一个包括成本、时间、质量和灵活性4个维度的评价体系，对比评估了海外直邮和保税仓两种跨境物流运作方式的优劣势。国内学者还进一步总结了我国跨境电商物流模式从早期单一的国际邮政小包模式向目前以邮政小包为主的多种模式并存的多元化业态的演变历程。冀芳等（2015）和罗维（2016）总结了我国目前的跨境电商物流模式主要包括国际邮政小包、国际快递、海外仓、国际专线、边境仓、保税区与自贸区集货物流等模式。魏洁等（2017）将我国跨境电商的一般物流模式概括为邮政包裹模式、跨境专线物流模式、快递物流模式及海外（边境）仓模式4种类型。

海外仓是近几年发展最快的跨境物流模式，被普遍认为是跨境电商物流模式的重大创新，而且越来越多的电商平台将海外仓视为供应链重要的支撑环节（孟亮等，2017）。潘意志（2015）认为，海外仓的本质是实现跨境贸易本地化，通过提升消费者购物体验来提高跨境电商企业在出口目的国的竞争力，海外仓是解决跨境电商物流成本高昂、配送周期较长问题的有效方案。张汉东（2016）认为，建设海外仓能够有效解决国际物流时间过长、包裹易丢失等问题，可以满足当地人们的购物习惯和支付习惯，帮助电商企业降低物流成本、缩短交付时间、贴近用户服务。张晓燕（2017）认为，海外仓的出现有效解决了传统物流模式滞后于互联网电子交易节奏这一瓶颈问题，而且创造了跨境电商出口企业的第三利润源泉。也有学者对海外仓模式的优势持不同观点，如孙康（2016）认为，海外仓虽然能够解决目前跨境物流环节的种种问题，但也存在诸如对物流信息技术水平要求高、对仓储的选品要求较高、本地化运作赋税较高、本地人才缺乏、劳动力成本较高等发展难点。

保税区或自贸区集货物流模式也是目前研究的重点课题，该模式是先将商品运送到保税区或自贸区仓库，通过互联网获得顾客订单后，再通过保税区或自贸区仓库进行分拣、打包、集中运输并进行物流配送的一种跨境物流模式（冀芳，2015）。郭俊馨（2016）认为，面对跨境电商的物流渠道建设，保税区可优先利用政策支持优势，建立国际货物的中转基地，提高国际货物进出口中转报关安检的效率，从而降低国际物流的时间成本，而自贸区整合了加工、进出口及仓储业务，具有免征关税的政策优势，临海的地理位置优势也使得货物的进出口更为便利。范静等（2016）认为，在保税区集货物流模式下，电商企业可以享受保税区内各种优惠政策，如在通关、商检、检疫检验及退税方面享受绿色通道，简化了跨境物流流程，进而提高其竞争力。也有学者对保税区或自贸区集货物流模式的优势有不同的看法。李娟（2015）认为，由于各地对保税政策的解读和监管力度不尽相同，相关监管政策不完善，因而保税区物流模式能走多远还是个未知数；王双（2017）也认为，目前我国保税区海关监管中存在管理不到位、信息化水平低、企业成本增加等问题。

在其他跨境电商物流模式方面，国际邮政小包、国际专线和国际快递是最为传统和简单的物流模式，而且是中小规模企业选择最多的物流方式。现阶段，业内使用最多的跨境专线物流包括欧洲专线、美国专线、澳洲专线和俄罗斯专线等，也有许多物流公司推出了中东、南美和南非专线等（闫贤贤，2017）。目前，杭州已开通3条主要的国际专线，分别是杭州—新西伯利亚货运航线、杭州直达美国芝加哥全货机往返航班、菜鸟网络杭州—莫斯科电商洲际航线。梁胜利（2016）分析了专线物流模式，认为专线物流是针对不同的国家或地区实行的一种隶属于第三方物流的物流模式，并认为相对于国际邮政小包，专线物流在物流速度、价格及清关方面都有一定的优势，而专线物流的主要弊端就是辐射区域相对狭窄，仅在欧美市场和新兴俄罗斯物流市场有一定的立足之地。

学界关于跨境电商物流的未来发展趋势和发展方向也有不少研究成果与建议。李瑞芬（2015）认为，规范国际物流流转流程、提高信息化程度、扩展保税物流中心的服务功能是我国跨境物流配送的发展方向。窦粲灿等（2015）认为，海外仓将跨境物流转变为国内物流，促进了规模经济的形成，不仅使跨境电商的物流成本大幅降低、交易周期大大缩短、退换货可以在相应国内迅速完成，而且有利于应对因购物旺季而导致的物流短板情况，使得跨境电商的竞争力得以提高，因此，海外仓是跨境电商物流发展的主要趋势。 徐建群（2016）认为，国际邮政小包、国际快递、海外仓等物流模式是未来一段时间主要的跨境电商物流模式，并指出创建国际物流服务能力评估机制将有效提高国际物流服务能力，提升成本控制能力和自动监控与协调能力，使国际物流服务存在的主要不足得到有效改善。 姚彦超（2016）则认为，由海外专线模式、海外仓模式及邮路模式等3种现阶段主要的跨境物流模式组合而来的混合模式是跨境电商物流未来的发展方向。 贾友红（2017）提出在经济新常态下我国跨境电商物流的未来发展路径主要有3条：一是促使仓储基地海外化，降低配送时间，提高效率；二是提升信息化水平，加强对从业人员的综合能力培养；三是促进网络与营销的国际化发展。 朱琴（2017）认为，跨境电商物流未来的发展趋势主要有跨境物流与跨境电商协同发展、加强与本土化物流企业的合作及跨境物流系统之间的运作。

综上所述，现有相关文献对国际邮政小包、国际快递、国际专线、海外仓、保税区与自贸区集货物流等多种跨境电商物流模式进行了概括和比较，多数学者普遍认同海外仓模式是近几年发展最快的跨境物流模式之一，并认为其能解决诸多国际物流中的现实难题，因而是跨境电商物流未来的重要发展方向。

2.3.3 跨境电商物流的制约因素

在跨境电商的发展过程中，通关效率低、物流成本过高及物流配送速度慢等风险因素日渐显现，关于跨境电商物流发展面临的挑战和制约因素的研究也成为学界关注重点。 Ducret（2014）认为，跨境物流面临的物流成本、服务质量和物流信息追踪传递等问题为跨境电商的发展带来挑战。 在经济全球化的形势下，贸易便利化日益成为世界各国的强烈诉求，而物流的通关效率是影响供应链有效运作的重要环节（叶继艳，2015）。 郭雪姣等（2014）认为，通关效率在一定程度上影响跨境物流的速度，而且加大了供应链的整体风险。谢宏武等（2017）认为，跨境物流体系不完善、未实现跨境物流本土化且跨境物流与目的国物流衔接、合作等方面实施效果不佳，是制约我国跨境电商物流发展的主要因素。 李佳婷等（2016）认为，现阶段我国跨境电商物流存在的风险主要体现在区域内或单一行业竞争激烈，跨地区、行业的竞争较少、服务功能单一，物流增值服务较少，同质化竞争现象较为严重。 卢习良（2016）认为，我国跨境电商物流发展的速度不能满足跨境电商发展需求，缺乏跨境物流公司的专业化服务而且对跨境电商物流的政策支持力度不够，因此，需要探索有效的跨境电商物流运作模式，以促进我国跨境电商活动的顺利开展。 钟峥（2018）同样认为，我国目前的跨境电商物流模式存在缺乏专业化服务及通关监管问题。

跨境电商物流存在的问题主要体现在物流配送速度较慢、难以实现全球全程追踪、跨境清关障碍明显、包裹丢失率较高、难以支持退换货等方面，而问题的背后则是基础设施、法规制度、发展环境等深层次原因。 罗维（2016）认为，我国跨境电商物流之所以存在这些问题，是因为我国物流基础设施及物流系统不健全，信息化程度较低及缺乏标准化运作等。 慕艳平（2015）、张夏恒（2015）认为，环节多、流程复杂是导致跨境电商物流配送速度慢，维修和退换货等售后服务难以实现的主要因素。 张夏恒（2017）还认为，跨境电商物流因物流环节的复杂性会产生诸多法律问题，包括合同签订与履行、商品运输安全、时间与成本、退换货、信息安全与保护等方面。 伍剑琴（2016）认为，除了前述诸多因素，信息化水平较低及信息不对称等问题也制约了我国跨境电商物流的发展。 此外，宋卫（2015）研究发现，我国跨境电商物流存在诸如海关、法律与文化等方面的风险，并认为对跨境电商物流影响最大的是政治环境与社会环境。 林敏晖（2017）则认为，当前跨境物流政策环境建设滞后是制约我国跨境电商发展的重要因素。

2.3.4 跨境电商物流的发展策略研究

目前，学界关于跨境电商物流发展对策的研究，主要集中在完善基础设施、搭建信息系统、完善法律法规、重视人才培养等方面。 刘小军等（2016）从完善基础设施的角度进行研究，认为应加快建设跨境电商物流海外仓、积极构建跨境电商物流信息平台等。 丁琪（2015）从认识、人才培养、环境影响、技术影响等4个方面，提出了重视物流在跨境电商发展中的重要性、注重培养高端的物流人才、合理界定政府的职能范围、建立适合我国物流业发展的管理体制等建议。 Liu（2015）建议建立完善的跨境商业物流法律体系、培育专业的第三方物流企业。

针对综合试验区和其他试点城市的跨境电商物流发展对策方面，齐伟伟（2016）建议青岛市加快海外仓与保税仓的融合创新，升级物流外包模式，加快物流企业自动化、信息化建设等。 陈小娟（2017）则针对东莞跨境电商物流发展中存在的问题，提出 3 点对策：一是创新海外仓模式，以实现多方共赢；二是加快建设国际邮件互换局兼交换站；三是整合跨境物流模式，以突出聚合效应。

从完善跨境电商物流运作模式的角度，也有学者提出了针对性的对策建议。 Liu（2015）提议建立海外仓储及跨境电商企业战略联盟，以创新跨境电商的运作模式。 李旭东等（2015）针对我国跨境物流服务功能多元化需求的现状，提出了跨境物流企业整合优化服务功能的措施建议，并认为通过服务功能的整合优化，能有效增强跨境物流企业对跨境电商企业的服务支撑能力，降低跨境物流成本。 范静等（2016）建议推动跨境电商与跨境物流的协同发展，包括跨境物流网络协同；采用多种跨境物流模式共用的方式，推动以第四方物流为代表的物流外包模式升级；实现跨境物流本地化运作，加强与本土物流公司的合作等。 李艳菊（2014）则针对跨境电商物流企业提出了目标市场定位、速递产品升级、全球网络构建、物流服务优化及专业人才培养等策略。

综上所述，现有文献关于实践中存在的跨境电商物流模式已经有了较为全面的归纳和概括，许多文献对国际邮政小包、国际专线、保税区/自贸区集货等跨境电商物流模式做了较为深入的比较分析。 海外仓模式则成为近年来的一个研究热点，多数学者对海外仓模式寄予厚望。 现有文献关于跨境电商物流发展中存在的主要问题也有较为深入的讨论，物流配送速度较慢、难以实现全球全程追踪、跨境清关障碍明显、包裹丢失率较高、难以支持退换货等被多数学者所认同，而完善基础设施、搭建信息系统、完善法律法规、重视人才培养、创新跨境物流运作模式则被认为是促进跨境电商物流发展的主要对策。

2.4　跨境电商产业管理研究

2.4.1　跨境电商海关监管研究

当前我国海关已有的监管模式是针对传统贸易制定的，而针对新型的经济形态的监管模式和监管理念并不完善。目前，关于跨境电商海关监管面临的困境和挑战已经成为跨境电商研究领域的重要主题之一，现有相关研究主要讨论了在海关监管理念、监管模式、法规制度等方面面临的困难。在监管理念方面，钱锦（2017）认为，当前我国海关对跨境电商监管的困境主要体现在海关监管理念与措施严重滞后于跨境电商的迅猛发展，具体表现在对传统海关监管制度的调整、对监管模式的重新构建、海关监管中税款征收问题突出及贸易便利与贸易安全难以兼顾等4个方面。在监管模式上，陈鹏（2015）认为，海关对我国跨境电商的事前、事中、事后等监管均已有了具体举措并取得了一定的成效，但目前还存在法规制度不健全影响跨境电商的发展、海关单兵突进没有实现有效的跨机构配合、企业管理定性模糊、货物及物品双轨税制导致漏税情况频发等问题。姜舰（2017）分析了我国跨境电商新政给海关监管带来的风险，主要涉及电商企业促销活动易导致低报价格、"正面清单"模式易引发伪报税号和品名隐患、政策变动频繁影响行业运转及稳定3个方面。罗予（2015）认为，现行税收征管、监管方式和风险防控体系不适应跨境电商的快速发展，主要体现在征税对象、归类审价和交易地点难以确定，执法依据不足，个人物品监管属性难以确定，限值监管规定难以落实，快件邮递渠道走私风险突出，信用体系缺失及监管服务对接指导相对滞后等方面。在法规制度方面，董一臻（2016）认为，现行税收征管体系存在执法标准和执法依据不配套、法律法规滞后等问题。金江水（2017）认为，我国海关监管法规制度存在执法依据普遍不足、限值监管规定难以落实、执法标准和依据不够配套、完税价格难以准确认定、走私风险相对突出及实际监管效能欠缺等问题。黄埔海关课题组（2018）认为，我国海关在跨境电商监管中还面临准入门槛依然较高，政策洼地导致反市场倾向；税制问题难得两全，"塔西佗陷阱"削弱海关执法规范力度；法律法规和职能管理有待完善，包容审慎理念难以平衡把握；监管风险难以遏制，多路并存造成税款严重流失；执法数据渠道单一，数据沉睡造成资源浪费等问题。

如何有效监管跨境电商是本领域的另一重要研究主题，许多学者对跨境电商的海关监管对策提出建议，主要集中在监管方式、通关模式、税制设置等方面的改进与完善。从完善跨境电商监管方式的角度入手，Lewis（2009）阐述了 ICT（信息和通信技术，Information and Communication Technology）在海关管理方面的运用，认为无纸化海关系统的开发是任何国家促进电商发展的重要起点，高效优秀的操作系统能提升海关管理效率，从而提高经济效益。Pugliatti（2011）提出了云单一窗口服务的概念，即在跨境贸易和电商蓬勃发展的情况下，创设一个超国家机构，为所有参与的国家提供一个共享服务，实现各国海关贸易监管信息在平台上的互联互通，达到国际贸易更高效优质监管的目的。为了能够对跨境电商进行更完善的监管，Asosheh et al.（2012）建议同一国家内部不同政府部门和不同国家之间的政府部门要相互合作，具体包含 4 个层次：第一，跨境电商贸易的出口国家政府内部不同监管部门之间的合作；第二，跨境电商贸易出口国家的监管部门之间建立统一的对外窗口，由该对外窗口与跨境电商贸易进口国家的政府监管部门进行合作监管；第三，跨境电商贸易进口国家也需要建立统一的对外窗口与国外跨境电商出口国的政府监管部门进行合作；第四，跨境电商进口国家内部的不同政府监管部门之间也需要建立合作关系。徐磊（2018）建议我国加快制订跨境电商标准框架，创新跨境进口电商直邮监管模式，加强对高风险产品的风险监控；协调整合信息沟通与采集渠道，构建多元化多层次跨境电商监管体系；构建中国跨境进口电商生态系统，建立责任清晰的制衡机制。从改进跨境电商通关模式的角度入手，吴彦谕（2016）建议采取多种形式的监管手段，其中货物通关模式的监管措施可以参考传统货物进出口模式下的监管措施来实施；快件通关模式下的监管措施需以传统进出口货物的通关程序和监管措施为主，并针对其余部分的通关物品另行做出规定；而邮政通关模式下的商品还未被纳入国家统计范围，海关须及时对其进行解决，并对监管手段加以完善。从完善税收制度的角度入手，郑乐怡等（2017）基于统一税制的角度，对破解"货物"和

"物品"这种二元监管模式的困境提出对策建议：一是提高限值标准，取消"自用、合理数量"审查；二是取消 50 元免税额的优惠措施；三是对个别"物品"的税率进行单独调整；四是开展大数据分析，提高税收征管能力。李向阳（2017）从税率水平和税负总成本的视角，针对提升跨境电商新政监管效能提出建议：一是彻底改变邮件通关系统手工操作的落后局面，提升信息化监管水平；二是创新"订单"监管模式，降低监管门槛，将"游击队"转换成"正规军"，从而降低监管风险，规范跨境进口电商发展；三是审慎降低政策因素门槛。 陈鹏（2015）还提出了一种全新的海关征税监管方式，即将目前的货物、物品双轨税制合并为物品税制，并将其改成适应跨境电商的小额贸易税制，通过海关与跨境电商平台的深度合作，在跨境电商平台上对商户进行授权标示，引导消费者购买具有海关标示的产品，同时，将关税的征收纳入支付平台，在消费者支付时一并收取。

针对特定监管区域和对象的跨境电商监管方面，钱锦等（2014）以长春综合保税区为例，提出具体对策：一是结合本省区实际情况制定相应政策；二是在退税、结汇问题上将打击与引导相结合；三是政府牵头，各部门协同合作；四是建立多层级制度，统一行业技术标准，整合多业务平台；五是以降低海关对跨境网购行邮监管执法风险为目标，建立一套完备高效的制度框架；六是畅通公共服务平台，强化公共政策宣讲。 陈鹏（2015）以广州海关为例，认为通过完善相关法律法规，深化"三个一"合作模式并向"三互"大通关建设转化，明确跨境电商企业资质，取消物品及货物海关监管双轨制，统一征收货物税等对策建议的实施，能在很大程度上解决当前海关监管与跨境电商发展不匹配的问题。

综上所述，学界和业界已经普遍认识到现有的海关监管工作无法适应当前跨境电商的快速发展，出现了海关监管理念落后、监管方式不适应、法规制度不完善等问题。 针对跨境电商海关监管中存在的问题，现有文献主要从建立完善的电商信息管理平台、实现各部门之间的良好协作、加强法律法规建设等方面进行了阐释。 现有研究主要侧重于影响因素的罗列，而对于影响海关监管因素之间的交互作用的研究则基本处于空白状态；此外，多数学者的研究还停留在定性分析的层次上，基于调查数据或数学模型的定量分析、实证研究还极为罕见。

2.4.2 跨境电商检验检疫研究

检验检疫监管的目的是保证进出口跨境电商商品的品质、动植物的安全符合国家标准，而检验检疫部门对跨境电商的安全监管目前尚处于摸索阶段，现有检验检疫监管体系主要由 3 部分组成：即动植物检疫、卫生检疫及商品检验。跨境电商进口一般具有订单周期短、批次多、批量小、单票金额小与时效性要求高等特点，而这些特点决定了传统检验检疫监管方式已不能适应跨境电商的需求，主要表现为现有的部分法律法规难以执行、前置准入要求无法适用、产品质量安全与疫情疫病风险管理难度增加及现行检验监管的抽检方式无法满足跨境电商的要求等（梁瑜等，2015；张西燕等，2016）。

关于跨境电商检验检疫的研究，目前主要集中于检验检疫监管模式创新、检验检疫流程优化及检验检疫管理制度优化等方面。针对跨境电商检验检疫监管模式，毕璐琦（2017）发现，传统检验检疫监管模式在跨境电商环境下面临监管和执法的成本与风险增加、质量安全监管矛盾突出、进口产品质量参差不齐及疫情疫病防控亟待加强等挑战。冷清泉（2017）分析了跨境电商与传统检验检疫监管模式之间的矛盾，认为传统检验检疫监管手段不适用跨境电商领域。郭仁震等（2017）认为，现有检验检疫方式存在产品可追溯性差、报检过于简单而监管难度大、行政处罚工作难以有效实施、入境方式受通关政策变化影响等问题。任忻生等（2015）认为，传统的检验检疫监管模式面临着诸如不符合跨境电商的时效性要求、标准门槛难以跨越及检验监管工作压力巨大等三大考验，并认为检验检疫监管模式亟须实现 4 个转变，即从批批检验向集中检验转变、从事中检验向事后检验监管转变、从管产品向管风险转变及从部门监管向联合监管转变等。

针对跨境电商检验检疫流程优化，国外学者的研究成果相对更多。Ahmed（2003）提出了一种新型查验信息模型，该模型可以有效提高货物通关效率，但不足之处是未对同种类货物进口安全记录情况做出分析，不能筛选出适合快速放行的货物种类。Raus（2010）则提出欧洲电子海关计划，使货物在出入欧盟各成员国海关和卫生检疫部门时能实时共享货物信息，实现对货物的全面监控，但该计划目前还存在货物质量安全防控体系简单且无法对商品质量风险做出快速分析和预警等问题。 Tsai（2012）与 Deng（2009）则分别提出了基于 RFID 的清关报验信息处理模型，其可以提高报验效率，但这种模型推广使用需要专门的 RFID 读写设备，对此还尚未进行规范化设计。

针对跨境检验检疫管理制度优化方面，沈炯（2016）认为，可以从 4 个方面完善检验检疫监管制度，即实施跨境电商企业备案管理制度，实施入境商品预申报制度，实施货物风险分类管理制度及建立电商产品质量追溯制度。 刘阳中（2017）认为，现阶段跨境电商监管面临着诸如质量安全风险难监控、疫病疫情风险难预防、违禁物品难禁止、有效召回难落实、消费者维权难保证、产品来源难追溯、通关效率需提高、检验标准需调整、权利义务需明确及监管职责需划清等问题，因此，完善跨境电商检验检疫监管制度需从明确法定义务、明确产品范围、明确监管职责、明确法律责任及完善监管制度等方面着手。 王威麟（2017）从 4 个方面提出改进我国跨境电商检验检疫工作的建议：一是制订相关的管理办法，完善监管程序；二是加强部门协作，打击通过跨境直邮方式非法进口；三是做好风险监控，对敏感商品重点关注；四是建立信用体系，加强企业信用管理。 莫婷（2017）针对检验检疫工作中交易双方信息不对称、产品准入门槛低、交易模式碎片化等问题，提出完善法律法规体系及相关工作规范、加快推进信息化建设进程、创新检验检疫监管模式、健全进口产品质量通报机制、加强消费者权益保护等建议。

针对特定监管区域或对象的跨境电商检验检疫监管研究方面，欧阳钦芬（2014）为泉州检验检疫局设计了企业备案管理、产品备案管理、产品申报管理、检验检疫和放行管理一系列的电商出口工作程序，倡导积极发挥检验检疫工作的正向推动力和正能量。 曹忠颖（2016）剖析了义乌出境电商商品监管存在的三大难点与重点，即数据统计口径存在盲区、高度信息化和监管手段相对滞后之间存在矛盾、现阶段尚未建立跨境电商产品追溯体系，因此，亟须建立高效便利的跨境电商运行机制，建立数据信息中心及加强部门合作。 钟芸（2017）结合湖州市跨境电商检验检疫监管工作实践及面临的问题与困难，提出了 4 项建议：一是推进跨境电商法规建设，实现检验检疫质量监管职能的合理转变；二是依托现有检验检疫监管手段，加快跨境电商监管体系建设；三是抓住跨境电商新业态发展契机，促进检验检疫自我改革；四是强化参与政府协作的能力，共同推动跨境电商建设与顶层设计的修正完善。

综上所述，在跨境电商快速发展的同时，现行检验检疫监管模式与跨境电商发展之间存在不适应、不协调的问题，主要表现在法律制度不健全、检验检疫监管有盲区、检验检疫手段落后、疫情疫病风险管理难度增加等，这些新问题都在不同程度上制约了跨境电商的发展。针对跨境电商检验检疫监管中存在的问题，业内专家学者从创新检验检疫监管模式、改进检验检疫工作流程、完善检验检疫法律制度、推进检验检疫工作信息化、创新检验检疫监管模式及加强政府部门间协作等方面提出有针对性的对策建议。但是，总体而言，目前关于跨境电商检验检疫监管问题的研究还不够深入，研究方法以定性分析为主，对存在问题的剖析还不够全面，提出的对策建议有待实践验证。

2.4.3 跨境电商税收征管研究

在数字经济背景下，跨境电商的蓬勃发展在推进贸易全球化、信息化、便利化的同时，给现行的税收征管体系造成了冲击。关于跨境电商税收征管问题，现有研究主要集中于实践问题剖析、税收征管模式改进、征管制度体系完善等方面。在跨境电商税收征管实践问题分析方面，许多学者注意到跨境电商税收征管领域的逃税、漏税现象比传统国际贸易和国内电商更为严重，因此建议加强跨境电商的税收征管立法与监管工作。Hawkins et al.（2000）对比分析了佛罗里达州跨境电商与传统行业的税收数据，认为网络购物已经在很大程度上占据了现代消费的主要市场份额，建议政府部门及时调整跨境电商的税收立法与征管工作，以防跨境电商成为国际避税的热点。Aim et al.（2010）以 eBay 为样本的实证研究发现，跨境电商卖方的纳税主动性和遵从度较低，建议通过立法和加强监管来保证电商卖方正常纳税。Gatuszka（2011）认为，传统意义上的税收征收是按照属地化征收和基于来源征收的，跨境电商因为互联网技术的运用大大地拓宽了界域，从而使得征收监管变得愈加困难，逃税却更加广泛、容易、可行。王文清等（2016）认为，我国现阶段跨境电商税收问题日益突出，出口货物退（免）税方面问题尤为严重，而税收征管问题产生的主要原因是相关政策缺失。郑爱萍（2016）认为，我国的跨境电商税收征管目前面临许多难题：一是对跨境电商进口业务以品种和金额为限实行贸易与非贸易 2 种管理方式，差别很大，监管工作容易陷入被动；二是跨境电商碎片化的贸易形态导致监管对象分散（特别是跨境 B2C 进口模式），纳税义务人和税款征收的实现方式不易确定；三是现行的出口退税机制不适应跨境电商的发展，特别是小微出口企业和个人很难享受出口退税政策。王翊君（2017）认为，跨境电商的网络化特征使得对跨境电商的监管存在很大困难，我国跨境电商领域存在利用常设机构避税及利用转让定价避税等问题，损害了市场经济秩序及我国的税收利益。 魏敏婕（2017）认为，在面对越来越多的网络零售商的情况下，缺乏完善且快速有效的税收征管方式和惩罚机制，易引发大量涉嫌偷税漏税的走私现象，导致税收流失严重。

关于跨境电商的税收征管模式改进问题，齐雅莎（2016）认为，跨境电商贸易主体的经营地点、国籍、来源地及课税对象等不易确定，从而增大了税务机关获取税收证据的难度，建议加强对跨境电商的监管并解决出口退税难题。郑爱萍（2016）认为，跨境电商涉及金融、税务、工商、外汇管理等各部门，海关需要实现与多个部门之间从审批到结汇等一系列环节的业务信息管理，通过建立全面覆盖海关、税务、金融、工商、电商企业及承运人等供应链所有环节的公共数据平台，构建包括税收征管在内的立体化监管模式。 赵滨元（2017）认为，由于监管主体的缺失，小额跨境电商未能纳入我国海关监管的统计口径，从而对税收产生较大影响，偷税漏税现象严重，这些不利于国家经济的发展和跨境电商行业的长远发展，因此建议构建中国小额跨境电商监管体系。 魏敏婕（2017）从 C2C 进口零售商品视角出发，探讨了在传统贸易基础上建立的海关税收技术制度在面临井喷式发展的跨境电商零售贸易时暴露的困境及挑战，并提出相应的对策和建议。

关于跨境电商税收征管制度体系建设，相关学者主要从完善立法、加强监管等视角展开研究。 从完善税收征管立法的视角，游玲（2007）提出了政府对电商进行规制的必要性，并与国外相关法律的制定进行对比，结合我国国情，提出了我国的立法建议与对策。 Bertin et al.（2012）建议通过改善跨境电商法律和金融监管等一系列措施优化行业市场环境与提高总体运营效率。郑爱萍（2016）建议从制度层面依法合理设定跨境电商企业，交易平台企业，物流、仓储和监管场所经营企业，支付企业，购买人和收件人等各类参与跨境电商主体的法律责任；此外，在现有法律框架下，还应探索建立全国统一的跨境电商税收征管制度及政策，减少各地之间的差别待遇，形成公平的竞争环境。 从加强税收监管的视角，黄翔（2016）认为，现有海关监督体系很难高效地应对跨境电商企业的需求，海关应该在世界海关组织的全球贸易安全和便利标准指导下努力提高通关效率，并进一步做好实物检查，鼓励无纸化通关，依托电子口岸，以集成信息化手段解决问题。 蔡磊（2017）认为，我国跨境电商企业应立足自身实际，配合各国税收监管的同时，一方面，要加快技术转型和创新发展，增强核心竞争力；另一方面，要扩大海外规模和效益，遵从当地税收监管政策，在竞争中促发展。 杨鹏（2017）针对关税征收、海外物流运输等情况提出规范海外代购市场发展、完善税收法制与外汇监管体系、强化风险防范意识与维权意识等对策。 还有学者通过数学模型对跨境电商的税收政策进行了研究，如张衍斌（2017）通过构建一般均衡模型模拟分析跨境电商进口税收新政对政府税收及不同年龄段居民消费的影响，并根据模拟结果提出建议：一是进一步优化跨境电商零售进口监管模式；二是尽快出台并实施电商配套法律法规，规范跨境电商企业的贸易行为，建立跨境电商新秩序，为新政的实施铺平道路；三是正确引导企业和消费者对税改新政的理解，保证新政的正确执行。

综上所述，跨境电商的蓬勃发展在推进贸易全球化、信息化、便利化的同时，给现行的税收法律体系造成了极大的冲击，也对传统的税收法规及征管方式提出了挑战。 现有研究注意到了跨境电商环境下的税收流失问题和税收征管难题，讨论了跨境电商环境下税收征管问题产生的实践原因和理论根源，许多文献从完善税收征管制度体系、加强税收监管工作、改进税收征管模式等不同角度提出了有针对性的建议。

2.4.4 跨境电商金融服务研究

随着网上交易日益频繁，跨境结算、物流服务的水平也得到飞速提升，面向海外个人消费者的中国跨境电商零售出口业务呈现出蓬勃发展的态势，商家和用户对跨境电商金融服务需求也越来越迫切。 金融服务是跨境电商的重要组成部分，但现行金融服务模式已越来越不适应跨境电商的发展需求，给跨境电商的进一步发展带来一定挑战。目前，关于跨境电商金融的研究主要涉及外汇监管与跨境支付等主题。

关于跨境电商外汇监管方面存在的主要问题，刘世鹏（2015）认为，我国跨境电商发展中存在的货款结算问题表现为2点：一是缺乏完善的跨境支付系统，且相关配套的外汇监管、税收等制度不完善；二是收汇手续费用较高，货款结算周期长。汪洋等（2015）认为，第三方结算企业有变成人民币兑换外币渠道的可能，而跨界结算牵涉隐藏的根本的弊病是洗钱，所以是否有真正的贸易行为是问题的重中之重。曾小桐（2016）研究了现阶段我国跨境电商外汇资金的运作模式，并总结了跨境电商外汇管理的难点和存在的问题：一是真实性审核困难，代位监管效果有限；二是国际收支申报不规范且准确性较差；三是用户管理问题与现行外汇管理政策产生冲突，影响后续监管；四是外汇局对主体监管的难度加大。此外，艾玉凤等（2016）认为，河北省跨境电商在外汇资金流动监管层面存在真实性监管困难、资金流动监测困难、对个人外汇流动监管困难等问题。陈耕等（2017）认为，福建省跨境电商外汇管理需要应对跨境电商交易真实性审核、报关主体与资金收付主体不一致、随意性国际收支申报等问题及部分物流数据缺失而造成的监管盲点问题。牛慧（2017）认为，山西省跨境电商在收付汇核查中可能存在跨境电商交易的外汇收支统计困难，跨境电商与货物贸易总量核查机制不匹配，跨境电商交易真实性审核困难，国际收支申报迟报、漏报或错报，外汇备付金账户管理不完善等问题。

关于跨境第三方支付监管方面存在的主要问题，陈伟东等（2016）认为，我国在监管机构层面存在诸如信息审核、汇率变动、监管缺少等风险，而在第三方机构跨境支付方面则存在第三方支付机构定位不明确、传统外汇管理机制和制度面临挑战等问题。张进（2018）认为，跨境外汇支付中存在真实交易风险、资金流动和洗钱风险、资金存管风险、出资人风险及市场秩序风险等五大风险，并认为跨境外汇支付监管难点主要是监管信息的不足、滞后，多部门之间衔接管理不完善、难以形成监管合力，从而产生监管漏洞。周鑫（2015）认为，河北省跨境电商在第三方支付机构的管理层面存在管理盲区问题、代为监管职责履行问题、准入条件难把握问题及沉淀资金带来的风险。

此外，许多学者认为，第三方支付还存在监管层面的"金融困境"。 王大贤（2006）认为，支付机构在跨境外汇收支管理中同时承担了部分外汇政策执行及管理职责，存在明显的制度缺陷。 黄永江（2013）认为，跨境支付通过互联网来传递交易信息和完成交易流程，缺少传统的书面纸质凭证，增加了监管交易真实性的难度。 杨扬等（2015）认为，第三方支付监管困境的形成主要是缺乏系统的跨境电商支付服务风险监管机制，法律层次较低，部门间缺乏协调，同时与其他国家的电子支付服务法律协调机制尚未建立。 夏沁方（2017）则认为，第三方支付在法律角度还存在着诸如法律监管机制不健全、沉淀资金的归属认定无明确依据、第三方支付主体法律责任不明确等亟待解决的现实问题。

还有许多学者从风险管理的角度讨论了跨境第三方支付存在的诸多风险问题。 第三方支付的主要功能是通过第三方平台来减弱交易双方信用缺失的风险（王大贤等，2009）。 一般来说，第三方机构首先收到买方支付的资金，买方确认授权付款或到期默认付款后，第三方将收到的款项再支付给卖方。 第三方支付企业一般会规定相应的结算周期，支付资金在第三方机构的停留形成沉淀资金，大量的外汇资金沉淀有可能引发流动性风险、信用风险和操作风险等（Mantecon，2009），其中由于虚拟账户和国际结算周期存在所引起的资金风险称为资金沉淀风险（Grüschow et al.，2015）。 黄永江等（2013）认为，跨境第三方支付还易引发资金非法转移与信用卡套现风险，资金非法转移与信用卡套现风险是指第三方支付机构商户管理体系较差，难以保障其进行支付的交易主体的真实性与合法性，特别是在 C2C 和 B2C 模式下，个人信息管理不严和交易真实性难以审核，使得不法分子能通过制造虚假交易来实现资金的非法转移套现。 陈伟东等（2016）认为，跨境第三方支付还可能引发信息审核风险，信息审核风险是指在有效的法律法规还未出台的前提下，第三方支付机构以追求利润最大化为原则，故意减少审核流程，导致信息交易不全或难以预计的风险。

针对现阶段我国跨境电商外汇管理和跨境支付监管中存在的问题，有学者从外汇监管机制、第三方支付监管机制和大数据应用等角度提出了针对性建议。 在外汇监管机制方面，周鑫（2015）认为，现阶段我国外汇管理政策是既重流入又重流出的双向均衡监管思路，有关跨境电商外汇政策设计的出发点是对跨境资金流出的监管，外汇局对跨境电商支付业务的管理集中在对支付机构的外汇业务监管上。 杨松等（2015）认为，可以适时出台跨境电商外汇管理办法，有效统计与监测跨境电商外汇收支数据，明确规范国际收支统计申报主体和申报方式等。 黄鹜（2016）分析了美国及欧盟等国家和地区跨境支付的监管经验，建议我国建立以支付和结算为核心的监管框架，加强跨境支付国家间的监管协作，跨境支付监管应与货币国际化程度相适应。 梁利民（2016）认为，跨境电商支付是外汇管理应解决的重要问题，并建议我国完善电商个人贸易外汇管理办法，建立针对跨境电商支付的监测预警系统，加强跨境支付的合作与联合监管机制。 王盛渲（2017）提出规范跨境电商个人外汇的管理，并建议对跨境外汇电子支付的真实性加强管理，对跨境电商外汇收支信息做好监测工作。 也有学者从大数据监管角度提出对策，如陈伟东等（2016）针对跨境贸易中主体的信息审核、支付交易的汇率变动等潜在风险问题，从第三方机构和监管机构角度出发，建议加强技术研发，保障支付安全。唐力维（2018）针对现行的外汇监管模式无法适应跨境电商的发展需求这一问题，建议改进跨境电商贸易货物流数据采集方法，探索数据管理的外汇监管体系，最后立足监管要求，对跨境电商交易开展数据管理。

在强化第三方支付监管方面，叶华文等（2014）认为，应明确跨境电子支付消费者的法律定位，建立符合国际标准的第三方支付风险管理准则，强化区域合作监管机制等。 黄嘉蔚（2017）针对第三方支付存在的手续费偏高等问题，认为国家应继续大力支持跨境电商第三方支付系统的发展，降低跨境支付业务的准入门槛，并鼓励跨境电商相关企业、机构等自主研发建立服务于国内跨境电商甚至全球跨境电商的支付系统。 崔彩周（2017）从加强对第三方支付机构的监管、建立健全覆盖面广的征信体系、建立灵活的备付金监管制度并提高安全支付技术水平几个方面提出破解第三方支付困境的思路。 许诗诗（2018）则从控制资金流动风险使贸易变得更快捷、采用试点推广的方式促进第三方支付业务的发展、建立健全有效的监管体系等角度提出加强第三方支付业务管理的思路。

综上所述，目前关于跨境电商金融的相关研究主要集中于外汇管理和跨境第三方支付等方面。 现有研究对跨境电商外汇管理与第三方支付中所面临问题的定性分析已经有许多成果，但是对相关分析的量化研究和理论推演还不够充分和深入，针对跨境外汇管理和第三方支付所面临问题的许多对策建议还欠缺理论依据和实践支持。

2.4.5 跨境电商信用管理研究

受跨境电商网络虚拟性和开放性的影响，跨境电商交易在信息不对称问题越发严重的环境下面临着更多的不确定性，由此引发了一系列信用风险，这也制约了跨境电商的进一步完善。

目前，多数学者是从定性角度分析跨境电商信用风险产生的根源（崔雅琴，2017）。 Madden et al.（2016）认为，网络虚拟性和开放性的特点减少了跨境电商交易的中间环节和信息流通障碍，同时也导致了电商交易的不确定性，如存在交易前无法仔细甄别国外进口商或者最终消费者的信用情况、合同欺诈和单据欺诈、电商平台监管不力、假冒伪劣商品以次充好、信息披露等问题，从而产生参与者信用风险。 倪程等（2016）认为，跨境电商信用风险包括商品信用风险、虚假广告信用风险、支付信用风险、物流信用风险及监管缺失风险等 5 类信用风险。 冯凯（2015）认为，与传统国际贸易相比，由于网络的虚拟性，跨境电商交易双方信息不对称程度进一步加深，信用问题成为制约跨境电商发展的一个重要瓶颈。

许多学者对跨境电商领域的信用风险测度展开了研究。 关于信用风险的评价指标体系构建方面，李菁苗等（2012）应用层次分析法构建了信用指标体系，包括经营能力、盈利能力、清偿能力、发展能力、网络营销能力、网络客服能力和网络管理能力等一级指标。 刘景艳（2016）从第三方数据、电商平台交易数据和网络轨迹数据等 3 个维度设计了大数据征信采集结构，构建了包含资质认证、财务、金融服务、通关、产品质量和服务质量等 6 方面因素的指标体系，以衡量跨境电商交易中的信用风险。 韩康（2016）构建了包括业务层面、企业层面和行业层面 3 类因素的跨境电商信用风险评估指标体系。叶悦青（2015）以理性行为理论、交易成本理论、博弈论、风险管理理论和信号理论为依据，从跨境经营、跨境交易、企业财务和历史信用等 4 个方面构建信用评价指标体系。 关于信用风险的评价方法和评价模型方面，Lee et al.（2001）基于层次分析法建立信用评价模型。 吴青（2017）利用模糊层次分析法构建信用评价模型。 韩康（2016）和叶悦青（2015）综合应用模糊综合评价法和层次分析法对信用风险进行评估。 马艳丽（2014）和方匡南（2014）应用神经网络模型的遗传算法、决策树分类方法、bootstrap 方法、Lasso-Logistic 模型等构造信用评价模型。 刘景艳（2016）和刘章发（2016）在应用模糊层次分析法为信用评价指标赋权的基础上，还结合了机器学习进行训练和预测。 荣飞琼等（2018）构建了基于大数据的跨境电商平台供应商信用评价指标体系和基于 BP 神经网络的信用评估模型，采用机器学习 K-折交叉验证和混淆矩阵对模型进行评估。

针对跨境电商信用风险问题，许多学者提出了信用管理对策。 冯凯（2015）从推进跨境电商信用信息平台建设、建立健全跨境电商信用信息披露制度、完善跨境电商信用相关法律法规 3 个方面提出建议。 马述忠等（2018）在对 AEO 制度研究的基础上，结合跨境零售电商行业的特点，创新跨境零售电商信用管理模式，建立了经认证的跨境零售电商经营者动态认证体系。 刘章发（2016）认为，信用问题是影响我国跨境电商快速健康发展的一个重要因素，而运用大数据技术构建最终可以在互联网界面准确、实时传输评价结果的信用评价体系成为解决信用风险难题的必然路径。 吴青（2017）也认为，运用大数据技术构建完整、动态的信用评价体系是我国跨境电商健康发展的突破口。 崔雅琴（2017）从完善法律法规、加强监管、 提高跨境电商质量及完善信用评价体系 4 个角度提出我国发展跨境电商信用的对策建议。

综上所述，关于电商信用风险评价与管理已经有较多研究成果，但是针对跨境电商领域的研究目前还相对偏少。 一些学者从定性分析的角度讨论了跨境电商信用风险的来源，通常认为网络虚拟性和信息不对称是信用风险的根源，而跨境电商情境下信用风险问题进一步加剧。 关于跨境电商信用风险评价的研究，目前多数是借鉴一般电商领域信用风险评价模型与评价方法的相关成果。

2.5　文献述评

目前，关于跨境电商的研究以实践调查、现状分析及对策研究为主，研究方法以定性研究和比较分析为主，实证研究、定量研究、模型分析和实验仿真等科学研究方法的应用还较为少见。总体而言，学界目前对跨境电商的理论研究亟待深入。就本书研究主题，相关研究的进展及局限简要评述如下。

第一，关于跨境电商产业与区域经济发展的关系。跨境电商与区域经济发展有着密切关系，而"一带一路"倡议的提出，为我国跨境电商的发展提供了新的战略机遇。多数学者认为，跨境电商的发展对于区域经济增长、区域经济结构的调整等具有极大的推动作用，跨境电商与对外贸易具有长期均衡关系，跨境电商与"一带一路"具有联动关系。现有研究成果主要使用跨境电商交易额与 GDP 间弹性系数或协整分析方法来解释跨境电商对经济增长的拉动作用；基于相关分析或自回归等计量模型来阐述跨境电商与国际贸易的关联与均衡关系；而对"一带一路"倡议背景下跨境电商的研究则主要以逻辑思辨式的定性分析为主。总体而言，目前关于跨境电商与区域经济发展的研究文献还很少且主题较为杂乱，相关研究主题和研究方向还不够集中和聚焦，关于跨境电商与区域经济发展的研究脉络梳理目前还有许多值得进一步深入开展的工作。

第二，关于跨境电商物流的相关研究。现有研究成果对跨境电商物流的内涵和实践中存在的主要物流模式已经有了较为全面的归纳和概括，许多文献对国际邮政小包、国际专线物流、保税区/自贸区集货物流等跨境电商物流模式做了较为深入的比较分析，海外仓模式则成为近年来的一个研究热点，多数学者对海外仓模式寄予厚望。现有文献对于跨境电商物流发展中存在的主要问题也有较为深入的讨论，物流配送速度较慢、难以实现全球全程追踪、跨境清关障碍明显、包裹丢失率较高、难以支持退换货等被多数学者所认同，而完善基础设施、搭建信息系统、完善法律法规、重视人才培养、创新跨境物流运作模式则被认为是跨境电商物流发展的主要对策。现有相关研究的局限主要有 2 点：一是关于我国跨境电商综合试验区物流发展现状、存在问题和实践经验的研究成果较少，对我国跨境电商物流的实践创新的跟踪总结不够及时；二是基于实践数据的定量分析研究极为少见，特别是对各综合试验区物流发展水平缺少有定量依据的分析，因而难以为跨境电商物流的进一步发展提供有效指导。

第三，关于跨境电商产业管理的研究。学界和业界已经普遍认识到现有的海关监管、检验检疫、税收征管、外汇和跨境支付监管，不论是在监管理念、监管模式、监管手段还是法律制度等方面，都已经不适应当前跨境电商的快速发展。针对跨境电商监管中存在的各种问题，相关文献从建立完善的监管信息平台、实现跨部门间的协同监管、建立健全相关法律制度体系、创新跨境电商监管模式、优化监管工作流程等多角度提出了对策建议。针对跨境电商领域日益严重的信用风险，现有研究主要借鉴了传统电商信用管理的相关研究成果和研究思路，多数研究基于层次分析法或模糊综合评价展开，也有少量学者应用机器学习或结合大数据系统而进行信用评估。总体而言，目前关于跨境电商产业管理的相关研究，基于实践调查和经验总结的应用性研究成果较多，而基于实证分析、实验仿真或数学推理的创新性理论研究成果还相对较少。

3 跨境电商综合试验区业务模式试点与创新实践

    以更加便捷高效的跨境电商新模式来释放市场活力，是跨境电商综合试验区试点的重要目标。 自 2012 年跨境贸易电商服务试点工作开展以来，国务院、国家部委和地方政府从不同角度进行了跨境电商业务模式的创新探索工作。 从地方层面的试点来看，24 个跨境贸易电商服务试点城市和 35 个跨境电商综合试验区，结合自身特点，围绕跨境电商进出口业务模式及相关环节进行了大量的创新试点工作。 如杭州市依托跨境电商下城园区率先试点了跨境电商"保税进口"和"直购进口"业务模式，同时探索了小包出口、跨境 B2B 出口、特殊监管区域出口等跨境电商出口业务模式；郑州市首创将"保税监管模式、邮件监管模式、快件监管模式"集成形成"1210 监管新模式"；宁波市在保税区进口电商模式外，探索并率先提出了基于空港的跨境电商"直购进口"模式；等等。 从国家层面的试点来看，在各试点城市业务模式探索实践的基础上，为进一步规范跨境电商进出口业务，并在更大空间范围内进行复制推广，海关总署等国家部委通过发布法律法规等方式，在国家层面上进行了系统总结，如 2014 年海关总署增列适用跨境电商进出口业务模式的海关监管方式代码"9610""1210"等，将跨境电商的监管独立出来，并探索试点了与之相适应的"关、检、汇、税"监管模式、技术标准和业务流程。 截至 2018 年 7 月，我国已经初步形成跨境电商直邮进口、保税进口、一般出口、保税出口、中央结算仓、海外仓备货、外贸综合服务平台等七大类进出口业务模式。 本章将阐述跨境电商业务模式试点发展概况和主要试点内容，从业务模式的内涵、特点、优劣势、业务流程及关键环节管理几个视角对目前试点的跨境电商进出口业务模式进行详细的分析与比较；同时，基于海外仓备货和外贸综合服务平台出口模式讨论跨境电商综合试验区进出口业务模式的发展与创新。

3.1 跨境电商综合试验区业务模式试点的基本内涵

跨境电商综合试验区业务模式试点源于跨境贸易电商服务试点工作。 自2012 年 12 月启动跨境贸易电商服务试点工作以来，我国先后有 24 个城市获批为试点城市，获得跨境电商进出口试点资格。 其中，重庆、上海、宁波、杭州、郑州、广州、深圳、天津、成都和大连 10 个城市获得进出口业务试点资格；福州、平潭、合肥 3 个城市获得进口业务试点资格；其他城市则获得出口业务试点资格。 从试点类型来看，相比进口试点资格，拥有出口试点资格的城市更多，这表明国家对于出口业务试点更为放开，对于进口业务试点则较为谨慎。 从业务结构来看，进出口业务试点主要以跨境电商零售进出口业务试点为主，提出并探索了直购进口、保税进口、一般出口、保税出口 4 类进出口模式，以及与之相应的监管模式。 具体情况如表 3-1 所示。

表 3-1　跨境电商试点城市进出口业务试点概况

试点城市	获批时间	业务试点	试点城市	获批时间	业务试点
重庆	2012 年 12 月	进出口业务	烟台	2014 年 3 月	出口业务
上海	2012 年 12 月	进出口业务	西安	2014 年 3 月	出口业务
宁波	2012 年 12 月	进出口业务	长春	2014 年 7 月	出口业务
杭州	2012 年 12 月	进出口业务	深圳	2014 年 7 月	进出口业务
郑州	2012 年 12 月	进出口业务	绥芬河	2014 年 8 月	出口业务
广州	2013 年 9 月	进出口业务	张家港	2015 年 10 月	出口业务
苏州	2013 年 11 月	出口业务	天津	2016 年 1 月	进出口业务

试点城市	获批时间	业务试点	试点城市	获批时间	业务试点
长沙	2014 年 1 月	出口业务	福州	2016 年 1 月	进口业务
银川	2014 年 1 月	出口业务	平潭	2016 年 1 月	进口业务
青岛	2014 年 2 月	出口业务	合肥	2016 年 1 月	进口业务
哈尔滨	2014 年 2 月	出口业务	成都	2016 年 1 月	进出口业务
牡丹江	2014 年 2 月	出口业务	大连	2016 年 1 月	进出口业务

资料来源:根据国务院、商务部及相关省市官网发布的公开资料整理。

为进一步探索并创新跨境电商进出口模式,尤其是跨境 B2B 出口业务模式,国务院先后启动并批准了 35 个跨境电子商务综合试验区。 无论是 2015年 3 月国务院发布的《关于同意设立中国(杭州)跨境电子商务综合试验区的批复》(国函〔2015〕44 号)、2016 年 1 月国务院发布的《关于同意在天津等12 个城市设立跨境电子商务综合试验区的批复》(国函〔2016〕17 号),还是 2018 年 7 月国务院常务会议关于第三批 22 个跨境电商综合试验区批复的相关决议,均明确提出要在跨境电商 B2B 方式相关环节的技术标准、业务流程、监管模式和信息化建设等方面先行先试,以更加便捷高效的新模式释放市场活力。 围绕上述目标,各综合试验区纷纷结合自身特点提出了跨境电商进出口业务试点方案,除继续深化原有跨境电商零售进出口业务外,以跨境 B2B出口业务为重点,陆续提出并积极探索了海外仓模式、外贸综合服务平台模式、大宗商品跨境电商模式等进出口业务试点模式。 第一批和第二批 13 个跨境电商综合试验区试点实施方案中提出的进出口业务试点内容见表 3-2。

表 3-2　跨境电商综合试验区进出口业务试点内容比较

城市	业务试点内容	已开展业务试点
杭州	直购进口、一般出口、网购保税进口、保税出口、海外仓	小包出口、直购进口、网购保税进口、跨境电商 B2B 出口、保税出口、跨境电商创新项目服务平台等跨境电商进出口全业务模式

城市	业务试点内容	已开展业务试点
深圳	直购理货进口、一般出口、保税备货模式、海外仓模式、M2B2C 业务模式	直购进口、一般出口、网购保税进口，保税出口
上海	外贸综合服务平台模式、海外仓模式、直购进口、一般出口	直购进口、网购保税进口、海外仓、一般出口
广州	"前店后仓""双店双仓"的特色营运模式、直购进口、一般出口、海外仓模式	直购进口、一般出口、零售出口、网购保税进口、保税出口、海外仓
宁波	外贸综合服务平台模式、海外仓备货出口模式、大宗商品跨境电商模式	保税备货进口、保税集货进口、一般出口、海外仓备货出口、外贸综合服务平台、B2C 直邮出口、B2C 海运集货出口、B2B 海运整箱出口、B2B 海运拼箱出口
青岛	创新"四合一"发展模式：B2B、M2B、B2C、M2C	保税备货、B2B 出口、B2C 出口、保税进口、直购进口、一般出口
天津	B2B 出口、国际快件、保税展示交易、跨境大宗商品交易、海外仓	一般出口、网购保税进口、保税出口、直购进口
苏州	保税进口、一般出口、直购进口	一般出口、直购进口、保税进口、保税出口、一般贸易进口(B2B)、一般贸易出口(B2B)
大连	两直购两出口：海运直购、店铺直购(前店后仓)；推动软件服务外包出口和装备制造业 B2B 出口	一般出口、直购进口、保税备货进口、网购保税进口、保税出口、B2B 出口、B2C 出口
郑州	探索"互联网＋加工贸易"模式、"大数据＋电子商务＋外贸"发展模式、"互联网＋农村"发展模式	网购保税进口、直购进口、保税出口、一般出口、保税备货进口
成都	一般出口、直购进口、网购保税进口、海外仓模式	保税备货进口、保税备货出口、网购保税进口、一般出口、直购进口
合肥	探索本土制造业企业拓展海外市场渠道的 B2B 出口新模式、探索 B2B2C 出口模式、探索跨境电商进口展销新模式	网购保税进口、直购进口、一般出口、B2C 出口、B2B 出口
重庆	外贸综合服务平台模式、海外仓模式	直购进口、保税备货进口、一般出口、保税进口、保税出口

资料来源：根据各跨境电商综合试验区实施方案,商务部、海关总署、相关省市及综合试验区官方网站公开资料整理。

3.2 跨境电商综合试验区进口业务模式试点研究

3.2.1 直购进口模式

(1)基本内涵和特点

第一,基本内涵。 直购进口模式,即符合条件的电商平台与海关联网,境内消费者在相关电商平台下单、付款后,由该平台通过国际邮政、国际快递、海外仓、物流专线等多种跨境物流方式将商品从国外仓库运送到消费者手中。 在直购进口模式中,商品入境时需要清关,平台将电子订单、支付凭证、电子运单等实时传输给海关,商品通过海关跨境电商专门监管场所入境,按照跨境电商零售进口商品征收税款,并纳入海关统计。 对应的海关监管方式为"跨境电商",代码"9610"。

第二,理论研究。 根据消费者购买海外商品的业务流程特点,直购进口模式可分为直购进口海外代购模式和直购进口海淘模式。 其中,海外代购模式是指国内客户通过第三方跨境电商平台委托境外的人或机构直购进口,然后通过快递发货或者直接携带回来的一种形式(顾晶晶,2017)。 这种形式通常依托于综合性的 C2C 电商网站(如淘宝、eBay)、专业性的垂直站点(如洋码头、蜜芽网)、网络社区(如 QQ 群、微信朋友圈)等平台(吕雪晴,2016),主要方式为消费者在上述平台中选择合适的境外代购商家,完成商品选择、下单、支付等流程后,代购商家根据消费者的订单在境外采买、发货,最终将境外商品送抵境内消费者手中(王磊,2017)。 直购进口海淘模式则是指消费者通过互联网信息平台检索境外商品信息,通过境内或境外电商平台发出订购请求并在线付款后,由商家从境外通过国际快递发货,或由转运公司代收货物再转寄回境内的购物方式(韦荷琳等,2017)。 在其发展过程中,购买环节主要通过 2 种方式完成:一是消费者直接去境外大型购物网站,如 Amazon、eBay、梅西百货等,自行浏览网站上的产品信息与促销信息后,直接下单购买；另一种是通过境内跨境进口电商网站，如网易考拉海购、天猫国际、小红书等来完成（潘达，2018）。

第三，优劣势分析。直购进口模式的优点为：消费者订货不受时间、地点的限制；购物操作流程简单，并且越来越多的购物网站能够提供直邮中国的跨境物流服务；境外卖家直面消费者，减少中间环节，降低成本，拉大网站商品与境内专柜的价差，对于消费者来说，商品价格低廉。

直购进口模式的缺点为：消费者要面对跨境购物的不同语言和习惯问题；在支付方式上仅支持双币或银联信用卡，外币支付需要额外支付一定的货币兑换费；商品种类受制于境内外法律和标准，以及品牌方的销售政策；售后服务质量总体缺乏保障，距离、语言等因素导致售后服务费时耗力，商品退换货服务不方便且成本较高；平均配送周期9～15天，物流时间较长。

(2)业务流程

目前，直购进口海外代购模式的基本流程如图3-1所示，具体包括5个步骤：①消费者在跨境电商平台上实现对商品的选购与下单；②消费者利用第三方支付平台、网上银行等多种支付方式完成在线支付；③代购商家根据消费者的订单在境外采买、发货；④代购商家通过海关清关以直接邮寄的方式寄到客户手中或者批量邮寄到境内中转处，再利用境内快递投递给客户；⑤消费者收到货物完成结算。

直购进口海淘模式的基本流程如图3-2所示，具体包括：①下单购物，买家在网站上下单，并完成支付；②订单处理，卖家根据订单信息，在仓库对订单进行处理，包括分拣、打包等操作；③国际运输，将商品从境外运输到清关的口岸；④清关，商品到达境内口岸后，办理清关手续；⑤境内派送，清关完毕后将货物移交给境内快递公司进行派送，送至买家手中。

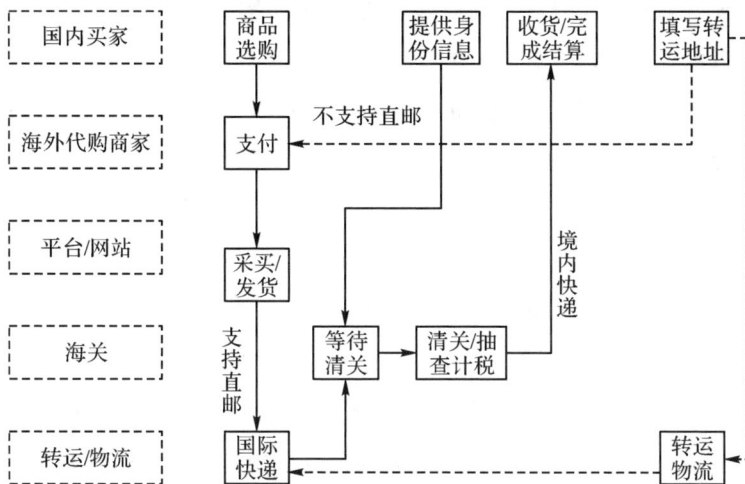

图 3-1 直购进口海外代购模式基本流程

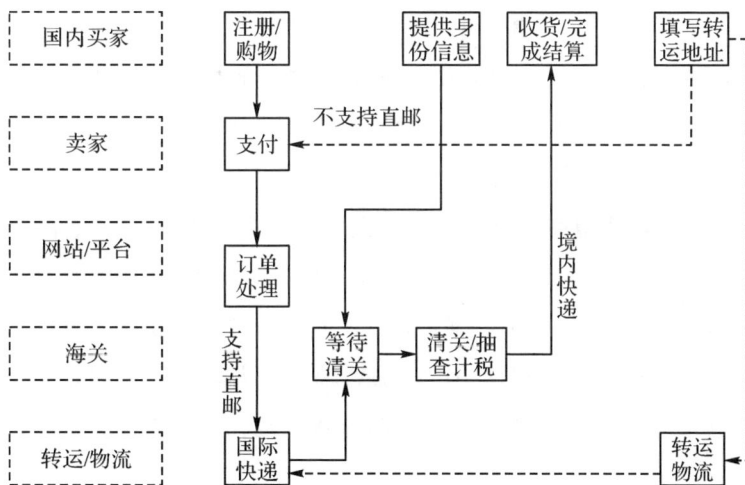

图 3-2 直购进口海淘模式基本流程

（3）关键环节管理

①商品清单管理。 目前，跨境电商直购进口模式的商品清单主要参照《财政部等 11 个部门关于公布跨境电子商务零售进口商品清单的公告（2016 年第 40 号）》、财政部发布的《跨境电子商务零售进口商品清单》有关商品

备注的说明，以及《跨境电子商务零售进口商品清单（第二批）》。

②检验检疫。 按照国家质检总局发布的《关于加强跨境电子商务进出口消费检验监管工作的指导意见》的相关规定，对以直购进口模式入境的进口消费品，按照快件和邮寄物相关检验检疫监管办法管理。

③海关监管。 2014 年 2 月，海关总署出台《关于增列海关监管方式代码的公告》（2014 年第 12 号公告），增列海关监管方式代码"9610"，适用于境内个人或电商企业通过电商交易平台实现交易，并采用"清单核放、汇总申报"的模式办理电商零售进口商品（通过海关特殊监管区域或保税监管场所一线的电商零售进口商品除外）的通关手续。 同时要求开展电商零售进出口业务的电商企业、监管场所经营企业、支付企业和物流企业，按照规定向海关备案，并通过电商通关服务平台实时向电商通关管理平台传递交易、支付、仓储和物流等数据。

④税收征管。 目前，直购进口模式主要参照财政部、海关总署、国家税务总局三部委联合发布的《财政部等关于跨境电子商务零售进口税收政策的通知》实行。 即自 2016 年 4 月 8 日起，跨境电商零售进口商品将不再按邮递物品征收行邮税，而是按货物征收关税和进口环节增值税、消费税。 根据上述政策通知，对跨境电商进口商品单次交易限值规定为 2000 元，同时将设置个人年度交易限值为 20 000 元。 在限值以内进口的跨境电商零售进口商品，关税税率暂设为 0；进口环节的增值税、消费税取消免征税额，暂按法定应纳税额的 70％征收；超过单次限值、累加后超过个人年度限值的单次交易，以及完税价格超过 2000 元限值的单个不可分割商品，均按照一般贸易方式全额征税。

3.2.2 网购保税进口模式

(1)基本内涵和特点

第一，基本内涵。 网购保税进口模式，是指电商企业或电商平台将境外商品大批量运至国内暂存于自贸区、保税区内，消费者网上下单后，电商企业或电商平台直接通过境内的物流公司从保税区仓库发货送到消费者手中。 自贸区、保税区的商品，在法律上可以视为还未通关入境，无须交税。电商企业或电商平台可以在自贸区、保税区备货，接到订单后，再委托报关代理公司向海关申报电子清单，海关对电子订单、支付凭证、电子运单、电子清单四单进行计算机自动比对，相符的，海关参照个人邮递物品自动征税，验放后账册自动核销，实现快速通关，最后通过境内物流送达消费者手中。对应的海关监管方式代码为"1210"。

第二，理论研究。网购保税进口模式的核心是借助保税区政策优势，采取"整批入区、B2C 邮快件缴纳行邮税出区"的方式（伍亭，2015）。网购保税进口模式可分为集货模式和备货模式，两者的区别在于下单与发货的先后顺序。集货模式是先有订单，商家将售出商品进行打包，通过国际物流运至跨境电商平台的保税仓，平台为商品办理通关手续，经海关查验放行后，派送至消费者手中。备货模式是订单在后，商家将境外商品批量备货至保税仓，消费者下单后，再进行清关、查验和配送（蔡楚，2017）。网购保税进口模式是一般进口贸易模式的补充，它是区别于保税内销、一般贸易和行邮快件的一种新兴进口方式（郑兆，2017）。

第三，优劣势分析。网购保税进口模式的优势为：进口商品一般采用海运方式从境外批量运输到境内，商品的采购价格和单位物流成本相对较低；消费者收货时间缩短，商品直接从保税仓快递给消费者，一般 3～7 天就可收到；商品品质有保障，进口、检验检疫、网上销售等环节全程阳光化监管，每件商品均可追溯采购源头；售后服务方便，商品未过海关分拣线之前，可以全额退货退款，在收到商品 7 日内可以申请退换货；消费者可以突破地域语言的障碍以更实惠的价格购买到优质的境外商品。

网购保税进口模式的缺点为：储存和供应的商品种类有限制，提前备货的商品主要是一些规模化生产的标品，缺乏时尚化和个性化的商品；消费者购买金额和数量有限制，消费者要将购买金额限制在 2000 元以内，否则就要按照一般进口货物规定办理；对保税进口企业有条件限制，海关总署发布的 56 号、57 号公告，要求参与试点的电商、物流企业必须在境内注册，并按照现行海关管理规定进行企业注册登记，开展相关业务；保税进口企业需要支付货物在保税区的仓储费用，这在一定程度上占用了企业资金，降低了企业资金流动性。

(2)业务流程

网购保税进口集货模式的基本流程如图 3-3 所示,具体包括 7 个步骤:①
买家在网站下单,并完成支付;②汇总平台产生的订单,在境外采购货物,统
一打包;③将境外商品以集货的方式从境外运输(通常为海运的方式)至保税
区;④经过正常的通关手续后,商品进入保税仓库,贴上条码标签;⑤订单处
理,卖家根据订单信息,在仓库对订单进行处理,包括分拣、打包等操作;⑥
阳光清关,在清关过程中,海关监管系统随机抽取一些包裹进行查验;在通过
X 光机时,海关会比对商品内容、数量等信息,检验检疫部门也会进行查验,
如果经查验没有问题,包裹就会被放行;⑦国内派送,清关完毕后将货物移交
到境内快递公司进行派送,送至买家手中。

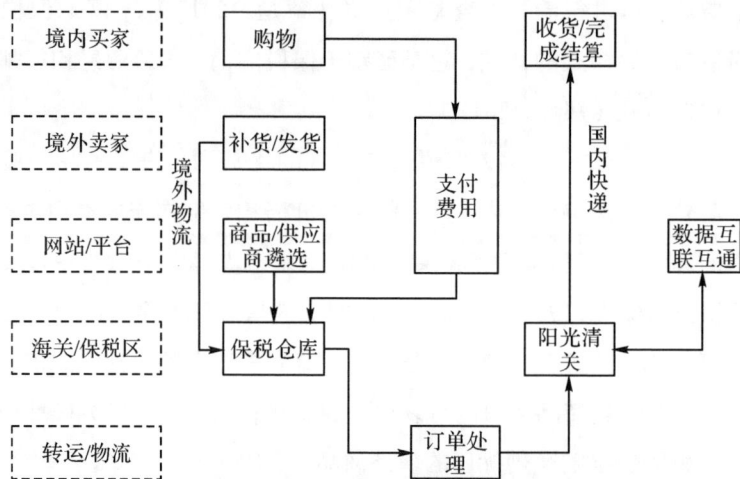

图 3-3　网购保税进口集货模式基本流程

网购保税进口备货模式的基本流程如图 3-4 所示,具体也包括 7 个步骤:
①跨境电商平台根据各类商品的市场销量预先制订采购计划;②境外工厂将
商品移交国际物流运输企业,由国际物流企业安排航空、海运、铁路等方式运
往境内口岸;③商品到达境内口岸后,在海关、检验检疫等口岸监管部门的监
管下,完成检验检疫申报、海关申报、查验放行等流程,然后商品进入保税仓

库，再在跨境电商平台上架销售；④消费者通过网络在跨境电商平台选购商品，选购完成后下单，完成支付；⑤跨境电商平台的订单同步到保税仓库，保税仓库按照订单将商品分拣、包装后送至海关查验场地；⑥商品经过海关、检验检疫等监管部门查验无误后被放行，在完成跨境税款缴纳后运出保税区；⑦商品运出保税区后交由境内物流公司派送上门，消费者签收，完成跨境电商购物。

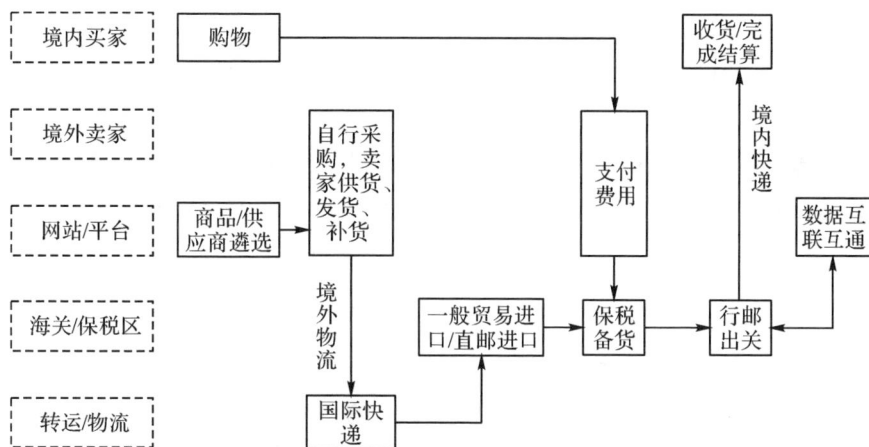

图 3-4　网购保税进口备货模式基本流程

(3)关键环节管理

网购保税进口模式与直邮进口模式在商品清单管理、税收征管、结汇管理等业务环节基本相同，在检验检疫、海关监管等业务环节上存在一定差异。具体如下：

①检验检疫。网购保税进口模式按照国家质检总局发布的《关于加强跨境电子商务进出口消费品检验监管工作的指导意见》执行。目前，对整批入境、集中存放、电商经营企业按订单向境内个人消费者销售的消费品，按产品特性实施分类管理。其中，第一类：禁止入境类，即禁止以下产品以跨境电商的形式入境，包括列入《危险化学品目录》《剧毒化学品目录》《易制毒化学品的分类和品种名录》《中国严格限制进出口的有毒化学品目录》和《危险货物品名表》的物品；可能危及公共安全的核生化等涉恐及放射性等产品；废

旧物品；法律法规禁止进境的其他产品和国家质检总局公告禁止进境的产品。

第二类：重点监管类。 国家实施质量安全许可管理或列入法检目录的产品需进行现场核查，实施以风险分析为基础的质量安全监管，依据相关规定实施质量安全监测，可采信第三方检验结果，必要时可对第三方检验结果实施验证。

第三类：一般监管类。 对除第一、二类以外的其他产品采取基于风险分析的质量安全监督抽查机制，即实施事后监管。

为进一步规范保税进口模式，保障跨境电商进口行业有序发展，2016年11月15日，经国务院批准，对天津、上海、杭州、宁波、郑州、广州、深圳、重庆、福州、平潭等10个试点城市经营的网购保税商品"一线"进区实施暂不核验通关单，暂不执行化妆品、婴幼儿配方奶粉、医疗器械、特殊食品（包括保健食品、特殊医学用途配方食品等）的首次进口许可批件、注册或备案要求。

②海关监管。 海关监管主要分为2类，分别按海关监管方式代码"1210"和"1239"执行相关规定。 根据2014年7月海关总署出台的《关于增列海关监管方式代码的公告》（2014年第57号），海关监管方式代码"1210"针对境内个人或电商企业在经海关认可的电商平台实现跨境交易，并通过海关特殊监管区域或保税监管场所进出的电商零售进出境商品。"1210"监管方式用于进口时仅限经批准开展跨境电商进口试点的海关特殊监管区域和保税物流中心（B型）。 以"1210"海关监管方式开展跨境电商零售进口业务的电商企业，海关特殊监管区域或保税监管场所内跨境电商经营企业、支付企业和物流企业应当按照规定向海关备案，并通过电商平台实时传递交易、支付、仓储和物流等数据。

2016年12月，海关总署出台第75号公告，增列海关监管方式代码"1239"，全称"保税跨境贸易电子商务A"，简称"保税电商A"，其针对境内电商企业通过海关特殊监管区域或保税物流中心（B型）"一线"进境的跨境电商零售进口商品。 天津、上海、杭州、宁波、福州、平潭、郑州、广州、深圳、重庆等10个城市开展跨境电商零售进口业务暂不适用"1239"监管方式。

"1210"和"1239"监管方式的使用场景不同，"1210"监管方式用于进口时仅限经批准开展跨境电商进口试点的海关特殊监管区域和保税物流中心（B型）。目前获批的跨境电商进口试点的城市只有天津、上海、杭州、宁波、福州、平潭、郑州、广州、深圳、重庆等13个。"1239"监管方式没有对适用城市做具体要求，意味着只要符合海关特殊监管区域或保税物流中心（B型）的条件即可。

3.2.3　中央结算仓进口模式

(1)基本内涵与特点

第一，基本内涵。中央结算仓进口模式是由中国轻工业品进出口总公司与杭州全球商品采购中心有限公司联合进行探索的一类新模式，其核心是建立一个开放平台，实现闭环监管。即由全球商品采购中心作为价值链资源整合者，联合检验检测机构、央企及银行、物流服务商等，共同构建从全球供应商发动、认证到商品集中采购、金融结算等的封闭供应链体系。同时，中小跨境电商平台和创业者、连锁便利店等线上线下渠道可以通过"共享模式"对监管仓里的跨境商品进行分销。目前，国内首个中央结算仓项目落户杭州临平新城，规划占地120亩，建筑面积约14万平方米。中央结算仓计划在华南、华中、西南、华东、环渤海等地区的中心城市和边贸城市布局；海外将重点选择在俄罗斯、德国、意大利、英国、加拿大、南非、土耳其、阿联酋、美国、巴西、阿根廷、澳大利亚、新加坡等中欧铁路和海上丝路沿线的重点国家布局。

第二，优劣势分析。相比现有其他跨境电商进口业务模式，中央结算仓进口模式具有以下优势：解决假货横行的问题。针对全球供应商的货源问题，共建全球供应商原产地认证系统和商品二维码追溯体系，与原产地品牌方直接对接，进行工厂级溯源的多层认证，从源头杜绝假货。实现闭环监管。通过央企及政府监管背书，引进境外进口商品后，提供给跨境电商平台、连锁便利店、线下商超等多渠道进行分销；建立"资金池"，帮助上下游企业解决资金短缺、融资难的问题；具有采购、分销及售后服务等双向服务功能，是"海外商品进入中国市场，国家品牌进入海外市场"的双向通道。

(2)业务流程

中央结算仓是一种创新型的跨境电商业务模式,以"跨境商品+跨境贸易"为重点,主要在于强化商品监管和供应链金融监管。尽管目前对中央结算仓进口模式的探索还在进行中,但基本流程已经确定,包括以下3个步骤:①以中心发起的"全球选品会"平台为载体,负责全面优选全球各国的优质商品,统一组织货源和下游买家,构建封闭的供销体系;②通过联合央企、银行及金融机构,为国内、海外买家提供金融支持;③以集中采购、集中分销的方式,加强对上游商品的控制力和对下游分销商、中小跨境电商企业的全链条服务。

3.2.4 进口模式对比分析

综上所述,本部分从进口方式、进口成本、服务质量3个方面出发,对直购进口模式和网购保税进口模式进行比较①,具体如表3-3所示。

表3-3 跨境电商进口业务试点模式进口方式对比分析

模式	直购进口模式	网购保税进口模式
适用对象	适用于境内个人或电商企业通过电商交易平台实现交易,同时针对采用"清单核放、汇总申报"模式办理通关手续的电商零售进口商品(通过海关特殊监管区域或保税监管场所"一线"的电商零售进口商品除外)	1210:进口时仅适用于境内个人或电商企业在经海关认可的电商平台实现跨境交易,并针对通过海关特殊监管区域或保税监管场所进出的电商零售进出境商品。1239:针对境内电商企业通过海关特殊监管区域或保税物流中心(B型)"一线"进境的跨境电商零售进口商品
商品清单	参照跨境电商零售进口商品清单	参照跨境电商零售进口商品清单

---

① 由于对中央结算仓进口模式仍在探索,尚存很多不明之处,这里不做对比。

模式	直购进口模式	网购保税进口模式
缴税标准	关税税率暂设为 0%;进口环节增值税、消费税按法定应纳税额的 70% 征收。超过单次限值、累加后超过个人年度限值的单次交易,以及完税价格超过 2000 元限值的单个不可分割商品,均按照一般贸易方式全额征税	关税税率暂设为 0%;进口环节增值税、消费税按法定应纳税额的 70% 征收。超过单次限值、累加后超过个人年度限值的单次交易,以及完税价格超过 2000 元限值的单个不可分割商品,均按照一般贸易方式全额征税
检验检疫	按照国家质检总局发布的《关于加强跨境电子商务进出口消费品检验监管工作的指导意见》执行。目前对整批入境、集中存放、电商经营企业按订单向境内个人消费者销售的消费品,按产品特性实施分类管理	按照国家质检总局发布的《关于加强跨境电子商务进出口消费品检验监管工作的指导意见》执行。目前对整批入境、集中存放、电商经营企业按订单向境内个人消费者销售的消费品,按产品特性实施分类管理
清关与通关	需要提供订单信息、支付信息、物流信息,比对无误后,系统便生成申报清单,清关手续相对简单,由于信息齐全透明,审核一致即可放行	需要提供订单信息、支付信息、物流信息,清关手续相对复杂,商品进区时按货物验核通关单验核,商品出区时不用验核通关单
国际物流	一般采用空运,运输成本相对较高;同时,时间较长,一般 9~15 天	一般采用海运,运输成本相对较低;同时,时间较短,一般 3~7 天
采购与库存	分散采购,采购成本相对较高;库存成本较低;商品滞销风险相对较小	批量采购,采购成本相对较低;库存成本较高;商品滞销风险相对较大
退换货服务	大部分商家不支持 7 天无理由退货,不支持退换货服务,且需要退回到境外,流程复杂,成本较高	大部分商家支持 7 天无理由退货,支持退换货服务,可在境内完成,成本较低

资料来源:根据海关总署、中国经济网、搜狐网、新浪博客、网易财经等公开资料整理。

3.3 跨境电商综合试验区出口业务模式试点研究

3.3.1 一般出口模式

(1)基本内涵和特点

第一，基本内涵。 一般出口模式，是指跨境电商企业通过网上自建平台或第三方平台与海关联网，境外消费者在网上购物后，电商企业或平台将电子订单、支付凭证、电子运单等传输给海关，电商企业或其代理人向海关提交申报清单，商品以邮件、快件方式分批运送，海关凭清单核放出境，并且定期把已核放清单数据汇总形成出口报关单，电商企业或平台凭此办理结汇、退税手续。 综合试验区试点城市的海关采用"简化申报，清单核放，汇总统计"的方式通关，对应的海关监管方式代码为"9610"。 2013年，《海关总署关于苏州开展跨境贸易电子商务服务试点工作的复函》同意苏州开展跨境贸易电商服务"一般出口"模式试点。 2016年10月，宁波跨境电商综合试验区正式开展一般出口模式试点工作。 目前，全国13个跨境电商综合试验区均已开通一般出口模式。

第二，理论研究。 跨境电商一般出口模式作为一种新型跨境贸易模式，在中国取得了较快的发展，并已成为中国电商市场新的经济增长点和电商行业新的"蓝海"（杨振华等，2015）。 一般出口模式主要依托口岸监管部门实行无纸化通关和分类通关政策，通过快件、邮件的运输方式，实现跨境电商企业低成本通关、结汇、退税（孙圣勇，2015）。 一般出口模式下跨境电商企业通常通过境外账户收款后，将钱以个人结汇等非贸易渠道汇回境内（胡玥，2016）。

第三，优劣势分析。 跨境电商一般出口模式的优势为：打通快捷关税通道，推动和促进中国商品走向世界；商品供应丰富，为境外消费者提供多样化和个性化选择空间；购物操作流程简单，方便境外消费者购物；减少中间销售环节，提高商品通关效率，为境外消费者提供质优价廉的商品；企业不需要提前备货，不会造成资金上的占用压力。

　　跨境电商一般出口模式的劣势为：商品到达境外消费者手中的时间较海外仓备货模式和保税出口模式长；境外的售后服务无保证，商品退换货服务不方便，且退换货服务成本高；在商品买卖和售后服务过程中存在距离、语言等障碍。

(2)业务流程

　　跨境电商一般出口模式基本流程如图3-5所示，具体包括以下7个步骤：①下单购物，境外客户在平台上购买商品，形成电子订单；②电子订单由电商企业通过跨境通关平台推送到海关系统；③支付企业将订单支付信息发送至跨境通关平台进行申报；④跨境物流企业在成功预订舱单信息后，将舱单信息（含运单信息）发送至跨境通关平台进行申报；⑤跨境通关平台集齐三单信息后，自动生成清单供有报关报检资质的企业进行申报；⑥清单经海关、检验检疫部门审核后，若无异常，则放行进入国际物流环节；⑦商品经航空物流直邮到达境外买家手中。

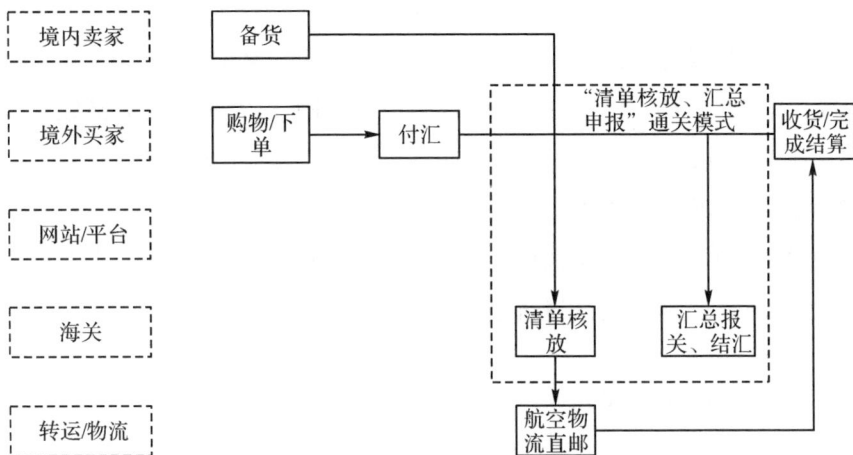

图3-5　一般出口模式基本流程

(3)关键环节管理

　　第一，外汇管理。　根据2014年海关总署颁布的《关于跨境贸易电子商务进出境货物、物品有关监管事宜的公告》，跨境电商企业每月定期将上月结关清单所涉货物的数量、金额、件数等相加，汇总形成"进出口货物报关单"向海关申报，海关据此签发报关单证明联，从而有效解决跨境电商出境商品结汇问题。

第二，税收征管。 根据《财政部国家税务总局关于跨境电子商务零售出口税收政策的通知》（财税〔2013〕96号）规定，跨境电商出口企业如获得增值税发票即可退税，获得合法有效进货凭证即可免税。 若无法取得合法有效的进货凭证，购买出口货物时则须进行征税处理。

第三，通关管理。 参照海关总署2016年4月颁布的《关于跨境电子商务零售进出口商品有关监管事宜的公告》，在跨境电商零售出口商品申报前，电商企业或其代理人、物流企业应当分别通过服务平台如实向海关传输交易、收款、物流等电子信息。 电商企业或其代理人应提交"中华人民共和国海关跨境电子商务零售进出口商品申报清单"，出口采取"清单核放、汇总申报"方式办理报关手续。 跨境电商零售商品出口后，电商企业或其代理人应当在每月10日前（当月10日是法定节假日或者法定休息日的，顺延至其后的第一个工作日，第12月的清单汇总应当于当月最后一个工作日前完成），将上月（12月为当月）结关的申报清单依据清单表头同一收发货人、同一运输方式、同一运抵国、同一出境口岸，以及清单表体同一10位海关商品编码、同一申报计量单位、同一币制规则进行归并，汇总形成"中华人民共和国海关出口货物报关单"向海关申报。 除特殊情况外，"中华人民共和国海关跨境电子商务零售进出口商品申报清单""中华人民共和国海关出口货物报关单"应当采取通关无纸化作业方式进行申报。

3.3.2 保税出口模式

(1)基本内涵和特点

第一，基本内涵。 保税出口模式又称海关特殊监管区域出口模式，是指电商企业或平台在全球采购商品，并将采购的整批商品按一般贸易报关进入海关特殊监管区域或场所，商品进入海关特殊监管区域或场所后企业可以实现快速退税；对于已入区退税的商品，境外消费者进行网上支付购买后，海关凭清单核放，由邮件、快件企业分送出区离境，海关定期将已放行清单归并形成出口报关单，电商企业或平台凭此办理结汇手续，对应的海关监管方式代码为"1210"。2016年11月，杭州率先试点跨境电商保税集货出口模式。2017年4月，成都双流自贸试验区则试点了另一类保税出口模式，即跨境电商保税备货出口模式。

第二，理论研究。保税出口模式主要依托保税仓库或者保税物流中心等海关特殊监管场所开展业务。其中，保税仓库是指经海关批准设立的专门存放未交关税的进出口货物的仓库（陈峰，2014）。保税物流中心是海关监管的区域，具有保税存储、流通性简单加工和增值服务、全球采购和国际分拨、转口贸易和国际中转业务、口岸和出口退税、物流信息处理、装卸、仓储配送及物流服务等功能，这些功能恰好能解决小额跨境电商在实施过程中面临的问题（吴慧君，2014）。保税出口模式通过保税平台和海外仓，将特定的销量比较好的产品向境外消费者宣传并在网上进行营销，特点是整进、散出和汇总申报（许晓燕，2016）。

第三，优劣势分析。保税出口模式的优势为：入区即退税，相比"离境退税"，加速退税流程，实现了快速退税；解决报关难题，实现货物统一报关分批出口；方便企业测试新产品，商品可以在订单产生后被送入保税区域；以小包物流方式将商品送达境外消费者手中，合理解决税务问题，如以欧洲为例，直发的商品货值控制在22欧元内可合理避开税务问题；售后服务好，退换货成本低，退换的物品可从境外被送入保税仓内，在保税状态下完成退货，与海外仓联动，降低出口企业海外理货成本。

保税出口模式的劣势为：企业可能会因为市场判断错误造成缺货或囤货的风险；使用保税仓库有仓储成本，备货占用资金大；商品种类有限制，难以满足消费者的个性化需要。

(2)业务流程

跨境电商保税出口模式的基本流程如图3-6所示，具体包括以下6个步骤：①境内卖家备货，境内企业根据境外市场的预期，将物品提前备好送入保税仓库。 根据不同的市场预期，分 2 种情况：一是有明确的市场预期，报关入区，区外企业可提前办理退税、结汇等手续；二是市场预期不明，将物品按照暂时出区方式送入保税仓非保税区域，如未完成交易，可退至区外。 ②电商前台上架销售，出口备货在保税仓内集中完成，仓内可提供多供应商产品、套装组合、库内集拼等功能。 ③境外买家下单并支付货款。 ④商品从保税仓发出，根据电子订单，汇总报关。 ⑤物流直邮，根据订单的主体和运输方式的不同，实现一般贸易（B2B）或者小包出口（B2C）。 ⑥境外买家收货完成结算或者进行退货。

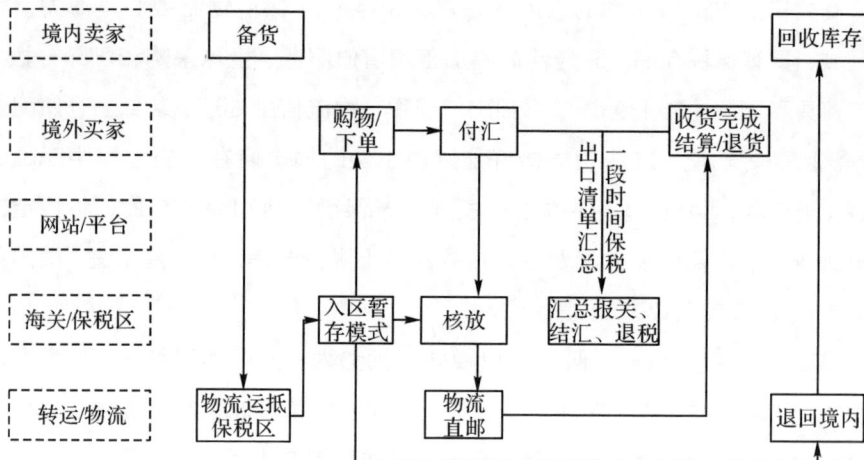

图 3-6 保税出口模式基本流程

(3)关键环节管理

第一，外汇管理。 跨境电商交易若是以机构主体进出口、收付汇则按照一般贸易管理，若是以个人主体收结汇、购付汇则按照个人贸易进行管理。第三方支付模式是较为普遍的跨境电商外汇资金收付方式，但是在日常监管中难以准确、全面地采集和监测跨境资金收支情况。

第二，税收征管。 保税区"入区即退税"的功能，可以让卖家实现快速退税，而不必等到货物真正销售出去才去做退税申报，加速了退税流程，提高了资金的使用效率。 在"1210"海关监管方式下，卖家可根据实际出口商品名称和类目进行后续的结汇退税，实现了出口退税阳光化。

第三，通关管理。 采取"集中报关、分批出区"的方式办理报关手绪。入区时按照临时进区方式被送入区的物品，实际出口时汇总报关，办理退税、结汇手续。

3.3.3 市场采购贸易出口模式

(1)基本内涵和特点

第一，基本内涵。 市场采购贸易出口模式，是指符合条件的境内外企业和个人在经国家相关部门认定的市场集聚区采购商品，并在相应的主管地海关或口岸海关报关出口的贸易方式。 即由国家相关部门认定部分符合资质的专业市场作为市场聚集区域，批准符合一定准入条件的境内外企业及个人买家进入该市场聚集区域进行采购活动，之后由其向该区域口岸的海关主管部门申报通关，在报关审核后出口。 对应的海关监管方式为市场采购，代码"1039"。 2011年3月，国务院批复义乌国际贸易综合改革试点总体方案，把确立市场采购新型贸易方式作为改革首要任务；2013年4月，国家8部委联合发文，同意在义乌正式试行市场采购贸易方式，试点范围限于义乌市市场聚集区（包括义乌国际小商品城、义乌市区各专业市场和专业街）。 此后，市场采购贸易试点范围扩大到江苏海门叠石桥国际家纺城、浙江海宁皮革城、江苏省常熟服装城、广东省广州花都皮革皮具市场、山东省临沂商城工程物资市场、湖北省武汉汉口北国际商品交易中心、河北省白沟箱包市场等7个市场。 随着跨境电商的快速发展，部分综合试验区鼓励跨境电商平台企业利用市场采购贸易方式的试点政策开展跨境 B2B 等业务。 以广州综合试验区为例，允许跨境电商航空快件国际中转集拼业务按市场采购贸易方式报关出口。广州黄埔海关对按市场采购贸易方式报关出口的跨境零售出口货物，允许以HS编码前6位简化归类申报，同时对抽查比例实现"双控制"：对集装箱车辆的抽查率为20%，每个集装箱开箱查验的包裹不超过10个。

第二，理论研究。 市场采购贸易方式是专门针对市场多品种、小批量、多批次的交易特点，为推动国际贸易便利化而创制的一种新型贸易方式（广州

市花都区商务局，2017）。 市场采购贸易方式是我国基于贸易发展实际，全
面深化外贸改革，积极推动贸易便利化，探索创新的一种新型贸易方式（武俊
奎，2018）。 在市场采购贸易方式下，利用市场采购联网信息平台可实现对
各个环节的监测和管理，实现责任追溯，促进市场采购贸易良性发展（蒋伟，
2014）。 我国在未来发展市场采购贸易的过程中应认真做好检验检疫备案工
作，对商品、企业实行分类管理，扩充产品范围，积极推动人民币结算（查贵
勇，2017）。

第三，优劣势分析。 市场采购贸易出口模式的优势为：以市场采购贸易
方式申报出口的商品可享受海关 24 小时全程电子通关、简化申报、智能卡口
验放、出口商品增值税征/退管理方式简化等便利化举措；出口商品可在市场
所在地办理出口通关手续，降低了外贸风险和经营成本；中小微企业可共享市
场采购贸易大平台，构筑对接国际市场的便利通道；建立质量溯源体系，解决
小商品出口瓶颈。

市场采购贸易出口模式的劣势为：市场采购贸易经营者或市场经营户大
多是小规模经营者，外汇风险防范能力较低；出口商品具有多品种、小批量、
多批次特点，商品检验费时费力。

(2)业务流程

市场采购贸易出口模式的基本流程如图 3-7 所示，具体包括以下 9 个步
骤：①采购订货。 境外采购商与市场经营户签订合同，付订金，并要求经营
户在收货截止日前将货物送至指定地点。 ②信息录入。 经营户按时限要求在
市场采购贸易综合管理系统准确录入商品名称、规格型号、计量单位、数量、
单价和金额等内容以形成交易清单。 ③委托收货。 境外采购商委托市场采购
经营者利用自有外贸仓库或租用外贸仓库收货、验货。 ④订舱装箱。 采购经
营者在收货、验货后，直接或委托货代公司向船公司预定船期和舱位，并联系
集装箱卡车，将多种货物组柜装箱。 ⑤报检报关。 采购经营者凭符合性声
明、市场购销凭证、备案证明、身份信息复印件、装箱清单等资料，直接或委
托报检公司向采购地检验检疫部门报检，直接或委托报关公司向采购地海关
报关出口；除应在"发货单位"栏填写采购经营者名称外，还须在"备注栏"

注明采购商身份信息。⑥查验施封。在获得海关放行单后，采购经营者将货物运至试点市场所设的海关监管点接受查验（抽验）、施封；⑦转关放行。采购经营者在采购地海关办理转关出口手续后，将货物运至口岸海关，办理转关检验手续和核销手续，以进入港区，装船出运。⑧免税备案。采购经营者在货物报关出口次月的增值税纳税申报期内按规定向主管国税机关办理市场采购贸易出口货物免税申报手续；委托出口的，采购经营者应在规定期限内向主管国税机关申请开具"代理出口货物证明"以代为办理免税申报手续。⑨办理结汇。采购经营者向外汇管理部门提交资料，办理结汇手续。

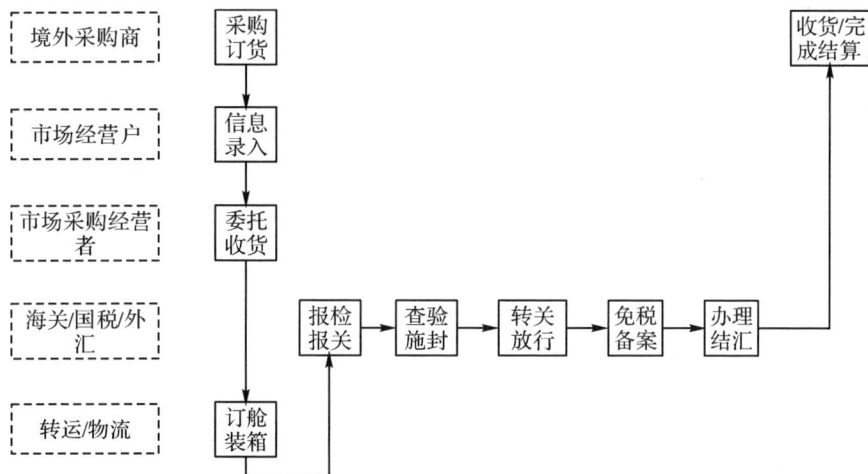

图3-7　市场采购贸易出口模式的流程

(3)关键环节管理

第一，外汇管理。以市场采购贸易方式出口的商品，既可由试点的市场采购经营者收结汇，也可由代理出口的市场经营户个人收结汇；由市场经营户个人收结汇的，符合条件的市场经营户个人首先须开立外汇结算账户，再凭代理协议、出口货物报关单正本等办理收结汇手续；外汇管理局则对试点的市场采购经营者企业的贸易真实性进行主体总量核查。

第二，税收征管。根据2014年7月海关总署第54号《关于市场采购贸易监管办法及其监管方式有关事宜的公告》，以市场采购贸易方式出口的商品，每票报关单随附的商品清单所列品种在 10 种以上的可实行简化申报，同时直接免征增值税（包括以增值税为计税依据的城建税、教育费附加税和地方教育附加税等）。 市场经营户应在货物报关出口次月的增值税纳税申报期内按规定向主管国税机关办理市场采购贸易出口货物免税申报手续；委托出口的，市场采购经营者可以代为办理免税申报手续。

第三，通关管理。 该采购贸易方式是指由符合条件的经营者在经国家商务主管部门认定的市场聚集区内采购的，单票报关单商品货值 15 万（含 15 万）美元以下的，并在采购地办理出口商品通关手续的贸易方式。 以市场采购贸易方式出口的商品，申报时在报关单"发货单位"栏除应填写对外贸易经营者单位名称外，须一并在"备注栏"填写采购人的身份信息（姓名、国籍和身份证或护照号码）。 申报时除按规定提交相关纸质报关单证或电子数据信息外，一并提交完整的装箱清单、商户与采购人进行商品交易的原始单据、采购人身份证复印件等纸质单证或电子数据信息。 市场采购贸易出口商品应当在符合《中华人民共和国海关监管场所管理办法》规定要求的海关监管场所内办理商品出口手续。 对于跨关区转关出口的市场采购贸易出口商品，对外贸易经营者或其代理人应当在采购地海关办理转关出口手续，并在出境地海关办理转关核销手续，由在海关注册登记的承运人承运。 出境地海关负责市场采购贸易商品出口转关运输的途中监管工作。

3.3.4 跨境电商综合试验区出口模式对比分析

综上所述，一般出口模式、保税出口模式、市场采购贸易出口模式在通关、退税、结汇方面存在显著差异，各试点模式对比分析如表 3-4 所示。

表 3-4 跨境电商出口业务模式对比分析

	一般出口模式	保税出口模式	市场采购贸易出口模式
基本内涵	电商出口商品以邮件、快件方式分批运送,海关凭清单核放出境,定期把已核放清单数据汇总形成出口报关单,电商企业或平台凭此办理结汇、退税手续	商家将商品批量备货至海关监管下的保税仓库,消费者下单后,电商企业根据订单为每件商品办理海关通关手续,在保税仓库完成贴面单和打包,经海关查验放行后,物流配送至消费者手中	指由符合条件的经营者在经国家商务主管部门认定的市场聚集区域内采购的,单票报关单商品货值 15 万(含 15 万)美元以下的,并在采购地办理出口商品通关手续的贸易方式
海关监管	参照海关总署 2016 年 4 月颁布的《关于跨境电子商务零售进出口商品有关监管事宜的公告》规定执行。电商企业或其代理人应提交"中华人民共和国海关跨境电子商务零售进出口商品申报清单",出口采取"清单核放、汇总申报"方式办理报关手续	出口采取"集中报关、分批出区"方式办理报关手续。其中,对于免通关单的 10 个城市,继续使用"1210"代码;对于需要提供通关单的其他城市(非试点城市),采用新代码"1239"	市场采购贸易出口商品应当在符合规定要求的海关监管场所内办理商品出口手续。对于跨关区转关出口的市场采购贸易出口商品,对外贸易经营者或其代理人应当在采购地海关办理转关出口手续,并在出境地海关办理转关核销手续,由海关注册登记的承运人承运
退税管理	根据《财政部国家税务总局关于跨境电子商务零售出口税收政策的通知》(财税〔2013〕96 号)规定,跨境电商出口企业如获得增值税发票即可退税,获得合法有效进货凭证即可免税。否则,购买出口货物则须进行征税处理	可根据实际出口商品名称和类目进行后续结汇退税,退税模式为入仓退税	根据 2014 年 7 月海关总署第 54 号《关于市场采购贸易监管办法及其监管方式有关事宜的公告》,以市场采购贸易方式出口的商品,每票报关单随附的商品清单所列品种在 10 种以上的可实行简化申报,同时直接免征增值税及附加税费
结汇管理	根据 2014 年海关总署颁布的《关于跨境贸易电子商务进出境货物、物品有关监管事宜的公告》,跨境电商企业每月定期将上月结关清单所涉货物的数量、金额、件数等相加,汇总形成"中华人民共和国海关出口货物报关单"向海关申报,海关据此签发报关单证明联,据此办理结汇	电商企业或平台凭出口报关单办理结汇手续	由试点的市场采购贸易经营者收结汇,也可由代理出口的市场经营户个人收结汇;由市场经营户个人收结汇的,符合条件的市场经营户个人首先须开立外汇结算账户,再凭代理协议、出口货物报关单正本等办理收结汇手续;外汇管理局则对试点的市场采购经营者企业的贸易真实性进行主体总量核查

资料来源:根据海关总署、中国经济网、亿邦动力网、雨果网、网易财经等公开资料整理。

3.4 跨境电商综合试验区进出口业务模式的发展与创新

3.4.1 海外仓备货模式

(1)基本内涵和特点

第一,基本内涵。 海外仓备货模式的核心是跨境 B2B2C 模式,是指境内卖家在跨境电商销售地预先租赁或建设仓库,境内卖家集中进行商品备货,通过国际物流预先把商品送到海外仓,然后通过互联网销售商品,当接到境外顾客的订单后,从海外仓库进行发货,由物流公司直接将商品从海外仓配送到客户手中。 该模式是当前出口跨境电商模式中发展最快的,各个综合试验区均已开展相关的探索和试点工作。 以杭州为例,截至 2016 年 4 月,杭州市已建立 40 余个公共海外仓,其中有 13 个被列入浙江省级跨境电商公共海外仓建设试点名单。 据不完全统计,杭州市采用海外仓备货模式的跨境电商企业将近 400 家,遍布美国、加拿大、德国、澳大利亚、荷兰、法国、英国、日本、俄罗斯、沙特、加纳等国。

第二,理论研究。 跨境电商在迅猛发展的同时,也面临着发展瓶颈,即传统物流模式滞后于互联网电子交易的节奏。 海外仓储的出现有效突破了该瓶颈,创造了跨境电商出口企业的第三利润源泉(孟亮等,2017)。 相对于传统的包裹模式,海外仓可以实现本地配送,不仅大大提高了物流时效,而且具有便利、统一管理的优点,因此海外仓备货模式成为当前研究的热点(余丽婷等,2017)。 海外仓是跨境电商产业链中实现并完成商品由境外当地仓库向客户直接派送的创新型物流模式(鲁旭,2016),且越来越多的全球电商平台将海外仓视为供应链重要的支撑环节(张晓燕,2017)。

第三,优劣势分析。 海外仓备货模式的优势为:缩短配送时间,保证商品高效完好地送到消费者手中,并且可以根据当地消费者的喜好对商品进行二次包装;售后服务有保障,为消费者提供便捷的退换货服务;帮助企业发展自主品牌,掌握销售渠道,直接连接外贸企业与终端客户;客户可以上门体验后下单，减少中间经销环节；降低监管成本，提高通关效率，避免偷税漏税。

海外仓备货模式的劣势为前期投入大、经营难度高，大部分跨境电商企业难以独立运营；仓储费用高，若企业订单少，则不适合做海外仓储；库存成本风险高，若货物库存量大，容易造成积压，占用大量流动资金，同时若货物滞销，需要退回境内，又会产生额外的关税和运费，这些费用甚至会超出货物本身的成本。

（2）业务流程

海外仓备货模式基本流程如图 3-8 所示，具体包括以下 8 个步骤：①境内卖家进行商品备货；②商品按照一般贸易出口进行报关、结汇、退税；③卖家将商品运至海外仓储中心，或者委托承运商将商品发至承运商海外的仓库，这段国际货运可采取海运、空运或者快递方式进行；④境外买家下单；⑤卖家在线远程管理海外仓储，上传或同步订单，并且保持实时更新；⑥海外仓根据卖家指令进行订单配货、打印标签等操作；⑦境外本土物流配送；⑧海外买家收货，并进行结算。

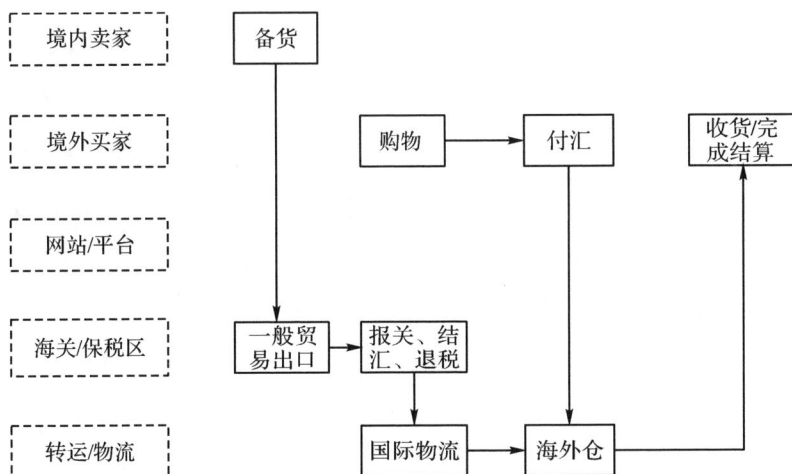

图 3-8　海外仓备货模式基本流程

(3)试点进展

2015 年，商务部发布《"互联网＋流通"行动计划》，提出未来将在全球推动建设 100 个出口产品海外仓。 2016 年 3 月，李克强总理在政府工作报告中又明确提出"扩大跨境电商试点，支持企业建设一批出口产品海外仓"。2016 年 5 月，国务院印发了《关于促进外贸回稳向好的若干意见》，提出支持企业建设一批出口产品的"海外仓"和海外运营中心。 2016 年 12 月，商务部印发的《对外贸易发展"十三五"规划》中进一步明确提出，推进跨境电商综合试验区建设，鼓励设立海外仓储，推进电商业务创新发展。 为推动海外仓的建设发展，各地区也纷纷推出支持海外仓的政策措施。 如宁波市对区内企业在国外以自建或租用形式建立海外仓储设施的，根据当年建设费用或租金费用给予一定的资金扶持；苏州市对跨境电商企业建设或改造升级境外仓库的，按照当年度设备投入或实际租赁费用给予一定的资金扶持；深圳市对具备一定实力的跨境电商企业和供应链管理企业，以 B2B 方式为跨境电商业务提供海外仓综合配套服务的，以及完善海外运营中心服务设施的项目给予一定的资金资助。

以中国（宁波）跨境电商综合试验区为例，自综合试验区成立以来，一直高度重视海外仓的建设，并鼓励和引导跨境电商企业积极探索海外仓备货模式。 截至 2017 年 8 月，宁波企业共计在 20 个国家和地区的 46 个城市布局，累计建设海外仓 73.16 万平方米，其中自建 11.68 万平方米，合作建设 18 万平方米，租赁 43.48 万平方米。 通过使用海外仓备货模式，跨境电商企业的物流费用大幅下降，对市场的响应速度显著加快，从而大大提高了宁波市本地制造产品的国际竞争力和海外用户体验。 如宁波豪雅集团早在 2011 年就开始着手布局海外仓，在非洲及东欧设的办事处（海外公司）设立了海外仓，与当地的批发市场进行业务联系与服务。 随着近年来在美国、英国、俄罗斯等国家逐步开展跨境电商批发业务，以及跨境电商主营业务从原来的 B2B 延伸到 B2C 业务上来，豪雅集团通过向当地物流地产商，特别是大财团投资的仓储企业承租仓库，进一步加快了全球海外仓的布局步伐。 目前，豪雅集团在美国的海外仓仓储面积超过 4.5 万平方米，在英国的海外仓仓储面积也有 1.5

万平方米，并基于海外仓为跨境电商业务提供仓储、代发货、零售、展示等一站式服务。

3.4.2 外贸综合服务平台出口模式

(1)基本内涵和特点

第一，基本内涵。外贸综合服务，是指基于互联网平台，以整合通关、收汇、退税、物流、仓储、融资、保险、市场推广等国际贸易供应链各环节服务为基础，为众多的中小外贸企业提供标准化、高效透明的外贸综合服务，降低其综合外贸成本的新型贸易业态；提供该综合服务的外贸企业被称为外贸综合服务企业，由外贸综合服务企业设立的向中小微企业提供外贸综合服务的互联网平台则被称为外贸综合服务平台。2016 年 9 月 27 日，商务部、海关总署、税务总局等将宁波世贸通国际贸易有限公司、广东汇富控股集团股份有限公司等 4 家企业纳入外贸综合服务试点企业行列中，以探索有利于外贸综合服务企业发展的管理模式。目前，杭州、郑州、上海、宁波、重庆、广州、深圳、天津、青岛、大连、成都综合试验区已开始实行外贸综合服务平台出口模式。

第二，理论研究。外贸综合服务企业（平台）一般主要提供信息、物流、通关和金融四大板块服务，具体涵盖运输、仓储、保险、口岸、报检、单证、报关、结汇、核销、退税、融资等全流程的外贸操作（燕春蓉等，2018）。外贸综合服务平台本质上是一种外贸供应链模式创新的新业态，可以为外贸企业提供贸易的便利化（徐清军，2013；Meltzer，2014；Wei，2014）。中小企业通过参与平台，能够以较低的成本融到经营资金；通过参与平台，将外贸业务外包，降低成本，提高效率；通过参与平台，扩大生产，增加收益（陈国栋，2014）。外贸综合服务平台提供的供应链金融服务，能够解决中小外贸企业无法向银行融资的困境，能够为中小外贸企业提供综合性的外贸服务，节约企业成本，防范国际贸易的风险（高超，2014）。

第三，优劣势分析。外贸综合服务平台出口模式的优势：首先，分工明确，功能集中。电商企业将业务交由外贸综合服务平台统一操作，让电商企业能够集中精力发展生产、贸易等核心能力，有利于各自发挥优势，提高交易效率，减少成本。 其次，众多的信息与单据由单一平台标准化后统一提交，不仅取得向各职能机构议价的优势，而且符合联合国贸易组织对"单一窗口"的倡导，有助于贸易便利化的各项政策与措施的实施。 最后，降低外贸行业门槛，使主体与模式更加多样化。 该平台能够打破外贸流程运作上的障碍，打破企业边界，使中小微企业甚至个人都可以实现海外销售，有助于推动大众创业、万众创新。

外贸综合服务平台出口模式的劣势：首先，各方责任、风险、权利的划分与界定，平台具有解释权，但在公开规则中并无详细表述，有的只是一带而过，买卖双方只能接受平台设定的门槛、规则和资费而难以议价；其次，货物损失和检验索赔多数由卖家全部承担，显然并不合理；再次，通关退税的做法容易把进出口商的风险和责任转嫁给平台，不仅容易产生服务纠纷，而且会影响到平台在相关机构的信用记录和此类业务今后的办理；最后，资金结算方式单一，特别是新型结算方式的接入问题没有解决。

（2）业务流程

外贸综合服务平台出口模式基本流程如图 3-9 所示，具体包括以下 4 个步骤：①中小企业与外贸综合服务平台达成合作意向，按要求提供营业执照、税务登记等所需资质资料，经外贸综合服务企业风控部门审批后，签署《外贸代理服务协议》。 ②企业下单。 境外商家确认订单并付汇，企业将对应的出口商品和生产工厂信息提供给平台，由风控部门审核通过后，进行下单。 ③报关、结汇与退税。 企业订单通过审核后，进行装箱与报关出口，在报关出口、收汇和开票认证完成且集齐购销合同、物流单据、报关单及场站单据等退税所需全部单据后，由外贸综合服务企业财务部向税务局申请退税。 ④完成结算，订单出口后，平台取得外销合同和境内采购合同，并在已收汇且收到有效增值税发票后向企业支付货款。

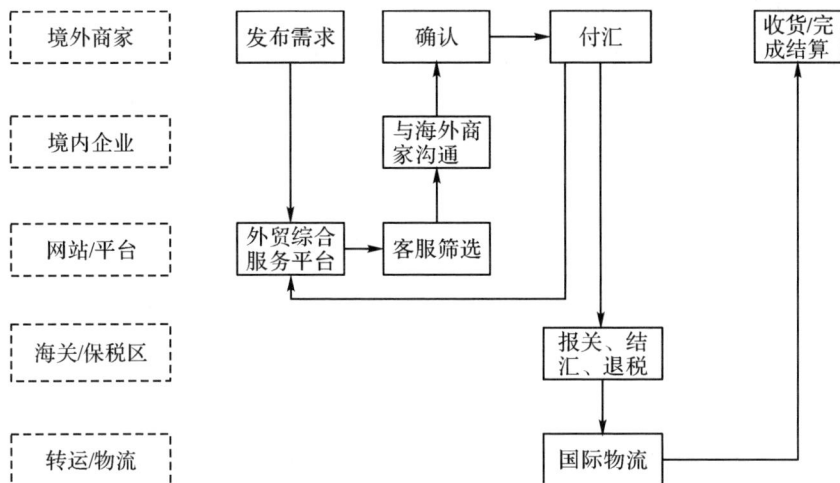

图 3-9 外贸综合服务平台出口模式的基本流程

(3)关键环节管理

第一，试点政策。 2015 年 3 月 5 日，在第十二届全国人民代表大会第三次会议上，李克强总理所做的政府工作报告中提出，"实施培育外贸竞争新优势的政策措施，促进加工贸易转型，发展外贸综合服务平台"。 2015 年 7 月 15 日，国务院常务会议将积极推进外贸综合服务企业发展列入促进进出口稳定增长的政策措施。 2016 年 5 月 9 日，在《国务院关于促进外贸回稳向好的若干意见》中明确了促进外贸创新发展的内容，加大财政金融支持力度，支持外贸综合服务企业加快发展，使外贸综合服务平台获得持续发展动力。 2016 年 11 月 22 日，商务部、税务总局等举办全国外贸综合服务企业试点工作启动大会，贯彻落实商务部等 5 部委关于开展外贸综合服务企业试点的工作部署。 2017 年 1 月 9 日，商务部出台《对外贸易发展"十三五"规划》，规划中提到积极研究和开展试点工作，认定培育一批外贸综合服务试点企业，建立与外贸综合服务企业发展相适应的管理模式，进一步优化外贸综合服务企业退（免）税管理，提高其通关、物流、退税、金融、保险等综合服务能力。

第二，出口退税管理。 2014 年 2 月 27 日，国家税务总局发布了《关于外贸综合服务企业出口货物退（免）税有关问题的公告》，公告对经认定的外贸综合服务企业以自营方式出口境内生产企业与境外单位或个人签约的出口货物，符合规定的可由外贸综合服务试点企业按自营出口的规定申报退（免）税；同时优先办理外贸综合服务试点企业的出口退（免）税业务，对申报单证齐全真实、对应单证的电子信息准确无误且审核无疑点的出口业务，在 20 个工作日内完成退（免）税审批手续，确保及时足额退税。 2017 年出台的《关于调整完善外贸综合服务企业办理出口货物退（免）税有关事项的公告》，进一步明确了外贸综合服务企业代理生产企业办理退税的要求，并加强了各项监管措施。

第三，外汇管理。 对经认定的外贸综合服务企业提供外汇管理便利化措施。 支持分类等级为 A 类的外贸综合服务企业使用贸易外汇收支便利化的管理措施，简化其对货物贸易外汇收入的管理，贸易外汇收入（不含退汇业务及离岸转手买卖业务）暂不进入待核查账户，可直接进入经常项目外汇账户或进行结汇。

第四，通关管理。 对经认定的外贸综合服务企业，海关优先选择它们作为便捷通关试点企业，优先办理它们的货物申报、查验、放行手续，优先安排办理它们的加急通关手续，且可减少对高资信企业的查验次数。

（4）试点进展

2017 年 9 月，商务部等 5 部门联合下发了《关于促进外贸综合服务企业健康发展有关工作的通知》，首次明确了外贸综合服务企业的定义；同时依照外贸综合服务平台的服务对象将其划分为行业领域、综合领域和特定区域 3 种类型。

其中，行业领域外贸综合服务平台本身就是进出口企业，它拥有庞大的业务基础、充足的外贸进出口经验，以及较多的上游客户资源，借助自身优势为广大中小企业提供外贸综合服务，比较典型的企业是中基惠通。 该公司成立于 1985 年，拥有 30 多年外贸业务经验，是浙江宁波地区较大的外贸出口企业之一，与全球 112 个国家和地区有业务往来。 该公司拥有六大服务板块，包括出口基础服务、物流服务、金融服务、跨境电商服务、海外仓服务及展会等其他服务。 2013 年 11 月 1 日，中基惠通外贸公共服务平台正式上线，免费为企业提供 ERP 系统。 2015 年 5 月 26 日，中基惠通与 7 家物流企业、10 家报关企业签订战略合作协议，中基惠通物流服务板块开启，并成为国内首家推出"互联网＋外贸＋物流"模式的外贸企业。 2015 年，中基惠通成为浙江省唯一入围商务部选定的 18 家全国外贸综合公共服务平台试点单位，实现出口额 8.71 亿美元，同比增加 26%，入驻企业快速增至 5200 家。 2016 年 3 月 9 日，中基惠通又与 11 家银行、3 家全球物流企业签订战略合作协议。 这标志着中基惠通金融服务环节正式启动，并开启了"互联网＋外贸＋物流＋金融"的新模式。

综合领域外贸综合服务平台企业本身不是进出口公司，比较典型的企业是一达通。 该企业成立于 2001 年，是国内第一家面向中小企业的进出口流程的外贸综合服务平台，通过互联网为中小企业和个人提供一站式进出口环节的服务。 2003 年，一达通与中国银行深圳分行合作开发出进出口资金监管系统；2008 年与中国银行联合开发出业内第一个贸易融资系列产品——"融资易"；2010 年，阿里巴巴（中国）网络技术有限公司控股一达通，2012 年，一达通推出"一达通数据服务"，首创第三方数据认证平台；2013 年，一达通上线全自助在线服务平台；2015 年，一达通启动一拍档项目；2016 年，一达通开启 2.0 时代。 根据相关统计数据，截至 2016 年 12 月，在一达通平台上的出口企业总计超 13 万家，出口行业以电子、纺织行业、服装、机械制造、家装家具居多，出口地 70% 分布在欧美发达国家。 2016 年，一达通的外贸交易额达 225 亿美元，同比增长 87.5%，居中国一般贸易出口企业排行榜第二位。

特定区域外贸综合服务平台是针对某一特定区域提供服务的，比较典型的企业是中非经贸港。 该企业成立于 2015 年，是浙江省"立足中非，面向世界"的创新型外经贸综合服务平台，是集金融服务、跨境电商、海外业务拓展、总部经济和物流服务于一体的一站式外经贸综合服务平台。 中非经贸港的基础服务是将线上线下资源结合，为中小微企业提供通关、退税、收汇、融资等一站式外贸综合服务；线上完成所有的交易流程，线下则为中小微企业提供面对面咨询、"走出去"展览、翻译、上门产品拍摄等服务。 中非经贸港的亮点服务是海外业务拓展服务。 它抓住中非发展战略机遇期，以国际投标人的身份参与非洲等国家的政府采购和总包项目，平台所服务的中小微企业有优先被采购权。 与此同时，中非经贸港还提供增值服务，包括会展和展示、对非培训基地和电商学院、总部商务、投资服务、物流综合服务、综合配套服务等六大服务平台。

3.4.3 中美贸易摩擦背景下跨境电商进出口业务的机遇与挑战

2018 年发生的中美贸易摩擦，也称作中美贸易争端、中美贸易战或中美贸易纠纷，是中国与美国之间的一场贸易争端。 贸易争端起源于美国总统唐纳德·特朗普于 2018 年 3 月 22 日签署备忘录，宣布依据 1974 年贸易法第 301 条，指示美国贸易代表对从中国进口的商品征收关税，以"惩罚中国偷窃美国知识产权和商业秘密"，涉及商品总计达 600 亿美元。 中国商务部其后实施反制措施，向 128 种美国进口商品征税，其中包括美国向中国出口最多的货品大豆。 2018 年以来，中美双方就贸易问题进行过几次磋商，也曾达成过很重要的共识，但中美贸易摩擦在未来一段时间难以避免。

根据统计，我国跨境电商出口额是进口额的 5 倍，出口跨境电商已成为带动中国外贸发展的中坚力量。 中国电商研究中心的监测数据显示，美国为 2017 年我国电商出口的最大目的国，占比约 15%。 另据中国电子商务协会发布的《中国电子商务发展报告（2017—2018）》，美国还是中国跨境电商零售进口来源地和出口目的地中排名第二的贸易伙伴。 中美贸易摩擦不可避免地对跨境电商产生一定影响，但是影响程度较为有限，总体而言机遇大于挑战。 首先，电商的贸易便利化优势使得跨境出口电商相对更容易转换不同出口国之间的比重，而不像传统的出口企业，转到另外一个国家市场会更困难，成本也比较高。 因此，尽管美国是中国最大的贸易伙伴，约占跨境电商交易规模的 15%，但是中美贸易摩擦对跨境电商出口业务规模增长速度不会产生太大影响。 其次，现阶段我国跨境电商出口产品中消费品占比较大，关税只占小额订单销售成本的很小一部分，因此，中美贸易摩擦对大额贸易的冲击更大，而对碎片化和小额贸易的跨境电商业务的影响程度非常有限。 第三，受国内电商市场基本饱和的影响，近年来国内电商巨头和中小型跨境电商平台投入了大量资金和人力，深耕东南亚国家及印度等新兴市场，面向新兴市场的出口被跨境电商行业寄予了更多增长期望。据报道，2016 年，阿里巴巴首次注资东南亚最大电商 Lazada 集团，以 10 亿美元收购该公司 51％的股份。2018 年3 月，阿里巴巴向 Lazada 集团增资 20 亿美元，以进一步拓展快速增长的东南亚电商市场。2017 年 5 月，印尼 B2B 移动电商平台 WOOK 获得 1.5 亿元的B 轮融资。第四，"一带一路"沿线国家具有很大的电商业务发展潜力。据普华永道的调研，"一带一路"沿线 65 个国家中超过 45％的是 15～45 岁的人口，该年龄组别是最认同电子消费的群体。"一带一路"作为我国国家级顶层合作倡议，对发展跨境电商及拉动经济增长有着重要的推动作用。

　　同时，中美贸易摩擦对跨境电商的业务模式发展也将产生一定影响。在以美国为目的地的跨境电商出口业务中，海外仓备货模式受中美贸易摩擦的影响最为严重。在中美贸易摩擦背景下，国内卖家通过海外仓进行商品集中备货以减少中间环节、提高通关效率、改善客户体验的优势，反而容易使得出口美国的产品面临高额的税负成本，为"中国制造"的成本优势带来非常大的压力，同时国内卖家如要往美国仓库大批量备货时会变得十分谨慎。因此，随着中美贸易摩擦升级，面向美国的跨境电商业务将进一步碎片化，而且不利于跨境电商业务模式的创新。在以美国为来源地的进口业务中，随着一般贸易关税的加征，部分坚果、保健品、酒类等商品的一般贸易进口成本会有不同程度的提升；相对而言，跨境电商会成为消费者购买此类商品的更好的渠道选择。此外，在我国将扩大进口上升为国策的背景下，跨境电商进口业务还将面临全新的发展机遇，保税进口模式有望赢得青睐和得到创新。

4

跨境电商"单一窗口"建设内容与创新实践

　　"单一窗口"是世界各国促进贸易便利化，优化营商环境的重要手段，建设"单一窗口"对于促进跨境电商发展具有重要意义。 作为我国跨境电商试点拓荒者的杭州市，创新构建了"两平台六体系"的顶层设计和制度安排，即以线上综合服务平台建设为基础，建立信息共享、金融服务、智能物流、电商信用、统计监测、风险防控"六体系"，并赋能线下平台产业园区的发展。杭州综合试验区"两平台六体系"经验中的线上综合服务平台即"单一窗口"。

　　我国政府高度重视跨境电商综合试验区"单一窗口"建设工作，前两批13 个跨境电商综合试验区都相继开展了各具特色的"单一窗口"试点建设与服务工作，实现了综合试验区跨境电商政务功能和通关效率的全面提升。 目前，我国跨境电商综合试验区的"单一窗口"平台已基本涵盖备案、申报、查询、物流跟踪、统计分析和风险预警等服务功能，但是在数据通用性、系统可联通性、国际电子数据交换、电商交易数据和执法结果信息共享、监管互认、执法互助等方面还有待加强。 此外，综合试验区"单一窗口"建设目前仅限于局部试点，在全国范围内推广应用的难度较大。 本章阐述了跨境电商"单一窗口"的建设背景、意义及相关研究进展，从理论角度论述了跨境电商综合试验区"单一窗口"的内涵、服务需求、功能定位及主要内容，从实践角度阐述了我国跨境电商综合试验区"单一窗口"建设的主要内容、实践成效与建设经验，并针对"单一窗口"建设的难点问题提出对策建议。

4.1 跨境电商"单一窗口"建设背景

国际贸易"单一窗口"的建设旨在使企业和政府之间的数据交换更为畅通便捷，其在促进贸易便利化和提高监管效率方面的积极作用已经得到世界各国的普遍认同。2005 年，联合国贸易便利化与电子业务中心（UN/CEFACT）发布了 33 号建议书，建议"建立'单一窗口'"（Recommendation and guidelines on establishing a single window）；2010 年又发布了 35 号建议书（2010 年），指出"建立国际贸易'单一窗口'的法律框架"（Recommendation and guidelines on establishing a legal framework for international trade single window）。在联合国的积极推动下，目前，欧美发达国家如美国、德国、荷兰、瑞典等，东亚国家如新加坡、日本、韩国，甚至南美洲的哥伦比亚、秘鲁和非洲的毛里求斯等众多国家都已建立了本国的国际贸易"单一窗口"，"单一窗口"已经成为主要贸易国贸易监理与商务运作的主流形式。

我国的国际贸易"单一窗口"建设是在原有电子口岸的基础上开展的。2012 年，海关总署与国家质检总局合作启动"三个一"改革试点工作，形成了"单一窗口"的雏形。2014 年 6 月，中国（上海）自由贸易试验区洋山保税港区开通国内第一个国际贸易"单一窗口"。2016 年，我国将"单一窗口"建设列为国务院政府工作报告中的重点工作。2016 年上半年，上海、天津、浙江、福建、广东等 11 个沿海省市启动"单一窗口"建设工作，8 月又选定重庆、陕西等 6 省市作为"单一窗口"建设试点的第一批内陆沿边地区。到 2016 年底，国内共有 20 多个省市开展国际贸易"单一窗口"建设工作。2017 年，国际贸易"单一窗口"在全国推广。2018 年 8 月 14 日，国务院印发了《全国深化"放管服"改革转变政府职能电视电话会议重点任务分工方案》，提出要提升跨境贸易便利化水平，推进海关、检验检疫业务全面融合；进一步完善国际贸易"单一窗口"，将"单一窗口"的功能覆盖海关特殊监管区域和跨境电商综合试验区等相关区域。

与之同时，为推动跨境电商产业的发展，2015 年 3 月，国务院正式批复同意设立中国（杭州）跨境电商综合试验区，并要求该综合试验区着力在跨境电商交易、支付、物流、通关、退税、结汇等环节的技术标准、业务流程、监管模式和信息化建设等方面先行先试。 作为全国首个跨境电商综合试验区，杭州提出了"两平台六体系"的总体试点架构，并率先进行了对跨境电商"单一窗口"平台建设的创新探索，试图通过平台建设来消除"关、检、汇、税、商、物、融"之间的信息壁垒，实现政府各部门、政府与企业及企业与企业之间的互联互通、信息共享和资源整合，促进跨境电商自由化、便利化、规范化发展。 2015 年 6 月 1 日，中国（杭州）跨境电商综合试验区"单一窗口"综合服务平台正式上线。 该平台建立了企业和商品信息备案认证体系及信息交换共享机制，实现了包括政府、电商企业、金融企业、物流企业等在内的跨境电商参与主体之间的信息互通，并与阿里巴巴、中国制造、大龙网、敦煌网等跨境电商 B2B 平台实现了数据对接，为跨境电商企业提供备案登记、数据申报、查询统计、电商信用、风险防控、金融服务、智能物流、统计监测等服务。 中国（杭州）跨境电商综合试验区"单一窗口"平台建设的成功经验为后续各大综合试验区复制推广"单一窗口"平台建设提供了参考。 2016 年 1 月，国务院又在天津、广州、宁波等 12 个城市设立了跨境电商综合试验区，所有试点城市均在其正式发布的试点实施方案中明确提出要建设"单一窗口"。

4.2 "单一窗口"的相关研究综述

国际贸易"单一窗口"是适应国际贸易发展的现实需要，是实现贸易便捷化（简约、协调）与标准化和系统化的重要措施，其目的是要简化贸易程序，实现各部门间的信息共享，进而提升企业运作效率。 目前，全球已有很多国家开展国际贸易"单一窗口"建设工作，将其作为增强对外贸易竞争力的重要举措。 在我国开展跨境电商"单一窗口"建设之际，多角度地深入分析国内外相关研究文献，探索其未来的研究方向，可以为我国跨境电商"单一窗口"

建设提供理论与实践指导。

4.2.1　国际贸易"单一窗口"研究综述

国际贸易"单一窗口"作为推动国际贸易发展的关键环节，引起了国内外学者的高度关注。实施"单一窗口"对于政府部门及商业界均具有很大益处：在政府获益方面表现为实施更好的风险管理，提高安全水平并间接有利于增加税收；在企业获益方面表现为因法规的解释与适用公开及明确，且能更好地配置人力及资金运作资源，从而可在生产力及竞争力方面获得利益（朱高章等，2008）。近年来，学者们从不同角度运用不同方法、不同模型对国际贸易"单一窗口"建设的具体路径展开研究。如部分学者从政府管理的视角出发提出了"单一窗口"的构建方案，认为政府制度构建和机构整合是解决"单一窗口"在发展中存在的问题的关键，且政府不同机构之间的协同是"单一窗口"发挥效用的最重要一环（林宇等，2017；Niculescu，2016；Arvis，2014）。有学者运用问卷调查的方法，通过对欧盟范围内的一些贸易商、运输商的访谈，验证欧盟电子口岸项目的推进成效，从而提出欧盟体系下"单一窗口"建设框架（Raus，2009）。也有学者运用软件工程方法研究"单一窗口"平台的"舱单数据共享系统"，通过给出优化的业务流程，为"单一窗口"平台的后续发展搭建基础架构（刘仰丰，2016）。还有学者以数据模型为基础，从跨境贸易监管部门的视角及对国际贸易"单一窗口"数据标准化的分析入手，建立与国际贸易"单一窗口"相配套的数据元集，并对数据元集的应用方法与途径进行探讨（梁丹虹，2014）。

国际贸易"单一窗口"建设经验的总结研究也是当前研究的另一个重点。如刘恩专（2014）、安琦（2015）等学者在比较和分析新加坡 TRADENET 系统、瑞典"单一机构"模式和美国 ITDS 模式后，简要地归纳出"单一窗口"建设的主要做法和经验，并提出了适应中国国情的改进意见。嵇从民（2014）、Gracia（2015）等通过对中国—新加坡经济走廊沿线国家建设"单一窗口"的经验总结和分析，认为构建"单一窗口"是提高贸易便利化、重建公共信用的重要途径，对一个国家的经济发展有举足轻重的作用。也有部分学者在介绍国际贸易"单一窗口"概念和模式的基础上，对国际组织和部分国家实施"单一窗口"建设的做法及成功经验进行分析，总结了国际上建立"单一窗口"的经验，包括 5 个阶段演进模式和 12 个关键要素；并在此基础上，提出了构建我国国际贸易"单一窗口"需要解决的关键问题（徐晓菁，2011；张明洲，2014；董新蕾，2016）。 此外，还有部分学者对照国际上先进的"单一窗口"服务系统，梳理和剖析了"单一窗口"框架及关键要素，并基于国外建设经验，提出了我国推进"单一窗口"建设的有关建议（上海海关课题组，2010；高爽，2014；孙浩，2017）。

4.2.2 跨境电商"单一窗口"研究综述

跨境电商"单一窗口"建设是促进贸易便利化、协调职能部门、改善监管模式的重要途径，对推动跨境电商的发展具有重要作用。 王翀（2015）提出，建立"单一窗口"综合服务平台是中国（杭州）跨境电商综合试验区建设创新创业中心、跨境电商大数据中心的重要内容。 李鹏飞（2016）以简政放权作为研究视角，对政府外经贸主管部门、电商企业、物流公司和报关行等进行问卷调查和实地访谈，提出建立统一规范的跨境电商监管服务平台。 许应楠（2017）采用调研访谈的方法，对苏州、上海、重庆、杭州、宁波等 11 个城市的跨境电商发展情况进行调研，提出应从跨境电商公共服务平台建设等方面来推动跨境电商发展。 李贤祥等（2017）以全国首个综合试验区——中国（杭州）跨境电商综合试验区为例，认为"单一窗口"是杭州建设"网上丝绸之路"的基础性工程，不仅能有效缓解跨境电商交易监管碎片化和交易数据统计监测难等问题，而且对实现贸易便利化，降低交易和监管成本也具有重要作用。 此外，许敏等（2017）通过对比和分析江浙地区较为发达成熟的跨境电商体系，发现安徽省跨境电商发展略显滞后的主要原因在于缺乏跨境电商公共服务平台。

在跨境电商"单一窗口"的具体建设内容方面，孙从众（2017）提出，加快以"单一窗口"为抓手的线上信息多部门共享式的组织机制建设，建成线上信息共享联动机制，可以实现多部门、跨区域、跨行业的数据互通。 冷清泉（2017）在对改善监管模式的研究中，发现以网络为载体的公共服务平台建设是突破我国跨境电商传统监督管理模式局限的一项重要举措。 陈敏锐

（2017）认为，跨境电商公共服务平台是针对进出口跨境货物通关作业过程处理的信息化系统。它不仅能全面支持进出口货物备案、信息申报、预审、实物管理、报关、信用管理等通关作业处理，而且可通过监管部门与电商、物流、支付等企业实现数据的互联互通，实现对跨境电商通关业务的全程监管。邓永宏（2017）提出，跨境电商"单一窗口"需要支持跨境电商企业的订单、支付、物流、个人身份等信息的"一点接入"。许翰平等（2017）认为，跨境电商"单一窗口"正式上线后，应为企业提供申报、备案、海外仓、无水港、商务信息、物流信息等 10 个方面 150 多项服务。

4.3 跨境电商"单一窗口"的内涵、功能与内容

4.3.1 跨境电商"单一窗口"的内涵

(1)跨境电商"单一窗口"的定义

联合国贸易便利化与电子业务中心发布的第 33 号建议书《建立单一窗口的建议与指南》将"单一窗口"定义为一种便利化设施，该设施允许各贸易参与方通过单一的入口，提供符合进出口及流转相关监管所要求的标准化信息和单据，如果信息是电子化的，那么各方都只需提交一次。UN/CEFACT 对单一窗口的定义，特别强调参与国际贸易及运输的各方通过"单一平台"提出标准化的信息和单据，来满足国家的法律法规及需要。

随着跨境电商"单一窗口"的实践发展，我国有关学者和业界人士对它的认识也越来越深刻。王健（2014）认为，所谓"单一窗口"就是希望未来中小企业在参与贸易的时候，不需要分别向海关、商检、外汇等政府部门提交纸质单据，而是更多地实现电子化，最终可以实现在计算机界面一次性提交一套数据，由外贸综合服务企业和政府各个部门进行衔接并传输数据。成都跨境贸易电子商务公共服务平台（www.cdkjt.com.cn）的运营方成都信通认为，所谓"单一窗口"，就是跨境电商综合试验区的数据交换枢纽和综合管理服务平台，具有政务服务和综合服务双重功能，它以政务服务为核心，按照"信息

互通、监管互认、执法互助"的要求，打通跨境电商"关、检、汇、税"之间的信息壁垒，实现政府各部门、政府与企业及企业与企业之间的互联互通、信息共享和资源整合，同时支持管理和服务创新，促进跨境电商自由化、便利化、规范化发展。

本文认为，跨境电商"单一窗口"是跨境电商在线综合服务平台，具有标准服务、交换服务、政务服务、综合服务四大服务功能。通过该平台，跨境电商企业不再需要分别向海关、商检、外汇等政府部门提交纸质单据，而是一次性提交标准化信息和单证，实现政府各部门、政府与企业及企业与企业之间的互联互通、信息共享和资源整合，从而简化原有申报手续，提高企业通关效率。

(2)跨境电商"单一窗口"的基本特征

跨境电商"单一窗口"具有公益性、基础性、开放性、共享性四大基本特征。一是公益性。跨境电商"单一窗口"，不以营利为目的，主要为各跨境电商企业提供高效便捷的一站式公共服务，跨境电商企业可以通过"单一窗口"一站式线上办理申报、查验、支付、放行业务，并延伸到实时跟踪、出口退税办理等贸易管理环节。二是基础性。跨境电商"单一窗口"是综合试验区数据交换枢纽和综合管理服务平台，平台涉及的跨境电商企业主要包括物流企业、电商平台、第三方运营机构等，并与海关、国检、国税等政府部门实现数据对接，为跨境电商企业之间的信息高效交换和共享提供了通道，是各政府部门实现互联互通的基础支撑。三是开放性。跨境电商"单一窗口"向社会提供服务，"单一窗口"不局限于特定行业、特定工作环节和特定服务对象，可以为电商、物流、金融、支付等企业提供服务。四是共享性。企业只需填报一次数据，即可同时完成向海关、检验检疫、海事和边检等部门的申报及后续的电子核放，实现不同部门、部门与企业之间的信息交换与共享，打破了信息壁垒。

(3)跨境电商"单一窗口"的建设目标

跨境电商"单一窗口"以提高企业运作效率、转变政府职能、提升贸易便利化水平为宗旨，以实现跨境电商信息高效交换和共享为核心，以统一的标准体系为基础，以政府主导、社会各方共同参与为途径，以信息流作为媒介和主线，致力于跨境电商"交换中心""数据中心"和"服务中心"三大功能系统的建设。 其中，建设交换中心，构建覆盖多个部门的、辐射整个跨境电商业务流程的信息交换网络，实现部门与部门之间、部门与企业之间、企业与企业之间可靠、安全、高效的信息交换。 建设数据中心，统一提供公正、权威的跨境电商信息与数据服务标准体系，形成信息服务与数据资源目录并对外提供服务，支持对跨境电商大数据的挖掘和分析，有效促进跨境电商产业链各环节的信息互通和资源共享，构建跨企业、跨区域、跨行业、跨国界的跨境电商信息无缝对接体系。 建设服务中心，提供政务服务和增值服务两大服务功能。 其中，政务服务功能包括备案登记、报关、报检、退税、收结汇等政府部门提供的在线政务服务功能；增值服务包括商品溯源、供应链金融、进出口业务试点等各类商业增值服务功能。

(4)跨境电商"单一窗口"的边界关系

跨境电商"单一窗口"是衔接相关行业和国际贸易"单一窗口"并实现信息交换和资源共享的桥梁，也是支持跨境电商业务模式在线畅通运行的重要支撑。 它与各类跨境电商企业平台、跨境电商在线服务平台和相关部门政务服务平台等共同构筑形成了"可靠、安全、高效、顺畅"的跨境电商在线综合服务体系。 具体而言，一是与国际贸易"单一窗口"的关系。 国际贸易"单一窗口"特指参与国际贸易和运输的各方，通过单一的平台提交标准化的信息和单据以满足相关法律法规及管理的要求。 该平台既能简化企业在通关过程中的手续，又能缩短通关时间，同时还能加强国际合作，特别是监管部门进行监管的相互认证，使企业在通关过程中避免重复认证。 跨境电商"单一窗口"是国际贸易"单一窗口"的重要内容，须符合国际贸易"单一窗口"建设的总体要求，着重完善相应的跨境电商在线服务功能。 二是与经营性平台的关系。 "单一窗口"以政府部门集成资源开放为主，与跨境电商经营性平台之间是服务和被服务的关系，而不是竞争关系。 经营性平台是由企业主导建设，以满足企业自身跨境贸易业务需求或者向跨境贸易市场提供有偿服务为目的的跨境电商服务平台。 经营性平台是"单一窗口"的服务对象，通过跨境电商"单一窗口"实现与其他经营性平台之间的数据交换，共享跨境电商"单一窗口"提供的跨境贸易服务的相关资源。 三是与相关政务系统的关系。 跨境电商"单一窗口"连接跨境电商产业各类政务服务系统和其他行业相关政务系统，即通过跨境电商"单一窗口"进行政务资源汇聚，并对外提供一站式跨境电商在线政务服务。

4.3.2 跨境电商"单一窗口"的功能定位与服务需求

跨境电商"单一窗口"的服务功能主要包括标准服务、交换服务、政务服务和综合服务。 具体而言，一是提供标准服务。 组织各方共建共推"单一窗口"互联共享标准，以市场应用需求为导向，促进政府主导制定标准与市场自主制定标准的协同发展，构建体系完备、高效协调的跨境电商标准体系。 二是提供交换服务。 打破各类跨境电商业务主体之间的信息交换壁垒，通过构建基于统一技术标准的基础交换网络，解决跨国、跨区域、跨行业、跨部门和跨境电商产业链上下游企业之间信息表述不标准、信息传递效率低、集成能力低、交换成本高等问题。 三是提供政务服务。 以满足政府管理部门之间"信息互换、监管互认、执法互助"为目标，依托跨境电商"单一窗口"推动政务信息资源共享和业务协同；同时通过重构跨境电商交易、支付、结算、物流、退税等不同应用场景，加快汇集多部门、多渠道、多类型的数据，推进政府、企业间跨境贸易大数据的共享，为提高跨境进出口资源配置效率提供基础支撑。 四是提供综合服务。 积极推动支付、物流、金融等各类服务资源的在线集聚，为平台的注册、备货及登记企业提供各类在线增值服务。 如为企业提供在线通关、物流、结汇、税收、数据交换、商务信息等各类服务，为消费者提供通关状态查询、质量风险预警及召回、税单查询等服务。 具体如图 4-1 所示。

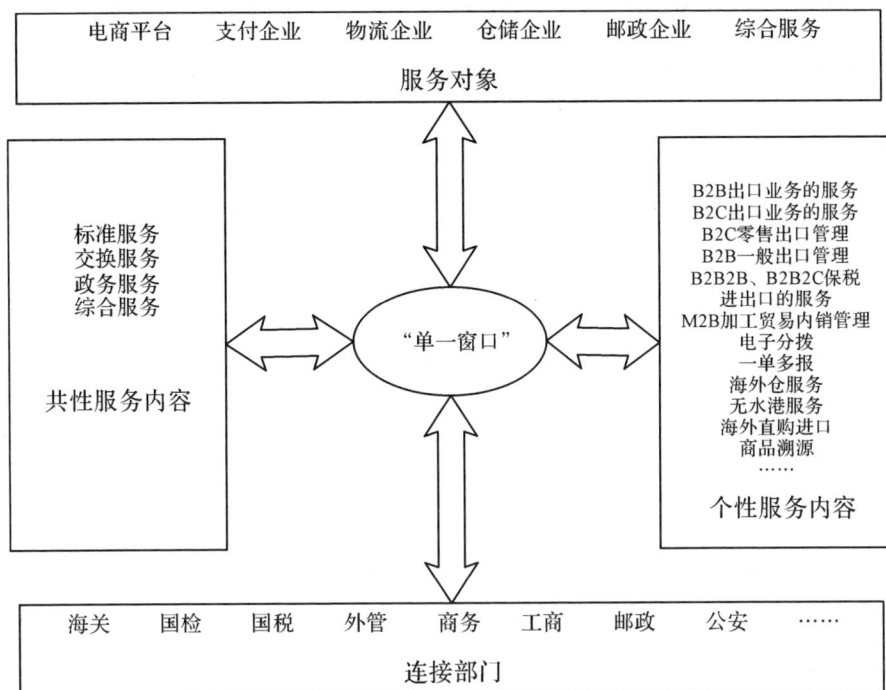

图 4-1　跨境电商"单一窗口"内容结构

4.3.3　跨境电商"单一窗口"的服务内容

(1)共性服务内容

跨境电商"单一窗口"的共性服务内容是为满足相关管理部门的各种监管需求而提供的,除标准服务和交换服务外,主要提供备案登记、数据申报、信息管理、查询统计、风险提示、税单服务等政务服务功能,以及电商信用、风险防控、金融服务、智慧物流、信息共享、统计监测等综合服务功能。

具体而言,跨境电商"单一窗口"的共性政务服务模块主要包括:①备案登记模块。该模块的核心是按照各监管部门的要求,为跨境电商平台、电商企业、物流企业、支付企业、仓储企业等业务主体提供一站式的企业备案管理、商品备案、商品预归类查询等功能。其中,企业备案管理是对企业注册登记的信息进行备案和管理。商品备案管理是指电商企业将销售的商品信息录入网页，国家监管部门对商品进行备案、审核。 商品预归类查询是指进出口商品预归类单位受在海关注册登记的进出口货物经营单位的委托，按照《归类管理规定》第二条之规定，对其拟进出口货物预先确定商品归类，并出具预归类意见书的事宜。 ②数据申报模块。 即应口岸各监管部门要求，为有报关资质的跨境电商平台、物流企业、仓储企业等提供个人物品申报单申报，为电商企业提供出口退免税申报等统一申报入口，以一次申报、全流程使用为目标，减轻企业申报工作量。 ③信息管理模块。 该模块是为已在"单一窗口"进行过备案、申报的电商企业、支付企业、物流企业等提供各种综合信息管理与查询服务，根据不同企业类型提供报关单查询、税单查询、订单查询、个人物品申报单查询等服务。 ④查询统计模块。 该模块是为在"单一窗口"备案、申报过的电商企业、支付企业、物流企业等提供各种统计数据，同时为政府管理部门提供数据统计分析报表及综合分析报告。 ⑤风险提示模块。 该模块是为在"单一窗口"备案、申报过的电商企业、支付企业、物流企业等提供异常订单预警等服务，同时探索并建立跨境市场风险预警体系。 ⑥税单服务。 其为"单一窗口"备案、申报过的电商企业、支付企业、物流企业等提供在线查询税单，办理纳税、退税等服务。

跨境电商"单一窗口"综合服务模块，主要包括：①电商信用模块。 该模块是指通过对企业数据进行综合分析，给出企业信用的综合分，作为对企业信用的综合评价和在外贸交易过程中的参考，以促进贸易的达成；同时企业信用对接金融、物流服务，提供针对融资和物流的长期的决策支持。 ②风险防控模块。 该模块是指利用大数据技术，对政府部门、监管部门、金融机构等单位，进行数据采集、数据挖掘、数据建模、数据多维分析等，从而建立风险指标，定义预警规则，分析跨境电商中的行业风险、市场风险等宏观风险，为电商企业更好地规避业务过程中的风险提供服务；同时，也分析企业的通关风险、经营风险等，为监管部门实现联合监管提供服务，为综合试验区更好地扶持企业提供有效的技术支撑和辅助决策。 ③金融服务模块。 该模块是指利用对跨境电商的大数据分析结果，通过与银行、保险机构、第三方支付企业等合作，通过金融机构发布的金融产品信息或系统集成信息，为具有真实交易背景的跨境电商企业提供方便快捷、风险可控的一站式金融服务，包括融资、咨询等服务。④智慧物流模块。该模块是指运用大数据技术，通过对物流企业服务能力、物流企业发布的产品信息、物流企业发布的海外仓信息、电商企业等级信息、进出口订单信息等进行综合分析，为物流企业提供引流服务，为电商企业找到合适的物流服务商。⑤信息共享模块。该模块是指通过统一信息标准规范、信息管理服务，建立多位一体的跨境电商信息合作机制和共享平台，打破"关、税、汇、检、商、物、融"之间的信息壁垒，实现监管部门、地方政府、金融机构、电商企业、物流企业之间的信息互联互通，为跨境电商信息流、资金流、物流"三流合一"提供数据技术支撑。⑥统计监测模块。该模块是指利用大数据和云计算技术，对获取的电商交易数据、物流通关数据、金融支付数据等跨境电商全流程的数据进行统计分析，从而在数据、业务分析方面建立规范、完整、系统、科学的统计监测体系，同时为政府监管部门及跨境电商企业提供各类数据分析及决策依据。

(2)个性服务内容

目前，各地综合试验区跨境电商"单一窗口"建设的个性化服务内容主要是围绕业务模式试点工作展开的，代表性的功能模块包括：①B2B 出口业务的服务功能模块。参与跨境 B2B 出口的企业在"单一窗口"完成注册、备案后，与"单一窗口"进行数据对接，并根据监管部门的要求，向"单一窗口"发送出口订单申报数据。电商企业用户可以在跨境电商系统平台上填入相关信息，到海关申报，然后选择审结状态的清单做拼箱操作，生成预配舱单并发送至新舱单系统。在此之后，选择已拼箱成功的清单信息生成报关单草稿，补录后申报至 QP 系统。②B2C 出口业务的服务功能模块。参与跨境 B2C 出口的企业（或个人）在"单一窗口"完成注册、备案后，与"单一窗口"进行数据对接，并根据监管部门的要求，向"单一窗口"发送出口订单、清单等数据。电商企业用户可以在系统中录入三单清单数据，后申报至海关端及检验检疫端，在等待审批的过程中，可以在跨境电商公共平台上随时浏览清单的信息及审批的状态等相关信息。③B2B2C 保税进出口的服务功能模块。该模块的大致流程与一般出口管理相似，电商企业在跨境电商交易平台的系统中录入清单信息，然后将信息发送至海关，将审核结束的清单汇成一份总清单,等到总清单上的实货被放行后,再将其中部分清单生成报关单补录到系统中。 ④直购进口业务模块。 消费者通过"单一窗口"直接订购国外商品,平台将电子订单信息、支付信息、电子运单信息(三单信息)向海关通关管理系统传送,并按照行邮税率缴纳关税,实现快速通关。 电商企业用户可以将信息输入跨境电商平台的系统中,系统可以将生成的发货记录单发送至海关等待审核。 此外,还有不少综合试验区"单一窗口"在海外仓服务模块、会展服务模块、商品溯源模块等方面进行了探索。

4.4　综合试验区"单一窗口"建设成效与创新实践

4.4.1　综合试验区"单一窗口"建设的基本情况

　　中国(杭州)跨境电商综合试验区"单一窗口"的建设经验为新设的跨境电商综合试验区提供了一个学习复制的模板。 宁波、深圳、大连等综合试验区在学习借鉴杭州经验的同时,也结合自身特色,积极推动本地区跨境电商"单一窗口"的建设。 目前,各跨境电商综合试验区均已建立本地区的跨境电商"单一窗口",并正式上线运营。 由于各综合试验区的实际情况存在差异,从"单一窗口"的名称来看,线上综合服务平台、"单一窗口"、跨境电商公共服务平台和通关服务平台是目前采用的主要称谓;从"单一窗口"的建设基础来看,大部分综合试验区是在原有国际贸易"单一窗口"或电子口岸的基础上进行功能拓展的;从"单一窗口"的建设投资模式来看,各综合试验区成立的"跨境电商综合试验区建设领导小组"在"单一窗口"的顶层设计上发挥了重要作用。 但在具体运营模式上,既有由该领导小组直接进行运营管理的,也有在该领导小组主导下交由各地电子口岸公司负责的,还有由该领导小组委托给第三方公司进行代为运营和管理的,如大连、上海、苏州、天津和成都等的综合试验区。 各综合试验区"单一窗口"建设情况如表 4-1 所示。

表 4-1 综合试验区"单一窗口"建设基本情况

区域	"单一窗口"名称	上线时间	主办单位	承办单位
杭州	中国（杭州）跨境电商综合试验区线上综合服务平台	2015 年 6 月 1 日	杭州市中国（杭州）跨境电商综合试验区建设领导小组办公室	浙江电子口岸有限公司
宁波	中国（宁波）国际贸易"单一窗口"	2015 年 9 月 28 日	以宁波市口岸打私办牵头，商委、市场监督、海关、检验检疫等 9 部门和企业参加	宁波国际物流发展股份有限公司
深圳	深圳市跨境贸易电商通关服务平台	2015 年 11 月 6 日	深圳市政府	深圳市南方电子口岸公司
大连	中国（大连）跨境电商综合试验区"单一窗口"	2016 年 10 月 12 日	大连市海关、检验检疫、国税、工商等政府部门	辽宁电子口岸公司、安达吉祥物流等企业
上海	上海跨境电商公共服务平台	2016 年 1 月 22 日	上海市发改委、上海海关、外汇管理局上海市分局等部门	上海跨境电子商务公共服务有限公司
苏州	中国（苏州）跨境电商综合试验区"单一窗口"	2016 年 4 月 11 日	苏州市海关、国检、国税、工商等政府部门	江苏国泰慧贸通企业
青岛	中国（青岛）跨境电商综合试验区"单一窗口"	2016 年 6 月 13 日	青岛海关、商检、税务、外汇、商务、交通、金融、信保等单位	山东电子口岸公司
天津	天津跨境电商"单一窗口"	2016 年 6 月 30 日	天津市口岸办、海关、检验检疫局等政府部门	天津港集团
合肥	中国（合肥）跨境电商综合试验区"单一窗口"	2016 年 7 月	合肥海关、出入境检验检疫局、商务局等政府部门	软通动力集团
重庆	跨境贸易电商公共服务 2.0 平台	2014 年 6 月 17 日	重庆市政府口岸办	重庆电子口岸中心
成都	成都跨境贸易电商公共服务平台	2016 年 2 月 29 日	成都市政府、海关、检验检疫局、外汇管理局、税务总局、商务委	成都信通信息技术有限公司

区域	"单一窗口"名称	上线时间	主办单位	承办单位
郑州	中国(河南)国际贸易"单一窗口"	2016 年 12 月 16 日	郑州市海关、检验检疫、国税、工商等政府部门	河南电子口岸公司
广州	广州国际贸易"单一窗口"2.0 版	2016 年 4 月 21 日	由广州市口岸办牵头组织,海关、边检总站、港务局、外汇管理局、市国税局等政府部门	广州电子口岸管理有限公司

资料来源:根据搜狐网、新华网、浙商网、新浪网、中国政府网、亿邦动力网、腾讯网等发布的公开资料汇总整理。

4.4.2　综合试验区"单一窗口"建设的主要内容

(1)跨境电商"单一窗口"的服务功能

跨境电商"单一窗口"上线后,企业可以通过"单一窗口"提供的服务功能,在"单一窗口"办理跨境电商进出口业务的所有申报流程。 目前,各个综合试验区"单一窗口"提供的服务功能并未统一,各具特色。 其中,苏州综合试验区"单一窗口"提供备案登记、数据申报、信息管理、查询统计、风险提示、物流跟踪服务功能。 成都跨境贸易电商公共服务平台为入驻平台的跨境电商企业提供一站式跨境电商政务服务、通关服务、检验检疫服务、减税服务和外汇服务。 宁波综合试验区"单一窗口"为企业提供申报服务、备案服务、海外仓服务、无水港服务、商务信息平台、物流信息平台等 9 个方面的服务。 青岛综合试验区"单一窗口"包括一次备案、关检申报、退税结汇、查询统计四大基础功能模块。 合肥综合试验区"单一窗口"提供通关、电商软件、平台运营服务和电商金融等服务功能。 深圳综合试验区"单一窗口"具有企业(商品)备案、业务申报、数据传输与交换、指令接收与传达、企业信息核查、业务统计等六大服务功能。 广州综合试验区"单一窗口"2.0 版功能模块包括货物申报、运输工具申报、跨境电商、信息查询、舱单申报、国际邮件快件、国际会展、企业资质、物流动态、进出口许可、支付结算、物流服务等 12 项功能。

（2）跨境电商"单一窗口"的服务对象

跨境电商"单一窗口"是由政府主导，海关、检验检疫、国税、工商等部门共同建设的，所服务的对象为从事跨境电商进出口的电商企业、平台企业、报关企业、支付企业、物流企业及第三方跨境服务企业等。各综合试验区均以开展跨境电商的企业为服务对象，但是各地区又因为自身发展的实际情况不同，所以主要服务的企业也略有不同。如在杭州的"单一窗口"注册和备案的企业中，电商平台、电商企业，B2C的企业占大头，除此之外还有仓储企业、外贸代理企业、B2B企业等；重庆"单一窗口"主要服务电商平台，还包括支付机构、物流企业和仓储企业；深圳的"单一窗口"在服务对象上支持电商、物流（快件）、支付、特殊监管场所、仓储等各类经营主体和个人消费者等；苏州的"单一窗口"主要服务电商平台、支付企业、物流企业、仓储企业和综合服务企业；天津侧重于服务电商企业，除此之外还服务涉及电商企业供应链环节的仓储企业、支付企业、物流企业及报关企业；广州则广泛服务于码头、机场、车检场、船舶代理、报关报检公司、理货公司、物流公司等多类型外贸企业。目前，我国前两批13个跨境电商综合试验区"单一窗口"建设内容的具体比较见表4-2。

表4-2　综合试验区"单一窗口"建设主要内容

区域	试点业务模式	服务功能	服务对象
杭州	B2B进出口，B2C出口，B2C进口，特殊区域出口模式	①政务服务平台（园区入驻、备案登记、数据申报、查询统计），②大数据平台（电商信用、风险防控、金融服务、智能物流、统计监测、信息共享），③创新项目服务平台（政务、金融、物流仓储、技术服务等），④网络贸易促进中心（政策指导、市场分析、行业商机等）	电商平台、电商企业和B2C的企业占大头，除此之外还有仓储企业、外贸代理企业、B2B企业等
宁波	保税备货进口，保税集货进口，一般进口，B2C出口，B2B整箱监管备货，一般出口	①申报服务，②备案服务，③海外仓服务，④无水港服务，⑤商务信息平台，⑥物流信息平台，⑦可信服务，⑧咨询服务，⑨支撑服务	主要服务于电商交易平台、电商企业、跨境电商园区、支付企业和物流企业

区域	试点业务模式	服务功能	服务对象
大连	空港快件，邮政小包，跨境电商，一般贸易，海运直购，保税备货	①登记备案，②数据申报，③信息管理，④查询统计，⑤风险提示，⑥物流跟踪，⑦产品追溯，⑧金融服务	跨境电商进出口的电商企业、跨境电商平台企业、国际物流企业和第三方跨境服务企业等
苏州	B2C进口，B2C出口，保税进口（B2B2C），B2B出口	①备案登记，②四单申报，③进出口通关，④商品溯源，⑤身份认证	电商平台、支付企业、物流企业、仓储企业和综合服务企业
青岛	B2B出口，B2C出口，保税进口，直购进口B2C	①一次备案，②关检申报，③退税结汇，④查询统计	电商企业、仓储企业、支付企业、物流企业及报关企业
天津	保税进出口，一般进出口，B2B出口，国际快件，保税展示交易，跨境大宗商品交易	①货物进出口，②舱单申报，③电子分拨，④查询统计，⑤出口退税申报，⑥税费支付，⑦在线办事	电商企业、仓储企业、支付企业、物流企业及报关企业
合肥	直购进口，保税进口，B2C出口，B2B出口	①通关服务，②数据统计，③物流跟踪，④金融服务，⑤信息共享，⑥政务导航，⑦税单查询，⑧综合服务	电商企业、平台企业、物流企业、支付企业、报关企业和第三方跨境服务企业
上海	保税进口，直营进口	①接入服务，②通关服务，③外汇服务，④税务服务，⑤消费者查询服务，⑥在线监管，⑦风险分析，⑧统计服务，⑨追溯服务	支付企业、跨境电商企业及仓储物流服务企业
重庆	B2B出口，B2C出口，保税进口，直购进口	①报关报检服务，②分拣查验服务，③物流跟踪，④收汇服务，⑤退税服务，⑥社会服务，⑦公安身份认证，⑧海关监管，⑨检验检疫监管，⑩外汇监管，⑪税务监管，⑫银行退税融资贷款，⑬关税缴纳	电商企业、平台企业、支付机构、物流企业和仓储企业
深圳	特殊区域出口，电商包裹出口，香港转运出口，网购保税进口，电商直购进口	①企业（商品）备案，②业务申报，③数据传输与交换，④指令接收与传达，⑤企业信息核查，⑥业务统计	支持电商、物流（快件）、支付、特殊监管场所、仓储等各类经营主体和个人消费者

区域	试点业务模式	服务功能	服务对象
成都	直邮进口,一般出口,保税进口,保税出口	①政务服务,②通关服务,③检验检疫服务,④税务服务,⑤外汇服务	电商企业、物流企业、支付企业和专业服务机构
郑州	"1210"模式,即保税模式或B2B2C模式,中大门O2O模式	①E贸易业务,②综合物流业务,③保税贸易业务,④无水港业务	电商企业、支付企业和物流企业
广州	直购进口,一般出口,网购保税进口,特殊监管区域出口,B2B业务	①货物申报,②运输工具申报,③跨境电商,④信息查询,⑤舱单申报,⑥国际邮件快件,⑦国际会展,⑧企业资质,⑨物流动态,⑩进出口许可,⑪支付结算,⑫物流服务	码头、机场、车检场、货主、船舶代理、报关报检公司、理货公司、物流公司

资料来源:根据各综合试验区"单一窗口"、中华人民共和国商务部网站、杭州政府网等发布的公开资料汇总整理。

4.4.3　综合试验区"单一窗口"建设的主要成效

(1)跨境电商标准体系基本建立

"单一窗口"的标准化建设是跨境电商各方实现互联互通的基础,其核心是为参与各方提供统一的标准体系。目前,通过海关总署等国家部委和各综合试验区的共同努力,我国已经初步形成了既有共性基础又有各地特色的跨境电商标准体系。在国家层面,由海关总署、电子口岸等国家相关部门对跨境电商"单一窗口"的关键技术标准进行了顶层设计,着力构建起科学合理、全面系统、层次清晰、分工明确的平台标准体系。在业务层面,中国海关总署规定了新的贸易监管方式,增列海关监管方式代码"1210""9610""1239",建立了覆盖跨境电商零售进出口业务全过程的标准体系,并在全国各综合试验区的"单一窗口"实现了上述业务模式。在地方层面,杭州综合试验区联合杭州海关创造性地出台了具有地方特色的跨境电商B2B出口认定标准,并依托"单一窗口",通过电商平台认证、三单信息印证、添加特定报关标识等手段,将跨境电商B2B出口从一般贸易中分离出来。深圳市则在相关国家层面标准的框架下，结合自身特点，编制了国内首套针对跨境电商综合试验区"单一窗口"建设的地方标准，该标准系统全面地规定了"单一窗口"服务的基本原则、服务方式、服务内容、服务安全保障、服务评价与改进措施，具有科学性、实用性和可操作性。

(2)跨境电商信息共享取得突破

通过"单一窗口"建设，我国基本实现了政府与政府之间、政府与企业之间、企业与企业之间的跨境电商信息共享。如杭州综合试验区"单一窗口"建成"统一认证中心"和"数据交换中心"，打破"关、检、汇、税、商、物、融"等部门的信息壁垒，在海关、检验检疫、物流、支付等部门之间实现了信息共享。宁波综合试验区"单一窗口"实现了进出口贸易信息的集约化和自动化处理，实现了口岸进出口贸易数据的高度集中，以及和跨境电商业务监管部门之间信息的高度共享。大连综合试验区"单一窗口"建立了完善的数据标准和认证体系，联通了海关、国检、国税、外管、商务、工商、质检等政府管理部门及电商、物流、金融、保险等企业主体，实现"信息互换、监管互认、执法互助"。苏州综合试验区"单一窗口"已经与关、检、税、汇等部门的系统实现联通，是全国首个全程电子化的线上综合服务平台及全国唯一能同时对接海关、国检、人行金宏数据的平台，并与东盟"单一窗口"成功联调，出口 B2B 业务数据可直达东盟 10 国和印度等国。青岛综合试验区则在"单一窗口"建设过程中，构建了跨境电商信息共享机制，实施了统一信息的标准规范、备案认证和管理服务。

(3)跨境电商便利化水平显著提高

跨境电商的便利化具体体现在：一是简化了跨境电商的申报数据项。如通过"单一窗口"进行单证申报，向各政府部门提交的数据中，共用的数据只需一次录入、一次提交，减少了数据录入次数；同时，平台对外开放数据接口，跨境电商企业可将已有数据自动导入到"单一窗口"，大大提高了跨境电商业务的处理效率。二是提高了跨境电商在线政务处理效率。通过"单一窗口"实现了监管部门的联合监管，支持各类行政审批、许可证件办理、外汇结算、退税等业务的一站式办理,支持关税和各类规定费用支付的电子化,以及随附单证的无纸化。 如依托"单一窗口"对外汇管理和税务部门开放联网查询功能,为解决结汇及退税处理问题提供了数据支持。 三是提高了基于大数据的监管能力。 通过"单一窗口",不仅实现了与地方政府部门的企业基础信息、信用管理信息联网,以及金融管理部门的监管和信用信息联网,而且可实现对进出口跨境贸易全过程的监控,使整个业务过程保留大量的数据痕迹,各部门的监管状态和结果信息可及时反馈到平台上。 大量数据的沉淀和积累为提高跨境电商的监管效率提供了支撑,如海关实行了三单比对的防控和监管措施,通过大数据分析来进行风险研判,尽可能地杜绝跨境电商风险。 重庆市则通过认证机制,有效解决了进口模式下个人消费品跨境交易额度限制问题。

(4)跨境电商综合服务效益日趋凸显

第一,通过"单一窗口"的建设,进一步激发了跨境电商综合试验区的创新活力和服务效率。 如杭州综合试验区完成了"单一窗口"综合服务平台30多个政务模块的开发,包括出口 B2C 业务、进口 B2C 业务、跨境 B2B 进出口业务、便利化退税功能、在线收汇、统计监测等模块,实现了线上跨境电商进出口通关、检验检疫、退税等政务服务的集成,为扩大"低风险、快速放行通道"使用范围提供了重要支撑。 第二,通关效率大幅提升,企业申报通关时间从平均 4 小时缩短到仅需 1 分钟,通关单证审核比例从 100% 降至 5%,查验率从 4% 降至 2%。 第三,不断拓展和丰富相关增值服务功能,如开设跨境电商在线金融服务专区,实现企业与银行的在线签约和收汇、在线投保、资信评估与风险预警信息功能。 平台现有备案试点跨境电商企业超过 8000 家。宁波综合试验区则建立起功能完善、全国领先的线上综合服务平台,统筹管理综合试验区跨境业务。 该平台通过对接海关、国检等监管部门及各类市场主体,为服务对象提供注册、商品备案、业务申报、资质查询等 10 方面 150 多项服务,实现"一点接入、三单汇流、集中查验、联合放行",缩减关务人员 30% 以上,管理成本下降 40%。 同时,不断扩大 B2B 和"9610"一般出口试点企业范围,该平台现有备案试点跨境电商企业 1309 家,累计单证放行 8000

余万单。具体情况见表 4-3。

表 4-3 综合试验区"单一窗口"建设成果比较

区域	通关效率	对接平台	备案企业	完成交易额	建设亮点（创新性）
杭州	通关单证审核比例减少到 5%、查验率减少到 2%，申报通关时间缩短到只需 1 分钟	阿里巴巴一达通、中国制造网、敦煌网、大龙网等 B2B 平台	2017 年底达到 8178 家	2017 年杭州跨境电商进出口总额达 99.36 亿美元	建设数字口岸、探索数字认证、创新数据监管、推广数据应用、优化数字服务、发展数字金融
宁波	无纸化报关单比例达 97.88%，平均通关时间缩短至 0.63 小时	亚马逊、天猫国际、网易京东等平台	截至 2018 年底，上线企业近 1309 家	2017 年进口申报单 4592.96 万张，销售额达 80.11 亿元	实现监管部门及贸易链数据的互联互通，并应用大数据实现事前警示、事中监测、事后分析
大连	进口通关时间缩短到 4.25 小时，同比压缩 85.08%；出口通关时间缩短为 0.86 小时，同比压缩 76.88%	"出口时代"外贸综合服务平台、速卖通平台等	截至 2017 年 11 月，上线企业达 860 多家	截至 2017 年 7 月，平台交易额达 8500 万美元	推动国地税等部门和跨境电商综合试验区等的相关服务功能纳入国际贸易"单一窗口"，实现了国际贸易"单一窗口"与自贸试验区"单一窗口"建设的有机衔接
苏州	通关无纸化率保持在 95% 以上，申报速度提高 5 倍，通关时间压缩 1/3	阿里巴巴一达通、敦煌网、eBay 等平台	截至 2018 年 7 月 31 日，备案企业达 331 家	2017 年 B2B 出口突破 10 亿美元	全国首个实现与东盟"单一窗口"GeTS 联调的平台
青岛	通关时间缩短了 1/3，申报环节工作效率提升 20%~30%	网易考拉、京东全球购、天猫国际和大龙网等平台	截至 2017 年 12 月，注册企业达 170 余家	2016 年上半年进出口额达 70 亿元	主要体现多式联运特色，搭建线上综合服务平台，实现与企业、监管部门的双向数据交互和申报协同
天津	平均通关时间缩短至 2 小时，每批货物平均节省 0.5 天，进、出口通关时间分别压缩了 50% 和 68%	苏宁易购、阿里菜鸟网络、网易、蜜芽、麦乐购、百世汇通、慧聪网等平台	截至 2017 年 10 月底，备案企业达 161 家	截至 2017 年 10 月底，订单申报共 300.44 万单，货值 5.87 亿元	为入驻企业提供免费的、一站式的、"单一窗口"式的通关、通检等综合服务

续　表

区域	通关效率	对接平台	备案企业	完成交易额	建设亮点（创新性）
合肥	通关时间压缩 1/3，进口平均通关时间为 11.25 小时，出口平均通关时间为 1.01 小时	大龙网、阿里巴巴一达通、中外运、支付宝、百大易购、海购汇晓万家、合趣网络、邮境通、格致优品等平台	截至 2017 年底，服务跨境电商企业 2000 家以上	截至 2018 年 2 月底，累计实现进出口额 1319 万美元	率先实现新建平台与总署进出统一版的对接，建成以跨境电商通关服务、软件服务、平台运营服务、金融服务为一体的一站式"单一窗口"
上海	平均通关时间压缩至 0.5 小时，船舶申报时间压缩至 2 小时，无纸化报检企业覆盖率达到 98%	eBay、Wish、洋码头、跨境通等平台	截至 2017 年 6 月，服务跨境电商企业 1034 家	2017 年，累计完成订单 1643.7 万单，涉及金额达 36 亿元	与国家认监委"云桥"认证认可信息共享公共服务平台实现对接，实现与上海国际贸易"单一窗口"的功能对接
重庆	通关环节优化 30% 以上，通关时间缩短 10% 以上，准入时限缩短至 2～5 个工作日	天猫国际、网易考拉、eBay、亚马逊、敦煌网、大龙网等平台	截至 2017 年底，全市跨境电商备案企业超过 500 家	2017 年，重庆跨境电商订单量达 1500 万单，进出口贸易额达 33 亿元	实现消费者个人身份信息与公安个人实名信息的自动比对
深圳	进口通关时间压缩至 4.7 小时，出口为 0.64 小时，不再需要通关单	小红书、京东、菜鸟、大疆科技、大象通讯等平台	截至 2017 年 6 月，备案企业近 500 家	2017 年深圳跨境电商交易额达 491.66 亿美元，占全市电商交易总额的 14.17%	发布国内首套针对跨境电商综合试验区"单一窗口"建设的地方标准
成都	货物通关时间由原来的 9.2 小时缩短至 9 分钟，无纸化率达到 98.3%	米兰网、德宝海购、信通信息、汇通天下、澳美优品、宝妈乐购、爱林善集、易欧蓉、摩宝网络、现代金控等平台	截至 2018 年 1 月，备案企业已达 150 余家	截至 2018 年 1 月，完成通关 40 万单，累计货值达 1.2 亿元以上	基本实现"单一窗口"全域互通，具备进出口双向申报功能，推动检验检疫数据标准化，推动关检合作"三个一"向国际贸易"单一窗口"转变

续 表

区域	通关效率	对接平台	备案企业	完成交易额	建设亮点(创新性)
郑州	通关无纸化率达95.32％,报关报检时间缩短1/3,通关时间减少50％	eBay、中国银联、EMS 等平台	2017 年,备案企业达到4000 多家	2017 年进出口交易完成9128.7 万单	提供全流程、全线上、一站式综合金融服务,经省外汇管理局授权可以为企业的支付结算、资金交易、贸易融资提供数据支持
广州	报关单的制作时间缩短至 5 分钟,通关时间缩短到 2小时	蜜淘、洋码头、创梦谷、风信子、跨境淘等平台	截至 2017 年9 月 8 日,参加试点企业已达 933 家,注册用户1951 个	2017 年进出口贸易总额达 227 亿元,截至 2017 年9 月 8 日,累计申报105 378单	跨境通关系统是广州"单一窗口"的子模块,实现了与广州海关、黄埔海关、广东出入境检验检疫局的技术对接

资料来源:根据中华人民共和国商务部网站、搜狐网、河南省人民政府、四川省人民政府、杭州政府网、央广网、网经社等发布的公开资料汇总整理。

5

跨境电商产业园区建设模式与创新实践

　　跨境电商产业园区集聚了大量跨境电商企业，不仅是跨境电商综合试验区打造跨境电商生态链的重要产业平台，还是综合试验区率先进行进出口业务模式试点，探索跨境电商体制机制创新的先行示范区。同时，跨境电商产业园区在带动本地跨境电商行业发展，促进本地特色产业经济发展和转型升级方面也起到了重要作用。近年来，为了促进跨境电商产业集聚和全球化布局，完善跨境电商的产业链和生态链，各级政府纷纷以跨境电商产业园区的建设作为破解制约跨境电商发展的深层次问题和体制性难题的抓手，如杭州综合试验区采取"一区多园"的布局方式建设了13个跨境电商产业园区，覆盖全市绝大多数区、县（市），很多园区扩容二期发展；上海综合试验区提出要推进跨境电商园区的建设，突出示范园区的带领作用，促进线上线下的协同发展；广州综合试验区提出要建设各具特色、错位发展的跨境电商产业园区，加快完善软、硬件设施建设，扶持跨境电商发展新平台，推动跨境电商企业的集聚发展等。我国前两批13个综合试验区的跨境电商产业园区的建设已取得了明显成效，在投资开发、运营管理和招商引资等方面获得许多经验，国务院先后两次向全国推广以"两平台六体系"为核心的杭州跨境电商经验，"两平台"中的线下综合园区平台即跨境电商产业园区。本章从理论角度阐述了跨境电商产业园区的内涵、功能，以杭州综合试验区为例讨论了跨境电商产业园区的类型及运营模式，以杭州跨贸小镇为例分析了跨境电商产业园区的形成路径，最后归纳总结了我国跨境电商产业园区的建设成效与主要经验。

5.1 跨境电商产业园区的内涵与功能

5.1.1 跨境电商产业园区的内涵

产业园区是指以促进某一产业发展为目标而创立的特殊区位环境，是区域经济发展、产业调整升级的重要空间聚集形式，通常承载着聚集创新资源、培育新兴产业、推动城市化建设等一系列重要使命。作为数字经济时代产业园区的一种重要类型，电商产业园区近年来受到较多关注。陈俊婷（2015）从产业集群的角度对电商产业园区进行定义，认为电商产业集群是以互联网为依托，将电商企业、电商相关服务及辅助企业通过地理位置或虚拟网络平台集聚起来以发挥区域产业优势，整合电商产业链，促进区域电商行业发展的集聚体，而电商产业集群中最具代表性的就是我国各区域正在积极兴建的电商产业园。崔涞心（2015）从企业角度出发，认为电商产业园区是建立在一块固定地域上的由参与交易的各类生产型和消费型企业，以及搭建电商交易平台、现代金融服务平台、产业公共服务平台等的各类企业及相应研发机构共同构成的企业社区。龚皓锋（2016）认为，电商产业园区是以互联网为依托，通过地理位置或各种网络平台将电商企业、辅助企业集聚起来发挥区域产业优势而形成的产业生态链，其主体为电商企业，互联网技术为其提供支撑平台，信息化则是推动其发展的重要因素。邬伟萍等（2016）认为，电商产业园区是通过电商企业在园区集聚，引入产业链上下游企业，提供一体化、集成式的基础设施服务、公共服务及生活服务等的园区。

随着跨境电商的快速发展，跨境电商产业园区成为近年来电商园区中发展较快的一类园区。与此同时，在政府的大力支持下，各界人士对跨境电商产业园区内涵和定位的实践探索也取得了许多进展。尤其是自2015年中国（杭州）跨境电商综合试验区获批以来，各跨境电商综合试验区所在省市纷纷将跨境电商产业园区作为试点工作的重要内容，并结合本区域实际情况对跨境电商产业园区的内涵进行了界定。上海市商务委于2016年4月印发的《上海市跨境电子商务示范园区认定办法》明确了上海市设立跨境电商示范园区须满足的条件，包括：①规划科学合理。园区有中长期发展规划，功能定位准确，建设主体明确，业务方向合理。②基础设施先进。具备与跨境电商业务相配套的基础设施。③服务政策明确。具有明确的、促进跨境电商园区建设和入驻企业发展的扶持政策，设立"一门式"服务窗口，受理相关业务的审批工作或接受各类咨询。④监管单位完善。属于特殊监管区类型的园区应具备必要的监管条件，能够提供相应的公共服务，具有较强的物流、仓储和通关服务能力。⑤产业集群明显。属于产业功能区类型的园区应当以促进跨境电商发展为主要目标，能集结龙头企业和上下游产业链，并扶持其发展壮大。

广州市商务委于 2017 年 6 月印发的《广州市跨境电子商务产业园区认定办法（试行）》明确了广州市跨境电商产业园区的申请条件，包括：①开展跨境电商进出口业务的园区，需符合海关、检验检疫等监管部门的有关要求；②园区符合当地经济社会发展的总体规划，且有较为完备的建设发展规划，产业布局合理；③园区建有完善的基础设施和良好的发展环境，具备一定的发展空间和产业规模，入驻的各类跨境电商企业在 20 家以上；④园区具有明确的经营管理机构和运营机制，且经营管理机构在广州依法注册；⑤园区建有功能完善的公共服务支撑体系（平台），能为跨境电商企业提供各类公共配套服务。

安徽省商务厅 2017 年 10 月印发的《安徽省省级跨境电子商务产业园认定办法（试行）》，规定安徽省省级跨境电商产业园区的认定标准如下：①园区规划科学合理。园区有中长期发展规划，功能定位准确且发展方向明确。②基础设施健全。园区直接用于跨境电商企业的办公面积要达到 3000 平方米以上，跨境电商配套服务设施完善。③服务功能完备。具备跨境电商的仓储、物流配送、产品展示等服务功能。④集聚效果明显。园区入驻企业要达到 30 家以上，其中跨境电商经营企业 15 家以上，跨境电商配套服务企业 3 家以上。⑤服务政策明确。具有明确的、促进电商园区建设和入驻企业发展的扶持政策。设置管理服务机构，配备专职管理服务人员，建立宣传推广、企业孵化等公共服务体系。

综上所述，跨境电商产业园区是指在一定空间范围内，围绕跨境电商产业链，聚集一定数量的跨境电商企业且跨境电商业务发展特色明显，是以发展跨境电商产业为主导，具有明确的经营管理机构，能够提供相应的基础设施保障和公共服务的跨境电商聚集生态群落，其表现形式可以为产业园区、商务楼宇或产业集聚区等。

5.1.2 跨境电商产业园区的主要功能

作为综合试验区线下的产业园区平台，跨境电商产业园区重点汇聚制造生产、电商平台、仓储物流、邮政快递、金融信保、风控服务等跨境电商类企业，有效承接线上综合服务平台功能，优化配套服务，打造完整的产业链和生态圈。跨境电商产业园区通常具有以下功能。

(1)商务办公综合功能

跨境电商产业园区为入驻企业提供办公、会议、电商 ERP、IT 管理维护等基础商务配套服务，即提供良好的商务办公环境，营造浓厚的商务氛围。此外，园区还可以提供包括摄影美工、托管运营、外贸代理、国际货代等在内的个性化服务，例如园区通过建设大型淘拍摄影基地，吸引和整合各类摄影机构或个人，为跨境电商企业提供不同类型的商品拍摄服务。

(2)仓储物流功能

跨境电商产业园区依托与遍及全球的国际物流快递服务商的长期合作关系，为园区内企业提供运输、物流、快递服务，包括包装、装卸搬运、运输、储存保管、流通加工、物流配送及信息处理等，还包括通过园区自建的配套物流支撑体系，为进驻的电商提供商品配送等服务。

(3)报关报检功能

跨境电商产业园区为入驻的跨境电商企业提供报关报检服务，如海关、国检等政府部门直接进驻园区，提供一站式清关服务；设立政府业务咨询中心，帮助和指导跨境电商企业处理有关海关、检验检疫等方面的业务；吸引报关报检代理企业入驻园区等。

（4）人才培养功能

跨境电商产业园区通过推进校企合作，设立大学生实习基地和大学生创业孵化中心，邀请高校或企业界的专家等对园区内的中小跨境电商企业进行系统性、针对性的人才培训等措施，实现人才的自我培育，为园区企业提供相应的人才资源。

（5）金融服务功能

跨境电商产业园区通过吸引金融机构入驻、搭建投融资服务平台、完善服务机制等措施，集聚各方金融资源，协助园区内企业与金融机构建立长效合作关系，以帮助企业节约运作成本，争取大额的资金保障；通过培育多层次融资市场，探索多种渠道和途径，满足园区内不同企业的投融资需求，为具有潜质的园区企业提供投融资服务；通过组建金融服务中心，提供咨询、信息、指导服务等。

（6）行政服务功能

跨境电商产业园区通过组建行政服务中心，提供政府相关部门办公场地，为企业提供政府指导服务，来协调政府解决企业问题等，包括帮助和指导企业注册有关工商、税务等业务；协助符合条件的企业申请获取政府优惠政策等，并有的放矢地运用政府的方针政策、法律法规等帮助企业破解发展难题；协助符合条件的企业申报科技计划项目、科技研发经费等。

（7）创业孵化功能

跨境电商产业园区通过建造创业孵化基地，为入驻企业提供技术平台，从而为网商提供技术支持，成立协作小组以协助企业进行高新技术企业认定。同时也包括设立品牌运营中心、搭建创新产品交易平台、建立知识产权保护机制等，培育、孵化及推广本地跨境电商企业、品牌。

(8)信息服务功能

跨境电商产业园区通过搭建信息平台、数据中心等，整合商贸基础信息资源，及时为企业提供信息咨询、信息发布等服务，包括深度市场分析、建立供应链、制作数据包等，以加强内部网商的信息、数据共享。 同时，还提供针对消费者的信息服务，例如为国内跨境消费者提供实名身份备案、年度消费额度控制、税单查询、商品防伪溯源查询等服务。

(9)网货展示功能

跨境电商产业园区内设立各种进出口产品体验展示区，例如跨境体验店等，搭建展示展销平台等提供产品推广、线下体验等服务。

(10)生活配套服务功能

跨境电商产业园区通过各种手段吸引餐饮类、超市类、娱乐休闲类、生活服务类等商家入驻，从而营造舒适、全面的商业、生活环境，满足园区内企业员工的日常生活需求。

5.2 跨境电商产业园区的类型及运营模式：以杭州综合试验区为例

5.2.1 跨境电商产业园区的分类及运营模式

国内外学者从不同角度对电商产业园区的分类及运营模式进行了深入探讨，为跨境电商产业园区的分类研究提供了借鉴。 关于跨境电商产业园区的分类，盛鸣等（2014）按电商产业园区与城市中心区的区位关系，将电商园区分为城市边缘型电商产业园区与城市中心型电商产业园区2种类型，并且从园区的区位特征、企业经营特征、企业规模及类型、办公空间需求、公共配套服务水平、对物流配套的需求、建设路径与运营管理模式、典型园区这8个方面对它们进行了对比。 陈俊婷（2015）从产业园区形成基础的角度，将电商产业园区分为内生型电商产业园区和外生型电商产业园区；从园区性质的角度，将电商产业园区分为实体电商产业园区和虚拟电商产业园区；从经营覆盖领域的角度，将电商产业园区分为国内电商产业园区和跨境电商产业园区。龚皓锋（2016）认为，不同类别的电商产业园区在功能的具体配置上是不同的，并进一步根据电商园区具备的基本功能的不同，将电商产业园区划分为仓储物流型园区和商务功能型园区两大类。

关于电商产业园区的运营模式方面，邬伟萍（2016）认为，园区的运营模式可以根据不同的建设对象划分为政府主导型、企业主导型及政企合一型。同时，她指出政府主导型运营模式是我国园区目前的主流模式，其优势是在政策上有较大的优惠，引入企业的技术与经营管理模式等方面也都较为成熟；而企业主导型运营模式是沿海城市采用的主流模式，市场化运作、抗风险能力强、行政机构精简等是其主要特征。张莉（2017）依据组织运营、新公共管理、产业集群等相关理论，认为可从投资开发模式、管理模式和盈利模式 3 个方面来研究园区运营模式，而且认为投资开发模式是决定管理模式的最重要因素；并且根据园区的管理机构、投资机构与管理内容的差异，将园区按照管理模式的不同划分为政府主导型、股份公司主导型、业主委员会主导型、行业协会主导型及联合管理型 5 类。龚皓锋（2016）根据我国电商产业园区的发展历程，认为根据运营主体的不同可将电商产业园区的运营模式分为 3 类，即政府主导型、政企合一型及企业主导型。

综上所述，可以从建设条件和运营模式 2 个角度对跨境电商产业园区进行分类。从建设条件来看，根据产业园区选址区位差异，可以将跨境电商产业园区分为城镇综合型、产业主导型、枢纽型和创业孵化型 4 类。其中，城镇综合型跨境电商产业园区是指建设面积一般不小于 3 平方千米的综合性跨境电商产业园区，重点集聚跨境电商企业、跨境电商物流企业、金融企业等第三方服务企业，形成相对完善的跨境电商生态链及与之相配套的现代服务业，具备比较完善的城镇综合服务功能；产业主导型跨境电商产业园区是指以区域范围内的经济开发区、专业市场或块状产业经济为依托，以传统制造企业、传统外贸 B2B 或 B2C 进出口企业为主，侧重于为传统外贸企业转型升级提供专业的配套服务；枢纽型跨境电商产业园区是指以交通物流枢纽或海关特殊监管区域（包括保税区、出口加工区、保税物流园区、跨境工业园区、自贸港区等）为依托而设立的园区，具备便利的通关服务体系，侧重于保税物流、进出口商品的展示体验、通关监管等特色功能；创业孵化型跨境电商产业园区是指以商业楼宇、众创空间等创新创业载体为依托，以孵化和培育初创型跨境电商企业为目标，重点集聚中小型跨境电商企业、跨境电商服务企业、跨境电商创投机构等，侧重于商务办公、创投服务、创业孵化等功能。

从园区运营模式来看，根据投资和运营主体的不同可以将跨境电商产业园区分为政府主导型、企业主导型和联合管理型 3 类。其中，政府主导型是指那些由政府主导规划、建设、招商和运营管理的园区，具体的管理形式是成立代表地方政府的园区管委会，由管委会负责园区的管理及相关政策的制订工作；企业主导型跨境电商产业园区是指产业园区完全由企业进行市场化运作，园区的发展方向、发展战略、主营业务都可以由企业自主决策的管理类型，并且一般由一个主要企业主体负责园区的招商引资、企业管理、园区投资开发建设工作；联合管理型跨境电商产业园区是指政府在设立园区管委会行使决策和行政管理职能的同时，引入企业（常常是多家行业企业的联合体）负责园区的日常经营管理工作。

5.2.2　杭州综合试验区的跨境电商产业园区建设概况

2012 年 8 月，杭州成为全国首批跨境电商服务试点城市之一，下城园区成为实际运行的试点园区。2013 年 7 月，政府作为投资主体建立中国（杭州）跨境电商产业园区（即目前的综合试验区下城园区），实行政府主导的园区运营模式。经过一年的投资运营，该跨境电商产业园区获得"四个首个"的先发产业优势，即全国首个解决通关难、结汇难、退税难的园区，全国首个进入实单运作的园区，全国首个探索成功跨境小包出口模式的园区，全国首个获得国务院、海关总署、商务部认可并作为范本推广的园区。

根据《中国（杭州）跨境电子商务综合试验区实施方案》，杭州市采用一区多园的布局方式建设综合试验区线下综合园区平台，通过集聚电商平台企业、外贸综合服务企业、电商专业人才、电商专业服务等，提供通关、物流、金融、人才等一站式综合服务，有效承接线上"单一窗口"功能，优化配套服务，促进跨境电商线上平台和线下园区的联动发展，打造跨境电商完整的产业链和生态链。 杭州市先期重点建设中国（杭州）跨境电商综合试验区下沙、下城、空港、临安、江干、萧山和余杭 7 个线下园区，面积超过 300 万平方米，条件成熟后逐步拓展。 截至 2016 年 12 月，该综合试验区已建成上城区、下城区、江干区、拱墅区、西湖区、滨江区、临安区、余杭区等 13 个跨境电商产业园区，总面积达 323 万平方米，入驻企业 2188 家，至此，杭州跨境电商综合试验区"一核、一圈、一带"的总体布局基本形成。 杭州综合试验区的主要跨境电商产业园区建设概况见表 5-1。

表 5-1　杭州综合试验区的跨境电商产业园区建设概况

园区	园区名称	定位	成立时间	面积（万平方米）
余杭园区	良渚跨境电商产业园	依托浙江物产供应链电商、全麦网、中巢电商村和杭州电商产业园区良渚基地，打造区域跨境电商企业集聚中心、杭州市跨境电商试点载体和网上自贸区线下平台	2015 年 11 月	5.6
	临平创业城产业园	以服装为主的时尚产业和以跨境电商为主的电商群体，重点培育产业互联网，加快打造时尚、电商和产业互联网"三驾马车"	2015 年 11 月	10.0
	未来科技园	海外高层次人才创新创业基地，杭州城西科创产业集聚区的创新极核	2015 年 1 月	16.8
富阳园区	富阳园区	以打造跨境电商产业聚集区为抓手，努力构建跨境电商服务体系，加快推进跨境电商发展，使跨境电商成为富阳经济发展的新引擎	2016 年 1 月	7.5
桐庐园区	海陆跨境电商产业园	一个创新与创业相结合、线上与线下相结合、孵化与投资相结合，面向全国创新创业者的综合性跨境服务平台	2016 年 12 月	5.6
	桐君跨境电商众创孵化园	以园区为支点辐射周边，不断推动本土传统产业应用电商的转型升级，打造桐君街道一流的电商产业聚集区	2016 年 12 月	1.0

园区	园区名称	定位	成立时间	面积（万平方米）
临安园区	中国（杭州）跨境电商综合试验区临安园区	致力于打造成为临安跨境电商政策输出地和主体汇聚地，以及支撑东部工业跨境和西部农业跨境的全市跨境电商的核心节点和战略高地	2015 年 8 月	6.8
	临安园区（二期）	重点打造特色产业创业服务、人力资源训练、复合型众创空间三大功能板块，形成针对城市创业创新、跨境贸易、旅游文化交流的平台	2016 年 12 月	5
建德园区	中国（杭州）跨境电商综合试验区建德园区	将"融入杭州生态圈、辐射浙西地区、服务中小企业"作为发展目标，以建德浙西跨境电商产业园区为核心，辐射逸龙园区和众创园区	2016 年 6 月	3.5
下城园区	中国（杭州）跨境电商产业园区	全国跨境电商的"排头兵"，以"一镇两区"格局打造跨境电商服务生态链；找准定位，引领跨境电商产业的改革创新；推进转型，做大做强跨境电商产业的创新升级	2013 年 7 月	4.0
江干园区	杭州钱塘智慧城	打造智能制造总部集聚区和智能制造创新平台集聚区，成为杭州东部科技创新中心	2015 年 1 月	14.0
	"物产天地"跨境产业生态园	产业生态组织者，打造跨境产业生态圈，力争成为国内领先，极具影响力和特色的跨境产业生态园区	2016 年 11 月	2.1
	跨境宠物产业综合实验基地	借助跨境电商产业优势及综合试验区"先行先试"的政策优势，打造国内首个综合型跨境宠物产业聚集区	2017 年 3 月	0.4
拱墅园区	上塘跨境电商创业小镇	以"创业、集聚、融合、体验"为主题，打造集中小电商创业创意集群、传统产业电商应用、新型商贸体验为一体的电商创业小镇	2016 年 9 月	3.2
	杭州北部软件园国家电子商务示范基地	为企业提供优质的创业环境	2016 年 9 月	2.7

园区	园区名称	定位	成立时间	面积（万平方米）
西湖园区	中国（杭州）跨境电商综合试验区西湖园区	以跨境出口业务为主，帮助国内制造企业去除中间环节，在海外建品牌，推动自主品牌的商品出口	2016 年 9 月	14.5
	蒋村跨境电商产业园杭州电商产业网络园区	服务国际化的新型电商产业服务平台，打造跨境电商产业链综合服务平台	2014 年 7 月	10.0
萧山园区	萧山园区开发区产业园	以"互联网＋外贸＋萧山制造"为发展思路打造"一心一园一基地多点发展"的跨境电商综合生态服务体系	2015 年 12 月	8.0
	新塘跨境电商产业园	致力于以"互联网＋"赋能传统外贸企业转型升级，助力中国自主品牌出海	2016 年 4 月	1.7
	空港园区	依托机场口岸优势和物流产业优势，打造跨境电商生态圈，形成"线上线下、天上地下"相融合的全产业链	2015 年 2 月	20.0
	下沙园区	依托保税仓储、制造业基地和高校资源优势，加快保税仓储规划与建设，加强跨境电商产业发展平台建设，优化配套服务，打造工业跨境电商特色园区	2014 年 5 月	25.0
	邮政园区	致力于打造成为全方位的商务平台、高品质的物理平台和一体化的技术平台	2015 年 11 月	8.7

5.2.3　杭州跨境电商产业园区的主要类型及典型案例

根据跨境电商产业园区的区位及依托载体、入驻企业类型、综合服务功能，可以将杭州跨境电商产业园区划分为城镇综合型、产业主导型、枢纽型和创业孵化型 4 类，如表 5-2 所示。

表 5-2　杭州跨境电商产业园区的主要类型及特征

园区类型	区位及依托载体	入驻企业类型	综合服务功能	代表园区
城镇综合型	位于中心城区，建设规模一般不小于3平方千米的综合性跨境电商产业园区	重点集聚跨境电商企业、跨境电商物流企业、金融企业等第三方服务企业	形成商业、商务综合配套、生活配套等比较完善的城镇综合服务功能	良渚跨境电商产业园、下城园区、临安园区、建德园区、西湖园区等
产业主导型	以区域范围内经济开发区、专业市场或块状产业经济为依托	以传统制造企业、传统外贸B2B或B2C进出口企业为主	为产业集群转型跨境电商提供金融支持、物流支持、跨境服务支撑等相关服务	萧山园区开发区产业园、新塘跨境电商产业园、跨境宠物产业综合实验基地、上塘跨境电商创业小镇等
枢纽型	以交通物流枢纽或海关特殊监管区域为依托	以服务出口加工企业、传统外贸企业转型的跨境电商企业为主	侧重于保税物流、进出口商品的展示体验、通关监管等特色功能	下沙园区、空港园区、杭州钱塘智慧城和富阳园区等
创业孵化型	以商业楼宇、众创空间等载体为依托	以初创型中小跨境电商企业、跨境电商服务企业、跨境电商创投机构等为主	以商务办公、创投服务、创业孵化等功能为主	桐君跨境电商众创孵化园、海陆跨境电商产业园、"物产天地"跨境产业生态园、临平创业城等

资料来源：笔者整理。

(1)城镇综合型跨境电商产业园区

城镇综合型跨境电商产业园区是指位于中心城区内且建设面积一般不小于3平方千米的综合性跨境电商产业园区，园区内通常可同时包含若干其他类别的园区。该园区重点集聚跨境电商企业、跨境电商物流企业、金融企业等第三方服务企业，形成了相对完善的跨境电商生态链，以及与之相配套的现代服务业，具备比较完善的城镇综合服务功能，致力于发展成为类似"跨贸城镇"的商务商业功能齐全的跨境电商产业示范园区。

城镇综合型跨境电商产业园区的典型代表园区是中国（杭州）跨境电商产

业园区（即目前的综合试验区下城园区），该园区位于杭州市中心城区——下城区，交通便利，地理位置优越，目标是形成集跨境电商、跨境电商O2O商业、海关特殊监管、商业金融支付等功能于一体的跨境电商产业综合体。 目前，园区跨贸小镇的建设使园区已经形成了相对完整的跨境电商产业生态链。在通关监管和仓储物流方面，园区拥有"单一窗口"建设单位（浙江电子口岸），外贸综合服务平台（融易通），中国邮政速递、中外运、顺丰、泛远等智能物流企业等，为园区的跨境电商企业提供报关报检、仓储物流、通关监管等服务。 在企业培育上，园区建有成熟的跨境电商孵化平台（创梦），拥有拾青空间、O2O工场、泛创空间等各具特色的众创空间，为园区入驻企业提供创业孵化等服务。 除此之外，园区内还设有满足消费者"一条街买遍全球"消费体验的海彼购跨境O2O国际街区，集吃、玩、游、购于一体的跨境生活综合体——西狗国际跨境生活综合体，以及以艺术生活为主题的新天地商业综合体。 综上所述，该园区已成为集创业创新城、跨贸产业城、旅游购物城、城市生活城于一体的国际化产城融合示范区。

（2）产业主导型跨境电商产业园区

产业主导型跨境电商产业园区是指以区域范围内经济开发区、专业市场或块状产业经济为依托，一般拥有雄厚的传统特色产业基础和发达的市场，以这一特色产业为导向而建立的园区。 该园区的入驻企业主要以传统制造企业、传统外贸B2B或B2C进出口企业为主， 侧重于为传统产业集群转型跨境电商提供相应的（如金融支持、物流支持、跨境电商服务等）服务，以便对产业资源进行整合，更好地发挥规模效应和集聚效应，从而带动产业转型升级。

产业主导型跨境电商产业园区的典型代表园区是新塘跨境电商产业园。该园区建成于2016年4月，由原华隆羽绒厂房改建而成，占地面积1.7万平方米。 园区依托新塘街道雄厚的羽绒产业基础和发达的羽绒行业市场（拥有90％的羽绒企业，产值占街道工业总量的65％），以打造羽绒及床上用品特色产业跨境电商出口产业集群，促进羽绒产业转型升级为目标。 该园区由电商企业办公区、进出口商品O2O体验区、公共服务区、进出口产品物流服务区、商业配套区五大功能区块组成，主要为羽绒及相关产业链产品的跨境电商平台提供企业办公、商品展示、公共服务、物流服务、商业配套服务五大服务。 产业园周边遍布汇通物流、新羽物流等物流基地，其为跨境电商产业园区的发展提供了交通物流基础。 目前，园区入驻的传统羽绒制造企业有三星羽绒、柳桥、北天鹅等，电商企业或服务商 81 家，O2O 跨境电商平台 3 家。新塘跨境电商产业园借助跨境电商模式，以"互联网＋"赋能，促进传统外贸企业转型升级。 以园区内的三星羽绒公司为例，这家成立于 1988 年的羽绒老厂原先以国内市场销售和国外品牌代工为主，通过跨境电商实现了转型升级，拓展了产品销售渠道。 此外，园区运营方为了推进中国羽绒品牌进入海外市场，在美国注册了统一的羽绒品牌"New Lake"，以抱团出海的方式，带动产业转型升级。

(3)枢纽型跨境电商产业园区

枢纽型跨境电商产业园区是指以交通物流枢纽或海关特殊监管区域（包括保税区、出口加工区、保税物流园区、跨境工业园区、自贸港区等）为依托，通常有突出的仓储物流优势和区位交通优势，以服务出口加工企业、传统外贸企业转型的跨境电商企业为主，突出的区位优势使其具备便利的通关服务体系，侧重于保税物流、进出口商品的展示体验、通关监管等特色功能的园区。

下沙园区属于典型的枢纽型跨境电商产业园区。 中国（杭州）跨境电商产业园区下沙园区于 2014 年 5 月 7 日正式开园，其位于浙江杭州经济开发区出口加工区西隅，是全省唯一一个集保税进口与直邮进口全业务于一体的跨境电商试点园区。 该园区依托杭州经济开发区出口加工区，突出的区位优势促进了保税仓储的规划与建设，如由浙江杭州出口加工区升级而来的杭州综合保税区便位于杭州经济开发区内，保税区集保税加工、保税物流、保税服务、保税贸易等各类海关特殊监管区域功能于一体。 园区入驻有天猫国际、苏宁易购等 70 多家平台电商，网易考拉、银泰网等 100 多家垂直电商，以及中外运、海仓科技等 80 多家电商服务企业。 从建设功能来看，园区重点规划了公共监管、物流运营、展示展览、培训孵化、金融创新、综合服务几大功能板块。 为了给入驻企业提供便利的通关物流监管服务，园区引入了以航空货运代理、速递及综合物流为核心业务的中外运输公司，以及从事跨境业务整体服务的综合技术企业海仓科技公司。

(4)创业孵化型跨境电商产业园区

创业孵化型跨境电商产业园区以商业楼宇、众创空间等创新创业载体为依托，以孵化和培育初创型跨境电商中小企业为目标，重点集聚中小型跨境电商企业、跨境电商服务企业、跨境电商创投机构等，以商务办公、创投服务、创业孵化等功能为主，园区建设规模相比其他几类较小。

创业孵化型跨境电商产业园区的典型代表是"物产天地"跨境产业生态园。该园区于2016年11月29日在江干区钱塘智慧城正式开园，园区占地30亩，由世界500强企业物产中大集团旗下的浙江物产电子商务有限公司打造而成，并且与国家级电商园区——东方电商园区为邻。园区定位为面向全球、内外联动的跨境电商产业生态组织者，专注服务跨境产业和创新产业企业，提供跨境供应链、金融投资、创业孵化、思维众筹等产业服务功能。为促进入驻的初创型跨境电商企业的发展，园区引入了工商银行、民生银行、复兴资本等金融创投机构，为企业初期创新发展提供资金支撑。在创业孵化上，园区特别设立物产跨境电商众创空间，引进海外100余个品牌资源，为创业者提供全服务式联合办公空间、O2O电商产业社群、智慧园区综合服务支撑，提供以优质品牌输出与供应链体系为主体的跨境电商综合集成服务，深入创业者运营核心，帮助创业团队快速成长。此外，园区还引进了欧力士、招商物流、时空汽车、天天快递等上下游合作企业，清华大学长三角研究院、浙江大学和浙江财经大学等院校的研究机构，浙江省物流与采购协会等行业协会、东业运营公司、米果公寓、枫林晚书店、乐刻运动、舟山陆港物流园等互联网运作企业，凝聚供应链力量，专注服务跨境产业，打造跨境产业生态链。

5.2.4 杭州综合试验区的跨境电商产业园区的运营模式及典型案例

针对园区运营模式的研究，主要研究的是如何对已经建成的园区进行管理的问题，即管理机构如何有效整合园区内各类资源，沟通协调好园区内各企业的工作，为跨境电商园区制订可持续发展的战略，最终让园区形成良好的产业集聚效应，从而带动区域经济发展。 根据园区运营和管理主体的不同，目前杭州综合试验区内常见的跨境电商产业园区运营模式主要有政府主导型、企业主导型和联合管理型 3 类，如表 5-3 所示。

表 5-3　杭州的跨境电商产业园区的主要运营模式及特征

运营模式	开发主体	管理方式	代表园区
政府主导型	园区管委会、政府组建的开发公司	园区管委会负责园区招商和规划等日常经营管理工作	下沙园区、下城园区、未来科技园、杭州钱塘智慧城等
企业主导型	企业	企业为园区的唯一管理主体	"物产天地"跨境产业生态园、上塘跨境电商创业小镇、萧山园区开发区产业园
联合管理型	政府及企业联合开发	园区管委会和企业共同管理	临安园区、富阳园区、空港园区等

资料来源:笔者整理。

(1)政府主导型运营模式

政府主导型运营模式是由政府来主导跨境电商产业园的规划、建设、招商和运营管理工作，具体的管理形式是成立代表地方政府的园区管委会，由管委会负责园区的管理及相关政策的制定工作。 政府主导型运营模式有利于获得政府的政策支持，实现政府的宏观目标，同时政府也能从整体上进行产业布局和规划。 政府主导型运营模式一般应用于产业园区开发的初期，是园区开发初期融资的重要手段；当产业园区建成后，政府的宏观监控及发展规划需要进一步加强，因为在涉及企业利益时政府可能会面临政策和行动计划难以实施等问题。 此外，由于园区管委会并非真正意义上的行政机构，政府主导型运营模式也容易产生管理职责不清、效率不高的问题。

综合试验区下沙园区是典型的政府主导型跨境电商产业园区。 下沙园区位于杭州经济技术开发区出口加工区内，开发区内设有杭州市政府的派出机构——经济技术开发区管委会，它是园区的投资兼运营管理机构。 该开发区管委会着力于高标准构建智能跨贸产业园区，前期投资 4000 万元，建立了 2.1 万平方米的监管场地，后期又投入 1500 余万元，研发投用 18 个应用软件和系统模块。　该开发区管委会对跨境电商产业园区实行一站式服务，负责从项目立项、公司设立、用地申办到厂房建设的全程办理。　海关、商检、质监、卫监、税务、消防等政府部门均在开发区内设有办事机构，行使独立审批的行政管理职责。

（2）企业主导型运营模式

企业主导型运营模式是指产业园区完全由企业进行市场化运作，园区的发展方向、发展战略、主营业务都可以由企业自主决策的运营管理类型，一般由一个主要企业主体负责园区的招商引资、企业管理及投资开发建设工作。企业主导型跨境电商产业园区的面积一般较小，而且成立之前往往已经有了一定发展基础。　由于责任分工明确，企业主导型跨境电商产业园区往往经营较好，开发较为充分，发展较为合理；但也经常存在园区面积较小、发展空间有限等问题。　在企业主导型运营模式下，由于企业管理机构缺乏相应的行政权力，公司管理园区的难度较大，需要园区运营企业具备较为强大的管理能力。

中国（杭州）跨境电商综合试验区萧山园区开发区产业园是典型的企业主导型跨境电商产业园区。　萧山园区开发区产业园采用"政府主导、企业运作"模式，由中国（杭州）跨境电商综合试验区首批试点企业——浙江速通天呈商务服务股份有限公司统一负责园区的整体运营。　浙江速通天呈商务服务股份有限公司由大连天呈商业服务公司、萧山开发区服务外包产业园投资管理公司联合出资 1000 万元成立，负责萧山园区开发区产业园的招商、管理和运营工作。　萧山园区开发区产业园在浙江速通天呈商务服务股份有限公司的运营管理下，已经成功打造了线上线下相结合的跨境电商生态体系。

（3）联合管理型运营模式

联合管理型运营模式是指政府在设立园区管委会行使决策和行政管理职能的同时，引入投资开发管理公司（通常是多家企业的联合体）负责园区的日常经营管理工作。 联合管理型通常分为 2 种情况：一是在园区管委会下设投资开发管理公司，此时，政府不仅行使决策及行政管理职能，而且通过下属投资开发管理公司管理园区的日常经营活动。 二是投资开发管理公司是独立于管委会的经济法人，公司对产业园区的管理属于企业内部的自我管理，其经营管理活动只对地方政府负责；而园区管委会属于地方政府的派出机构，行使政府赋予的行政管理职权，对投资开发管理公司只起监督和协调作用。 在第二种管理模式下，园区管委会和投资开发管理公司相对独立，能较好地实现行政权和管理权的分离。 目前，我国大多数产业园区都采用这种模式。

中国（杭州）跨境电商综合试验区临安园区是典型的联合管理型跨境电商产业园区。 临安园区于 2015 年 5 月正式开始筹建，总投资 5000 万元，园区一期总建筑面积 6.8 万平方米，包括新溪园区 1.8 万平方米、马溪园区 1.5 万平方米，仓储物流用房 3.5 万平方米，二期规划再建设面积为 5 万平方米的跨境载体。 临安园区坐落于临安主城区，交通便利，周边配套齐全。 临安园区的行政管理机构是由临安市商务局设立的临安园区管委会，园区企业入驻需要先由管委会对其进行评估，符合条件后以给予土地的方式让企业入驻，企业自行投资建造，管委会主要负责园区的行政管理工作，如在企业日常经营过程中给予一定的优惠政策等。 临安园区以浙江省临安市物资贸易中心为管理机构和运营主体，该中心是临安市商务局的下属国有企业，承担园区的日常运营工作，同时对临安园区的规划、建设、招商等经营管理和运作负责，具体人员以商务局选派和新聘相结合，目前相关工作服务机构的人员都为商务局在编人员。

5.3 跨境电商产业园区的形成与发展路径：以杭州跨贸小镇为例

自 2015 年起，国务院分两批在杭州等 13 个城市开展跨境电商综合试验区建设工作，通过开展制度创新、管理创新和服务创新，探索形成了以"两平台六体系"为核心的管理制度和 12 个方面的成熟经验做法，并向全国复制推广。 随着作为"两平台"推广经验之一的线下跨境电商产业园区的建设如火如荼地展开,无论从跨境电商产业园区的数量、规模,还是入驻的跨境电商企业数量来看,跨境电商产业园区建设都已步入集群化时代。 因此,研究跨境电商产业园区的形成和发展路径对"两平台六体系"的推广、对跨境电商的发展具有重要的借鉴意义。

目前,相关文献中还鲜见关于跨境电商产业园区形成过程的研究,已有相关研究大多从电商产业园区的角度展开,如黄漫宇等(2015)基于扎根理论以广州岭南国际电商产业园为例,构建了电商产业园区的形成和发展路径模型,研究了电商产业园区在不同阶段的运营方式、行为模式和生态关系;石帅帅等(2016)引入生态学中的共生理论,从共生要素、共生条件和共生动力等方面阐明了电商产业园的形成机理。 此外,也有学者对特定类型的电商产业园的形成过程进行总结,如凌守兴(2015)以农村电商产业集群的形成、成长与持续发展为机理主线,构建了农村电商产业集群形成与演进机理分析框架;田真平等(2017)结合了产业集群生命周期演进特点,提出以创业导向为核心的产业集群成长演进机理。 由于跨境电商产业园的集群特性,针对产业集群形成的过程机理的相关研究成果为跨境电商产业园区的形成与发展机理的研究打下了基础。 因此,本节基于产业集群形成机理、电商产业形成过程等方面的研究,结合跨境电商行业的特点,对跨境电商产业园区的形成过程和机理展开研究,并以杭州的跨贸小镇为例对跨境电商产业园区的形成和发展过程进行深入探究。

5.3.1 跨境电商产业园区的形成路径

结合现有关于产业集群形成机理、电商产业园区形成过程等方面的研究及跨境电商产业的特点,可以将跨境电商产业园区的形成路径归纳为 3 个阶段,即顶层设计、平台建设与资源整合阶段,功能完善、突出特色与提升服务阶段,以及战略提升、品牌塑造与商业生态环境夯实阶段,具体如图 5-1 所示。

政府与外界环境　　　发展阶段　　　　核心思路　　　　策略

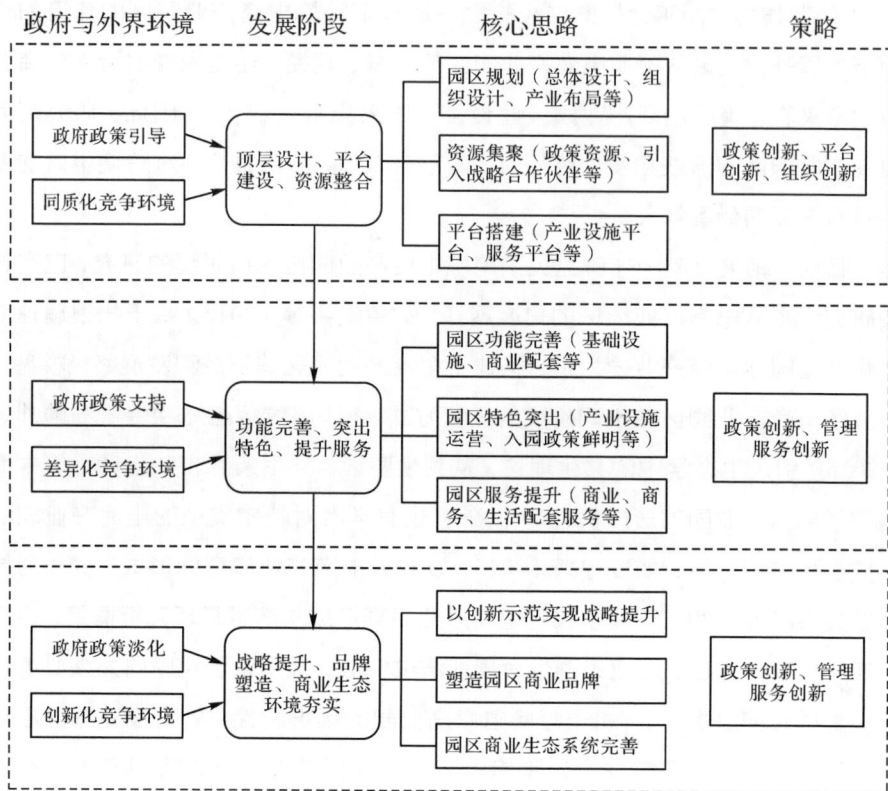

政府政策引导

同质化竞争环境

顶层设计、平台
建设、资源整合

园区规划（总体设计、组
织设计、产业布局等）

资源集聚（政策资源、引
入战略合作伙伴等）

平台搭建（产业设施平
台、服务平台等）

政策创新、平台
创新、组织创新

政府政策支持

差异化竞争环境

功能完善、突出
特色、提升服务

园区功能完善（基础设
施、商业配套等）

园区特色突出（产业设施
运营、入园政策鲜明等）

园区服务提升（商业、商
务、生活配套服务等）

政策创新、管理
服务创新

政府政策淡化

创新化竞争环境

战略提升、品牌
塑造、商业生态
环境夯实

以创新示范实现战略提升

塑造园区商业品牌

园区商业生态系统完善

政策创新、管理
服务创新

图 5-1　跨境电商产业园区的形成与发展路径模型

（1）顶层设计、平台建设与资源整合阶段

　　该阶段是跨境电商产业相关要素、资源、优势不断集聚的阶段，为跨境电商产业园区的形成奠定基础，主要涉及跨境电商产业园区的规划、资源集聚和平台搭建 3 方面内容。作为跨境电商行业的产业集聚区，跨境电商产业园区大多是在政府产业政策的引导下由相关产业园区转换而来，或产业链主体因某些要素或政策的吸引而聚集在某个特定地理区域内形成的。跨境电商产业园区在政府相关政策的引导下，完成园区总体规划，实现园区组织机构设计、产业功能布局，为后续产业园区的发展指明方向。同时，跨境电商产业园区的形成涉及关键资源的获取，如政策资源、战略合作伙伴资源等。

此外，该阶段还涉及基础设施建设和服务平台的初步搭建工作，一方面根据跨境电商业务发展需求，以商业地产的模式进行相关模块的基础设施建设，如办公楼宇、产业配套等；另一方面以园区完善的基础设施、优惠的发展政策吸引跨境电商产业的相关企业主体入驻，并为其提供通关、检验检疫、出口退税、物流、金融等产业便利化服务。

(2)功能完善、突出特色与提升服务阶段

随着跨境电商产业园区入驻企业规模、类型的不断增加，对跨境电商产业园区的基础设施和服务能力提出了更高的要求。 此时，跨境电商产业园区根据园区的发展规划进一步完善基础设施建设、提升园区的服务能力，如进一步提升基础设施水平、了解企业发展需求、搭建各类互动交流平台等，为园区内企业的发展提供一站式商业、生活、娱乐和金融等配套设施和服务，降低入驻企业的成本和园区的运营成本，提高整个跨境电商产业园区的综合竞争力。同时，制订顺应跨境电商产业园区发展定位的招商政策，集聚适合产业发展的企业，再通过产业设施平台的运营，以政策创新、管理服务创新等为抓手，形成跨境电商产业园区的发展特色。

(3)战略提升、品牌塑造与商业生态环境夯实阶段

该阶段属于产业集群生命周期的成熟阶段，处在此阶段的跨境电商产业园区的规模相对稳定，已形成较为完整的跨境电商产业链条，产业发展氛围融洽。 通过前期的发展，跨境电商产业园区的基础设施相对完善、配套设施比较齐全和产业聚集相应提升，从而进入战略提升、品牌塑造和商业生态环境夯实阶段。 通过创新示范实现跨境电商产业园区的战略提升，以产业特色深化实现品牌塑造，进而实现进一步深化产业集聚平台，推进高端要素聚集，促进跨境电商产业园区创新发展，夯实产业生态环境，促进园区的良性发展。

5.3.2 杭州跨贸小镇的基本情况

杭州跨贸小镇于 2016 年 3 月 1 日正式开镇，是全国唯一一个以跨境电商为产业特色的省级特色小镇，是依托中国（杭州）跨境电商产业园区，进一步整合周边平台项目和载体资源，集成跨贸产业、旅游文化、城市生活等功能要素，产业与城市融合发展的新型功能区。小镇总规划面积约 2.9 平方千米，位于下城区北部，规划北至石祥路、兴业街、长城街一线，西至东新东路，南至沈家路，东至重工路、秋石高架一线，距离武林商圈 20 分钟车程，距离东站枢纽不足 3 千米，距离杭州萧山国际机场的直线距离约 25 千米，交通便利，通达全城。

小镇内拥有综合试验区"单一窗口"建设单位浙江电子口岸，外贸综合服务平台融易通，跨境电商孵化平台创梦谷，跨境物流服务商中国邮政、中外运、顺丰等多功能服务平台；拥有中国（杭州）跨境电商综合试验区展示中心、跨境电商总部楼宇、众创空间、跨境 O2O 国际街区、全国首个跨境生活体验综合体西狗国际等产业配套；拥有五星级丽笙酒店、亚洲最大 IMAX 影院、加拿大太阳马戏团、大型 Shopping mall 等生活配套；拥有涉及浙商回归、跨境电商、人才引进、写字楼租赁、生活配套等的相关扶持政策及专为企业人才提供的酒店式公寓。小镇先后荣获中国侨联新侨创新创业基地、浙江省电商示范产业基地、杭州跨境电商标杆产业园等荣誉称号。在 G20 杭州峰会期间，小镇是 12 个外媒采访点之一。未来几年，跨贸小镇将进一步整合周边平台项目和载体资源，致力于打造集创业创新、跨贸产业、旅游购物、新贵生活于一体，具有全球影响力和辐射力的新型跨贸产业功能区。

5.3.3 杭州跨贸小镇的形成与发展路径

根据跨境电商产业园区的形成和发展路径模型，结合杭州跨贸小镇建设运营的实践历程，本部分将跨贸小镇的形成和发展分为 3 个阶段。

(1)顶层设计、平台建设与资源整合阶段(2012—2015 年)

该阶段是跨贸小镇形成和发展的阶段，是跨境电商产业发展所需要的相关要素、资源、优势不断集聚的准备阶段，为跨贸小镇的未来发展奠定了基础。2012 年 8 月，杭州成为全国首批跨境电商服务试点城市之一，下城园区作为实际运行的试点园区。2013 年 7 月，政府作为投资主体建立中国（杭州）跨境电商产业园区，实行政府主导型的园区运营模式。经过一年的投资运营，该跨境电商产业园区获得"四个首个"的先发产业优势。至此，跨境电商获得了较快的发展，成为开放型经济体系建设的新动力。

在 2014 年 11 月考察浙江期间，李克强总理表示鼓励支持设立中国（杭州）跨境电商综合试验区，并亲自敲定跨境电商综合试验区的名字。2015 年 1 月和 3 月，汪洋副总理、李强省长先后实地调研中国（杭州）跨境电商产业园区，明确指出跨境电商是经济发展的新动力和新引擎，要求综合试验区大胆创新、先行先试。建设跨贸小镇，就是在成功试点跨境电商产业园区的基础上，主动适应跨境电商发展新形势、积极对接全省特色小镇发展战略、深入推进跨境电商改革试点的创新产物。

2015 年 5 月，浙江省人民政府出台了《关于加快特色小镇规划建设的指导意见》，明确提出"坚持产业、文化、旅游'三位一体'和生产、生活、生态融合发展"的发展原则和要求，特色小镇这一重大战略部署与深入推进综合试验区改革、深化发展跨贸产业的发展导向不谋而合，跨贸小镇就是融合综合试验区与特色小镇两大战略、促进下城园区与下城区北部城市协同发展的创新举措。

2015 年，下城区委、区政府正式启动跨贸小镇的建设工作，在全区各级部门的支持下，成立跨贸小镇工作领导小组，由区人大常委会主任挂帅，办公室设在跨境电商产业园区管理委员会内，并由管委会负责日常管理运营，协调处理小镇建设的相关工作；组织编制完成小镇 2.9 平方千米的概念性规划和跨贸小镇中国（杭州）跨境电商产业园区域修建性详规，明确发展定位和功能布局，即形成集 CID（创业创新城）、CBD（跨贸产业城）、TBD（旅游购物城）、NLD（新贵生活城）于一体，具有全国乃至全球影响力和辐射力的新型跨贸产业功能区。截至 2015 年 9 月，小镇已初步形成以跨境电商产业园区、创新创业新天地两大平台项目为核心，由经纬国际创意园、新华创意园等若干个园区组成的发展建设基础，具体如图 5-2 所示。

图 5-2　跨贸小镇功能分区布局

资料来源：浙江工商大学现代商贸研究中心相关研究报告。

在小镇投资模式上，发展初期以政府投资为主，后来逐步引入市场机制，积极鼓励和引导社会资本参与共同投资。2015 年 7 月，下城区政府与杭实集团签署共同打造"跨贸小镇""浙商总部（杭州）基地"战略合作框架协议，利用杭州的有关跨境电商综合试验区的国家战略和下城区全国首个跨境园的先发优势，紧紧与 180 万平方米的新天地综合体结合起来，政府出台政策，企业让利，将跨境电商总部和 O2O 企业引入新天地，积极打造跨贸小镇的核心区，实现了小镇投资模式由政府投资为主到政府引导、国有企业投资的升级。2015 年 10 月，下城区政府与西狗国际签订全面合作协议，政府给予一定政策优惠，西狗国际投入巨资，成立专业团队全面改造长城五金市场，小镇投资模式进一步升级到由政府引导、国有企业搭建平台、包括民营企业在内的各种资本参与的新型模式。跨贸小镇投资模式演进过程如图 5-3 所示。

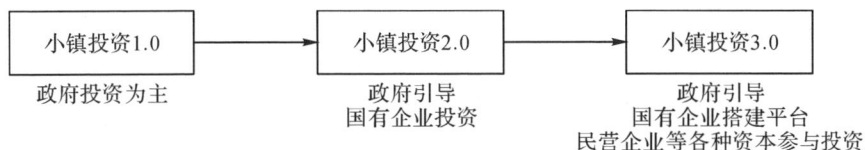

图 5-3 跨贸小镇投资模式演进过程

在招商引资、产业集聚方面，新天地积极招引跨境电商总部和 O2O 企业；与杭州新天地酷云商业管理有限公司合作，积极打造总建筑面积达 7000 平方米的全市首个 O2O 跨境展示体验街区；创设小镇众创空间，引进青筹网络等 4 家运营主体；打造杭州跨境电商综合试验区展示中心，完成 500 平方米展馆的建设工作并启动深化设计，重点展示综合试验区成果和跨贸小镇创新经验；启动二期建设工作，新引入杭州美日惠电子商务有限公司等 21 家跨境电商企业，此时园区共入驻企业 70 余家。经过一年的建设，小镇于 2015 年 12 月成功入选第一批市级特色小镇名单。

如上所述，顶层设计、平台建设与资源整合阶段的具体情况如表 5-4 所示。

表 5-4 顶层设计、平台建设与资源整合阶段的发展要点与思路

发展重点		核心思路
顶层设计	总体规划	组织编制完成小镇 2.9 平方千米的概念性规划
		跨贸小镇中国(杭州)跨境电商产业园区域修建性详规
	产业布局	功能布局：一廊六区，即慢活生态绿廊、跨贸总部商务区、跨贸综合服务区、跨贸商品贸易区、商旅文创联动区、众创空间服务区、品质生态生活区
		产业定位：集 CID、CBD、TBD、NLD 于一体，具有全国乃至全球影响力和辐射力的新型跨贸产业功能区
	组织结构	成立跨贸小镇工作领导小组，由区人大常委会主任挂帅，办公室设在跨境电商产业园区管理委员会内
资源整合	政策资源	2015 年 5 月，浙江省政府出台的《关于加快特色小镇规划建设的指导意见》
		中国(杭州)跨境电商综合试验区"两平台六体系"的政策措施
	战略合作伙伴	在小镇投资上，引入市场机制，积极鼓励和引导社会资本参与共同投资，分别与国有企业、民营企业达成战略合作

发展重点		核心思路
平台建设	产业设施平台	跨境电商总部基地
		跨境电商进口 O2O 休闲购物街区
		跨境电商产业园区
		综合试验区"单一窗口"及大数据中心
	服务平台	与西狗国际签订战略合作协议,加快打造一个集跨境产品展示交易、跨境电商企业孵化培育、金融服务等于一体的与企业生产生活配套的小型综合体
		管委会与西狗国际签订房屋租赁合同,全面启动长城五金市场升级改造工作
		跨境电商产业园区管委会负责日常的管理运营

资料来源:浙江工商大学现代商贸研究中心相关研究报告。

(2)功能完善、突出特色与提升服务阶段(2016—2017 年)

该阶段是跨贸小镇在前期投资建设、招商引资的基础上,按照小镇规划进一步完善基础设施和服务提升,实现载体资源整合、开展集中招商的阶段。在该阶段,按照"打造具有全国乃至全球影响力和辐射力的新型跨贸产业功能区"的总体定位,稳步推进小镇基础设施建设,通过园区运营形成发展特色,进而引发产业集聚。 2016 年 2 月,跨贸小镇入选浙江省第二批省级特色小镇创建名单。 在组建跨贸小镇领导小组的基础上,由区委书记挂帅,成立跨贸小镇管理委员会,设立管委会办公室,分解任务,落实责任,举全区之力加快小镇创建工作。

在基础设施投资建设上,积极推进小镇已开工项目的建设工作,完成年度投资。 2016 年 3 月 1 日,在中国(杭州)跨境电商产业园区的基础上建立而成的杭州跨贸小镇产业园开园,综合试验区展示中心、众创空间同步亮相。新天地加快推进 19 个项目的续建工作,加快完成亚洲最大 IMAX 电影院、30万平方米甲级写字楼和 20 万平方米酒店式公寓等项目的建设工作。 跨境园区域加快跨境园二期重点项目西狗茂全球精选直购中心、海关监管场所改造、园区提升等项目的进度。 2016 年 6 月，产业园一期工程"海彼购"——全杭州市首个跨境 O2O 国际街区开业，它集合了欧美澳亚的多个国家的线下体验馆，并且结合了实物与虚拟展示、展示与体验、展示与下单，实现了一站式实体网购，给消费者带来了不一样的购物体验。 2016 年 12 月，产业园二期项目西狗茂全球精选直购中心正式亮相跨贸小镇；2017 年 4 月，该中心全面营业，该项目是杭州跨贸小镇中国（杭州）跨境电商产业园区的二期项目，是全国首家"跨境生活综合体"，涵盖进口商品直销区和跨境商品 O2O 体验区，并引入餐饮、院线、娱乐等配套设施。 同时，该中心为企业提供跨境电商一站式解决方案，包括保税仓储配套服务、贸易融资服务和门到门一站式综合物流服务等灵活可控的供应链全程服务。 此外，该中心还提供大力度的政策奖励及产业扶持基金，提供完善的办公配套服务和专业运营服务。 2017 年 11 月，备受杭州城北市民期待的新兴综合体——新天地中心正式开业，至此，新天地中心与中国（杭州）跨境电商产业园区已经形成了小镇的"两核心"格局。 园区在这一阶段还建立了很多众创空间，这些众创空间汇聚了技术、资本、人才等要素，与跨境产业、科技创新紧密融合。

在招商引资、产业集聚方面，跨贸小镇方负责组织起草小镇统一招商政策，优化和完善现有产业链，发挥街道、五大园区、西狗国际等招商引资主力军的作用，积极吸引跨境贸易大平台企业、O2O 销售代理的世界优质品牌总部、区域总部企业和配套产业基金等入驻小镇。 在优化服务、营造优质环境上，为小镇企业提供工商注册等各类证照办理服务；召开意见征求会、政策解读会、业务培训会等；组织企业参加创新中国总决赛、跨境电商人才专场招聘会、跨境电商高峰论坛等活动；与工商银行半山支行、杭州科技职业技术学院、杭州金融职业技术学院签订合作协议，建立小镇社会实践基地。 此外，增强跨境电商产业园区的物业管理力量，做好园区后勤服务，不断优化小镇硬环境和软环境。

(3)战略提升、品牌塑造与商业生态环境夯实阶段(2018 年以后)

该阶段是跨贸小镇完成阶段性招商工作，形成符合跨贸小镇发展要求的业态和企业结构，开展跨贸小镇全面运营与持续创新发展的阶段。 在该阶段，跨贸小镇需要整合小镇各类资源，以全面持续创新发展的姿态，提升综合实力，实现小镇的发展升级。依托中国（杭州）跨境电商综合试验区国家战略平台，以综合试验区下城园区、新天地等重大平台项目为核心载体，跨贸小镇将跨境电商创新发展、跨境贸易能级提升、现代城市功能建设紧密结合起来，努力建设成为全国乃至全球跨境贸易创新引领区、浙江乃至全国传统产业嫁接跨境电商的产业枢纽区、杭州跨境电商综合试验区的商务集聚区、杭州北部地区产城融合实践示范区，并最终成为集 CID、CBD、TBD、NLD 于一体，具有全国乃至全球影响力和辐射力的新型跨贸产业功能区。

该阶段跨贸小镇的发展思路和重点任务为：一是产业业态基本形成。围绕小镇跨境贸易＋信息经济的特色产业定位，积极推进产业转型升级，发展跨境商品贸易、跨境服务贸易、信息经济、文化创意、智能物流、旅游休闲等六大产业；重点建设小镇通关仓储服务中心项目，打造通关、通检、物流、仓储、办公一体化的现代化通关服务平台。二是运营体系基本建立。围绕市场化运营理念，成立小镇运营管理公司，通过引进专业运营管理人才，建立市场激励体制，逐步探索建立跨贸小镇"管委会—平台公司—具体项目经营公司"的运营体系和相应的专业人才队伍；建立小镇服务体系，推进各项公共服务产品建设，创新增值服务产品。三是招商引资常态化开展。围绕小镇总体定位和发展目标，大胆先行先试、积累发展经验，引进跨境商品贸易、跨境服务贸易、信息经济、文化创意、智能物流、旅游休闲等六大类产业企业；重点完成经纬国际创意园、星火电商产业园、新华工业园、杨家 308 文化创意产业园、杨家天堂创意园等园区转型升级后的招商工作；每年引进跨境产业链相关企业 100 家。预计到 2020 年，跨贸小镇进出口贸易额将达到 200 亿元，带动传统制造业集群及相关产业链的总值将超过 1000 亿元；年旅游人次突破 30 万，实现旅游收入超过 2 亿元；创造直接、间接就业岗位分别达到 1.5 万个和 4.5 万个。

5.4　跨境电商产业园区建设成效与实践经验

5.4.1　跨境电商产业园区建设成效

(1)建设了一批功能完善的跨境电商产业园区

自 2013 年 7 月中国（杭州）跨境电商产业园区开园以来，全国各地的跨境电商产业园区如雨后春笋般涌现，深圳、厦门、重庆、南京、东莞、宁波、上海、合肥等城市纷纷建成自己的跨境电商产业园区，跨境电商产业园区的数量不断增加。其中，杭州综合试验区围绕"一核一圈一带，全域覆盖"的发展规划，加快布局线下产业园，先期重点建设中国（杭州）跨境电商综合试验区下沙、下城、空港、临安（一期）、江干、萧山和余杭 7 个线下园区，后期又分别建设了滨江、富阳、临安（二期）、建德及拱墅等园区，其中 6 个主城区是"一核"范围，萧山、余杭、富阳是"一圈"范围，而临安、桐庐、建德等区县（市）是"一带"范围。深圳的前海跨境电商产业园区和线上的综合服务平台相配套，吸引优质的专业服务商，形成产业聚集，并且利用身处自贸区、深港现代服务业合作区先行先试的优势，通过设计新的功能设施与业务流程，帮助监管部门和跨境电商出口企业解决发展中的痛点问题。南京市通过布局建设龙潭和空港 2 家跨境电商产业园区，形成"两园一中心"的跨境电商产业发展格局。东莞市为打造"政府主导、邮政运营、企业参与、一站服务"的跨境贸易电商产业集群，以城区中心园区为发展龙头，在虎门、厚街等具有优势特色的产业镇区分批建设系列跨境电商产业园区，形成"1 中心 N 基地"的跨境电商产业园区发展布局。厦门市以两岸贸易中心总部及象屿保税区监管仓库、寨上厦华厂房为载体，形成商务办公、保税及非保税电商物流仓库"三位一体"的功能齐全的跨境电商园区。

(2)依托园区创新了跨境电商的监管模式,提高了通关效率

跨境电商产业园区的建设改变了跨境电商企业"一盘散棋"的状态，产业

园区将海关、国检、国税和外管等政府相关部门，以及电商企业、物流企业等集聚起来，以信息化手段实现流程化作业，大大提升跨境电商经营活动的效率，并且简化了通关流程，减少了通关成本。 如杭州综合试验区下城园区海关通过主动创新，首创了"清单核放，分送集报"的出口监管模式；同时，利用信息化手段优化了流程，实现了通关全程无纸化。 由于纳入规范管理，企业获得了快速通关、规范结汇和出口退税方面的便利。 在进口模式方面，下城园区现阶段采用海外直购模式入境，其优点在于可以提供一站式清关服务，管理全程无纸化，进口申报更加便利，清关更加快捷，商品流通环节减少。再如下沙园区与杭州萧山国际机场航空物流有限公司合作，建立了从机场口岸至下沙园区的商品出口绿色通道，实现了出口商品快速放行，在简化业务流程的基础上，加快推进了关锁项目和电子关封的实施，最终实现了该园区跨境电商空运物品的快速转关，提升了商品通关效率。

(3)依托园区创新了跨境电商的进出口业务模式

我国跨境电商产业园区在建设过程中为了使消费者的跨境购物更加便利，引入了一种新的海外产品进出口模式——保税仓模式。 保税仓模式是指电商在海外集中完成采购，将货物通过国际空运、海运等物流方式入境，集中储存在保税区，待到销售后台接到订单后，再利用电子清关，然后进行国内派送；也就是说，商家提前从国外批量备货到国内保税仓，待客户下单后，再从保税仓发货，该模式能有效减少货物的流通时间，提升用户体验。 2017 年 8月 22 日，上海的跨境电商产业园区成功引进了保税仓模式，完成了首单跨境电商通关运作，这标志着跨境电商产业园区进入了保税备货模式。 安徽蜀山的跨境电商产业园区也引入了保税仓模式，使得服装、奶粉、玩具等商品可直接经过跨境电商进口贸易平台，进入园区保税仓，国内消费者可以在短时间内收到商品。 与此同时，杭州综合试验区跨境电商产业园区也加大了引入保税仓的力度，提升了消费者的海外购物效率。 2015 年，萧山的空港园区与京东合作，建立了规模约为 5000 万平方米的保税仓，随后萧山园区又引入融易通、有棵树、顺丰海淘、鲜生活等 10 余家电商平台的保税仓，有效助推了该园区的发展。 下沙园区的进口网购保税仓模式则在符合海关总署 2014 年第

56 号公告的基础上，通过制度、管理、服务创新，要求交易单、物流单、支付单三单合一，采用信息互通、监管互认、执法互助，实现"一次申报、一次查验、一次放行"，充分体现了自由化、规范化和便利化的特点。

(4)依托园区形成了线上线下联动的跨境电商发展模式

我国跨境电商产业园区依托信息共享建立了大数据库，通过数据共享能及时获取海外货物的需求时间，从而提前在仓库中储备相关产品，这使得消费者下单后，仓库可以第一时间发货，大大缩短了货物的配送时间，实现了线上下单、线下快速配送的良性互动。 目前，杭州综合试验区空港园区以跨境电商信息流、资金流、货物流"三流合一"为基础，实现了"线上交易"与"线下综合服务"的有机融合，有效助推了园区新型经济的发展。 上海综合试验区也逐步形成了线上服务、线下支撑，线上交易、线下监管的规则体系，引领跨境电商产业的发展。 此外，郑州综合试验区也建立了线上信息支撑、线下物流带动的发展模式，实现了第三方跨境电商平台与自建平台的相互补充。整体而言，我国跨境电商产业园区的开发建设与线上线下联动的发展模式实现了良性互动和互相促进。

5.4.2 跨境电商产业园区建设的主要经验

(1)重视人力资源服务,加强人才培养与引进

不同于传统的电商，跨境电商涵盖的专业知识面更广，因此对既熟练掌握跨境电商所涉及国家的非通用语言，又熟悉跨境电商平台和基本外贸知识的综合型人才的需求更为紧迫。 人才被大多数业内学者和专家认为是跨境电商企业运营和产业管理的核心竞争力，各级政府部门、行业协会、教育机构和电商企业一直高度重视对跨境电商人才的培养。 我国在跨境电商产业园区的建设过程中，在跨境电商人才培养、政策扶持与人才引进方面已经取得了许多经验。 以宁波综合试验区为例，为打破跨境电商人才培养"最后一公里"屏障，实施跨境电商人才培养起点"前端一公里"行动，宁波保税区不仅与浙江越秀外国语学院合作开设小语种专业班，打造了特色鲜明、优势明显的全国第一个小语种跨境电商人才孵化器，还创新了"2.5＋1.5"培养模式，先后与相关高校、电商龙头企业联手成功开设两届特色班，为宁波市的跨境电商产业输送了100余位应用型人才。宁波保税区对入园创客团队予以全方位的扶持，通过实战训练、项目路演、资本对接等方式对创客团队进行进阶孵化，对来到园区跨境众创空间进行初期孵化的创客人才提供最多3000平方米的免费办公场地和最多2000平方米的功能教室，租金、物业费全免，并分期给予开办补助和孵化奖励；在创客入驻、孵化和成果落地阶段提供扶持服务，助力创客成功注册企业并良好经营；对创客人才在食宿、社保补贴和创业贷款贴息上给予专门扶持；对经认定的创业领军人才，给予创业扶持、住房补贴、配偶就业、子女就学等政策保障。在配套服务方面，设立跨境电商人才基地，面向海内外引进跨境电商高层次人才和高端创业创新团队，建设开放共享的跨境电商人才服务平台。

(2)重视产业生态链建设，增强园区资源整合能力

跨境电商产业生态链是由跨境电商交易平台、交易企业、仓储企业、支付企业、物流企业和金融服务商等构成的生态网络。依托跨境电商产业园区内部生态网络成员间的互动和协作，加强园区内部产业资源的流动，大力构建跨境电商生态圈，使跨境电商产业各功能链条互依互存、密切衔接，形成有机整体，对于跨境电商产业的健康发展具有十分重要的意义。地处郑州综合试验区的西工区高度重视跨境电商产业的发展，将其视为发展开放型经济、构建现代开放体系的重要手段。洛阳信息科技城、洛阳网商园和洛阳跨境电商产业园区等跨境电商产业载体顺势而为，不断创新业务模式，改善园区软硬件环境，构建适合跨境电商扎根生长的生态链条，提升园区承载力和吸引力，努力打造跨境电商领域新高地，其中洛阳信息科技城被认定为"河南省跨境电商示范园区"，起到了积极示范效应。除此之外，西工区与阿里巴巴、敦煌网、大龙网等国内著名电商平台达成合作意向，大龙网同时也是洛阳跨境电商产业园区的建设和运营主体，洛阳市首个跨境电商通关平台也于2017年6月在洛阳跨境电商产业园区投入使用。完善的跨境电商生态体系，促进了西工区跨境电商产业规模和品质的快速提升，让西工区跨境电商产业逐步占领洛阳

市乃至河南省产业制高点，形成品牌效应和模式输出效应，产生强大的资源吸附能力，助力西工区成为河南省跨境电商新政策的创新试验区。

(3)注重软硬件结合，提升园区核心竞争力

跨境电商产业园区的建设需要软硬兼顾，园区除了提供商务办公、网货展示、仓储物流等硬件环境之外，更加需要提供看不见的软件环境，打造多元的服务平台、完善的基础设施和多功能的服务平台是跨境电商产业园区的硬实力和软实力的体现，两者结合正是电商产业园区核心竞争力所在。中小跨境电商企业资金有限，通常无力自行开发和购买电子商务系统和信息化工具，更无法享受类似如亚马逊那样高效的仓储运营服务，为了极大地提升跨境电商的效率和水平，园区需要尽可能地集成各种必需的办公管理、项目管理、CRM、财务管理、仓储管理等信息化软件系统，并对园区内用户低成本开放，让园区用户用最小的成本使用最高效的信息化工具。杭州综合试验区通过3年多的实践创新，在电商产业园区核心竞争力塑造方面积累了许多可推广的经验。除了制度层面的85条创新清单，杭州综合试验区还通过大数据赋能，加快培育杭州综合试验区的核心竞争力，通过打通"信息孤岛"，为企业提供"一站式"的线上报关、报检、收汇、退税等政务服务，通关效率大为提高，企业出口货物申报时间从原来的4小时缩短到现在平均1分钟。同时，开发应用了30多种功能模块，方便电商企业和消费者通过APP实时查询订单、运单等信息。

(4)坚持市场化运作，提高园区经营效率

仅仅依靠政府出台的优惠政策吸引企业入驻跨境电商产业园区易导致园区陷入同质化竞争中，因此需要对跨境电商产业园区的建设进行充分的规划，完善办公区、商业区、生活区的基础设施建设，并引入信息化管理，只有在基础设施建设上确保资金投入，才能为入园企业开展跨境电商业务提供保障。我国的跨境电商产业园区的建设和运营管理都以市场化运作为基本原则，地方政府、园区经营者、入园企业三者之间的权利义务关系明确。对地方政府来说，其职责是优化业务监管流程，完善基础设施，引导产业发展并借此带动

产业转型升级。 对跨境电商产业园区经营者来说,其职责是为入驻企业提供完备的基础设施、配套的增值服务和生活性服务,从而吸引更多电商企业进入园区,充分发挥园区的产业集聚和规模经济效应。 对入园企业来说,产业园区这种特殊的产业集聚模式使得它们在园内能通过市场化运作解决自身在经营过程中的难题,可以把企业不擅长或者非核心业务如网站建设、产品展示等外包给园内的其他专业性企业,通过分工发挥各自优势,甚至相关中小微企业还可以通过跨境电商产业集聚抱团发展,通过建立海外仓和全球仓等形式,分担经营风险,降低经营成本,提高经营效率。

(5)引入资本运营,鼓励投资主体和投资方式多元化

针对目前我国跨境电商产业园区投资主体相对单一、企业间联合开发模式相对较少而导致园区建设周期长、盈利能力较弱、经营效率不高等现实问题,各综合试验区在引入资本运营,鼓励投资主体和投资方式多元化方面有了许多创新举措。 如杭州跨贸小镇的投资模式由政府投资为主的 1.0 版本逐步升级到由政府引导、国有企业搭建平台、包括民营企业在内的各种资本参与投资的 3.0 模式。 首先,引入在跨境电商产业领域具有一定引导力的民营资本及外资、银行、投资机构等金融机构,使得跨境电商产业园区的投资主体不再单一化,实现投资主体多元化,从而有效降低投资风险。 同时,还适当降低政府投资比例,改变股权结构以减少政府对园区运营管理的过度干预。 其次,园区建设投资方式多元化。 政府除以土地入股外,还可以给予园区其他投资主体一定的资金补贴和税收优惠等;各投资主体除了以资金入股外,还通过联合开发、相互持有对方股权甚至契约等方式向园区注入资金。 最后,引入灵活的资本运营方式。 由于园区的建设周期长,前期投入资金多,并且园区建设与经营往往同步进行,此时既需要有持续不断的资金注入,也会存在暂时的闲散资金,可以将这些闲散资金用来进行适当的风险投资,发行基金和债券等,以此获取的收益既能解决资金的短缺问题,也能争取实现园区收入资本化及资金的保值增值。

6

跨境电商物流模式与创新实践

随着跨境电商的快速发展，跨境物流也在急速发展。当前，跨境电商物流虽然市场巨大但尚处于粗放发展阶段，存在着价格贵、速度慢、追踪难、便利性差等难题，关税、清关等政策性问题及国际交流和文化差异也是跨境电商和跨境物流需要共同面对的难题。随着针对跨境电商平台的政策和规则逐步收紧，跨境电商的市场需求的变化越来越快，跨境电商物流行业的竞争也越来越激烈，流于表面的、粗放式的基础运输服务已经越来越不能适应跨境电商和跨境物流的发展需求，只有能为客户提供越来越精细化的海外合规咨询、物流建议、物流跟踪、扣件处理、退货索赔等增值服务的跨境物流服务商才具有竞争力。目前，跨境物流服务商、跨境电商企业和相关监管部门在跨境物流业务规则、作业流程等方面已经做了较多实践探索，创新了许多跨境电商物流模式，但是跨境物流服务水平总体上还不能适应跨境电商的快速发展。本章首先阐述跨境电商物流的内涵、特点、基础设施及其建设情况，从成本、便捷性、客户体验等角度比较分析了跨境电商进口和出口物流模式的优劣势。其次，进一步构建了跨境电商物流发展水平评价指标体系，并对前两批 13 个综合试验区的跨境电商物流竞争力进行了综合评估与排序。最后，归纳总结了综合试验区在跨境电商物流领域的主要创新经验。

6.1 跨境电商物流的内涵与基础设施

6.1.1 跨境电商物流的内涵

近年来，随着人们生活水平的提高，消费者对生活品质的追求不断提高。跨国消费和网络代购等新兴商业模式的出现，使得越来越多的消费者加入国际购物的潮流中。在经济全球化的时代背景下，全球物流已遍布世界各个角落。跨境电商的迅猛发展为物流行业带来了巨大发展机遇，与此同时，跨境物流更是未来推动跨境电商领域发展的重要动力，两者相辅相成，相互影响。

近年来，国内外学者对跨境电商物流进行了大量研究。孙蕾等（2015）认为，我国推动跨境电商健康发展需要先解决物流问题；徐松等（2015）研究了制约我国跨境电商发展的诸多因素，认为物流成为制约跨境电商发展的瓶颈；余芳（2018）对大数据、跨境电商物流的概念进行了阐述，对跨境电商物流发展的困境进行了分析，并在大数据背景下提出了解决对策；钟雪灵（2017）运用 SWOT 分析方法，从竞争优势、竞争劣势、机会和威胁 4 个角度剖析了我国跨境电商物流的现状，并基于此，提出了我国跨境电商物流未来发展的对策建议；曹淑艳等（2013）认为，我国跨境电商的发展存在物流体系建设不合理、基础设施建设不完善、物流信息化程度低、综合水平低及第三方物流企业的信息处理能力弱等跨境物流问题；李向阳（2014）提出加强跨境物流网络体系的建设；张滨等（2015）对建立健全跨境电商物流法律机制的重要性做出解释，并从跨境电商企业出发，提出建立跨境电商企业之间的物流战略联盟；冀芳等（2015）针对跨境电商的发展，提出实行跨境电商物流与跨境电商协同发展，发展混合式跨境物流模式及推动跨境电商物流本土化发展等建议。

尽管对跨境电商物流已经有许多研究成果，但当前学术界对跨境电商物流的定义尚未形成统一认识。根据最新版《中华人民共和国国家标准：物流术语（GB/T18354—2006）》国家标准，物流是指物品从供应地向接收地的实体流动过程，而国际物流是指跨越不同国家或地区之间的物流活动。根据综合跨境电商及物流的内涵与特点,可以把跨境电商物流定义为伴随跨境电商活动而产生的物品在跨境电商交易主体之间跨关境的仓储、运输、流通加工、通关等物流活动。

跨境电商物流一般具有以下特点:第一,系统复杂性。各国的物流环境存在差异,导致在跨境物流运输与配送的过程中,需要面对不同的法律、文化、习俗、观念、语言、技术和设施等;同时,全球市场的空间分散性也给跨境电商物流的实施带来巨大挑战,这些都增加了跨境电商物流的运作难度及其组织系统的复杂性。第二,运营模式多样性。即跨境电商的发展突破了国家界限之后,会受到各个国家的商业环境、交通状况、政策条件等影响,其物流模式也需要根据实际情况进行相应的调整,因此跨境电商物流必须考虑当地的实际情况,选择合适的运营模式。目前,常见的跨境电商物流模式包括邮政包裹模式、跨境专线物流模式、快递物流模式及海外(边境)仓模式。第三,管理的智能化。即跨境电商物流具有可追踪性,可让客户随时查到产品的物流、支付流、信息流等环节的状况。第四,业务的协同性。与国内物流相比,跨境电商物流增加了国际运输、海关与商检等环节,增加了业务运作的复杂度,而且不同国家标准与要求不一致,海关与商检执行人员的水平与要求也存在差异,因而要实现跨境电商物流的高效运作,需要在仓储、运输、海关、商检和配送等多个物流业务环节上有效协同(张夏恒,2016)。

6.1.2 跨境电商物流的基础设施

从跨境电商业务经营的现实需求和发展趋势来看,跨境电商物流的基础设施包括海外仓、海关特殊监管区、国际邮件互换局和边境仓等。

(1)海外仓

海外仓是在境外其他国家和地区布局的跨境电商物流仓储中心,主要面向跨境电商销售目的地国家和地区,提供物业出租、仓储保管、海外分销、国际分拨、快递物流、虚拟注册和数据服务等功能,是提供跨境电商物流服务的重要基础设施。2014年5月4日,国务院办公厅发布《关于支持外贸稳定增长的若干意见》,鼓励企业在海外设立批发展示中心、海外仓等各类国际营销网络。 2015 年 6 月 16 日，国务院办公厅出台《关于促进跨境电商健康快速发展的指导意见》也明确提出，要支持跨境电商零售出口企业加强与境外企业的合作，通过规范的海外仓、体验店和配送网店等模式，让出口企业融入境外零售体系。

在国家、省市政府和各跨境电商综合试验区的积极引导下，近年来我国海外仓的发展取得一定成效，主要体现在：第一，社会各领域的个人或企业参与建设海外仓的意愿比较强烈，初步形成了以跨境电商企业、外贸综合服务平台、国际快递物流企业、传统外贸企业和海外华侨为主的行业发展格局，如 eBay、亚马逊等跨境电商推出官方合作的海外仓，大龙网、Focal Price 等投入巨资自建海外仓，顺丰与韵达等快递企业也纷纷涉足海外仓业务。 第二，海外仓布局步伐呈现出明显加快趋势。 根据各跨境电商综合试验区有关海外仓的文件分析，已建成、建设中和规划建设的公共海外仓覆盖了全球主要国家和地区，空间分布也大致和我国出口市场区域特征匹配。 第三，海外仓的建设方式日趋多样化，总体上以现有存量仓储资源利用为主，新建为辅。 现有存量资源的利用方式包括租赁、合作建设、整合（如代理互换）等。 以宁波跨境电商综合试验区为例，据不完全统计，截至 2017 年 8 月，宁波企业共计在 20 个国家和地区的 46 个城市布局，累计建设海外仓 73.16 万平方米，其中自建 11.68 万平方米，合作建设 18 万平方米，租赁 43.48 万平方米。 第四，海外仓的服务功能不断拓展和创新，尤其是在北美、西欧、中东等相对运作成熟的区域，除基础物流服务以外的各类增值服务不断涌现，如提供所在国家的法律法规、产业政策、税收等商务资讯信息服务，提供办公服务、品牌展示、代运营、售后维修、供应链金融、渠道对接等海外分销服务，在有条件的公共海外仓建立跨境电商海外（公共）服务中心，为企业提供境外品牌、商标、专利等知识产权维权服务，以及商业纠纷应急协调和援助服务。

(2)海关特殊监管区域

海关特殊监管区域是经国务院批准，设立在中华人民共和国关境内，被赋予承接国际产业转移、连接国内国际 2 个市场的特殊功能和政策，由海关为主实施封闭监管的特定经济功能区域。 根据《国务院关于促进海关特殊监管区域科学发展的指导意见》（国发〔2012〕58号），我国海关特殊监管区域包括6种模式：保税区、出口加工区、保税物流园区、跨境工业园区（包括珠海跨境工业园区、霍尔果斯边境合作区）、保税港区、综合保税区。同时，还有进口保税仓库、出口监管仓库、保税物流中心（分为A型和B型）3种保税监管场所。目前，海关特殊监管区域和保税监管场所已经成为我国开展跨境电商业务的重要物流基础设施。如海关总署发布《海关总署公告2014年第57号〈关于增列海关监管方式代码的公告〉》，"1210"监管方式用于进口时仅限经批准开展跨境贸易电子商务进口试点的海关特殊监管区域和保税物流中心（B型）。2015年9月，海关总署发布《关于加强跨境电商网购保税进口监管工作的函》，进一步明确并限定跨境保税进口必须是跨境电商试点城市在海关特殊监管区域或保税物流中心展开。2016年12月6日，海关总署新增了"1239"监管代码。此外，不同跨境电商综合试验区也在积极探索基于海关特殊监管区域的跨境电商进出口模式，如2018年2月8日，杭州跨境电商综合试验区正式启动利用海关特殊监管区域出口模式，即出口电商企业先把货物报关运到海关特殊监管区域或保税监管场所，然后再根据消费者的订单把商品从监管区域快递到境外，即先把要通过包裹快递出口的货物报关进入海关监管区域集货，再通过电商平台接单，然后通过包裹快递出境。

(3) 国际邮件互换局

国际邮件互换局是向境外邮政机构封发邮件总包和接收、开拆、处理境外邮政机构发来的邮政总包的机构，海关在互换局设驻邮办进行监管，个人物品从互换局进口征收行邮税。总体来说，国际邮件互换局是与境外邮政机构或受委托的运输机构直接交换国际邮件总包的部门。

结合陆港城市的建设和航空口岸的开放情况成立国际邮件互换局，可以实现国际邮件在本地直通关，以及为跨境电商企业提供通关、结汇、退税、邮包寄递等一站式服务。国际邮件互换局与境外邮政机构和运输中心直接处理国际邮件总包，有效缩短了邮件进出口时间，从而提升了市场的物流效率和竞争力。在不少城市的跨境电商综合试验区试点方案中都提出要大力推进国际邮件互换局的建设来增强跨境电商的物流能力。

(4)边境仓

边境仓指在跨境电商目的国的邻国边境内租赁或建设仓库,通过物流将商品预先运达仓库,通过互联网接受顾客订单后,从该仓库进行发货。 它是在我国国境内、靠近国境地区(包括境内关外、境内关内)布局的跨境电商物流仓储中心,主要提供物业出租、货物集散、国际分拨、国际快递、保税物流、虚拟注册、数据服务等功能,是面向我国相邻地区提供跨境电商物流服务的重要节点。 2013 年 11 月底,商务部发布《关于促进电子商务应用的实施意见》,明确提出要引导和支持电商平台企业在边境地区设立专业平台,服务边境贸易。 比如在中俄边境出现边境中转仓,促进俄速通、俄品汇等一批跨境电商物流公司和平台的发展。

根据所处地域的不同,边境仓可分为绝对边境仓和相对边境仓。 绝对边境仓指当跨境电商的交易双方所在国家相邻,将仓库设在卖方所在国家与买方所在国家相邻近的城市,如我国对俄罗斯的跨境电商交易,在哈尔滨或中俄边境的中方城市设立仓库。 相对边境仓指当跨境电商的交易双方不相邻,将仓库设在买方所在国家的相邻国家的边境城市,如我国对巴西的跨境电商交易,在与之相邻的阿根廷、巴拉圭、秘鲁等接壤国家的临近边境城市设立仓库。 相对边境仓对买方所在国而言属于边境仓,对卖方所在国而言属于海外仓。 海外仓的运营需要成本,商品存在积压风险,且送达后的商品很难再退回国内,这些因素推动了边境仓的出现。

(5)中欧班列

中欧班列是指按照固定车次、线路等条件开行,往来于中国与欧洲国家及"一带一路"沿线各国的集装箱国际铁路联运班列。 中欧班列是国际物流陆路运输骨干,本部分从运行时间、开行频率、业务规模、途经线路这 4 个方面来考察我国 13 个跨境电商综合试验区中欧班列的现状竞争力,具体的比较如表 6-1 所示。

表 6-1　试点城市中欧班列开行情况比较

城市	开行时间	业务规模	途经线路
重庆	2011 年 3 月	2018 年中欧班列（重庆）开行 1442 班（714 班去程，728 班回程），境外集散分拨点超过 40 个	"一带一路"沿线哈萨克斯坦、俄罗斯、白俄罗斯、波兰、德国等 15 个国家
苏州	2012 年 11 月	2018 年 1—11 月，开行进出口班列 145 班，105 班去程，40 班回程	途经俄罗斯、白俄罗斯全境，到达波兰
成都	2013 年 4 月	2018 年开行 1587 列。中欧班列（成都）境外站点数拓展至 24 个，国内"蓉欧＋"互联互通直达班列覆盖沿海、沿边城市 14 个	途经哈萨克斯坦、俄罗斯、白俄罗斯等国，最终抵达欧洲大陆腹地波兰罗兹
郑州	2013 年 7 月	2018 年共开行 752 班（416 班去程，336 班回程），累计货值 32.36 亿美元，货重 34.68 万吨	途经哈萨克斯坦、俄罗斯、白俄罗斯、波兰、德国汉堡、慕尼黑，比利时列日
合肥	2015 年 6 月	2018 年开行 182 列，中欧回程班列 41 列，中亚回程班列 41 列	途经哈萨克斯坦、俄罗斯、白俄罗斯、波兰到达德国汉堡、芬兰赫尔辛基、波兰罗兹
大连	2016 年 1 月	2017 年开行中欧班列 438 列，达 3.5 万标箱	途经俄罗斯、白俄罗斯、波兰、德国，最后抵达比利时
广州	2016 年 8 月	2017 年开行中欧班列 65 列	途经满洲里再驶向俄罗斯首都莫斯科
天津	2016 年 11 月	2017 年开行中欧班列 60 列	通过二连浩特、阿拉山口、满洲里到俄罗斯
深圳	2017 年 5 月	2017 年 6—12 月，累计开行中欧班列 22 列	从新疆阿拉山口出境，途经哈萨克斯坦、俄罗斯等国，最后到达白俄罗斯明斯克
青岛	2017 年 6 月	2018 年开行中欧班列 178 列	从满洲里口岸出境，经俄罗斯后贝加尔开往莫斯科
上海	2018 年 3 月	2018 年 4—12 月，约 40 列左右	途经二连浩特，终点到达俄罗斯莫斯科

资料来源：根据新华网、搜狐网、中华人民共和国商务部、地方政务网和大河网等发布的信息整理。

6.2 跨境电商物流的主要模式比较

跨境电商物流包括跨境进口电商物流和跨境出口电商物流 2 种类型，每种类型存在多种物流模式。

6.2.1 主要跨境出口电商物流模式分析

跨境出口电商物流模式主要包括国际邮政小包、国际快递、国际物流专线和基于海外仓模式物流 4 种模式。

(1)国际邮政小包

国际邮政小包是指通过万国邮政联盟体系实现货物的进出口运输，多采用个人邮包形式进行发货，并且将邮政体系作为商品实现跨国物流的载体。在跨境电商市场中，国际邮政小包是目前跨境电商中使用最多，也是直邮进口模式中最常采用的跨境电商物流模式。 在万国邮政联盟中，跨境电商使用较多的有中国邮政、新加坡邮政、英皇邮政、比利时邮政、俄罗斯邮政、德国邮政、瑞士邮政等。 国际邮政小包主要针对的是 2 公斤以下的轻小件物品，依托万国邮政联盟的网络，它能通达全球 220 多个国家和地区。 根据邮件的出口量，对使用频率较高的国家的城市采用直封形式出口，免去途中重新封发的时间，目前开通有美国、英国、俄罗斯、巴西、法国、智利、韩国、德国、乌克兰等 26 个航空直封口。 此外，中国国家邮政局还开通了中哈俄陆路国际邮政小包专线，通过铁路和汽车结合的方式，还能寄递电子产品，全程时限在 26 天左右。

国际邮政小包的优势较明显，价格便宜，并方便个人操作实现通关。 但是劣势也较为突出，主要有递送时间久（运往西方国家一般来说需要 20—35 天的时间）、包裹丢失率高、非挂号件难以追溯进度等。 此外，国际邮政包裹适合轻、小型的商品，在货物体积、重量、形状等方面限制较多，如含电、粉末、液体等的特殊商品无法通过正常方式在邮政渠道实现通关。

（2）国际快递

国际快递是另一种常用的跨境电商物流模式。 国际快递可以按照承运方分为商业快递和国际邮政速递。 其中，FedEx，UPS，DHL 和 TNT 等四大国际快递公司是最为知名的商业快递公司，而顺丰速运和"四通一达"等国内商业快递公司的海外网络布局也日臻完善，正在向国内商家提供此类物流选择；中国邮政国际 EMS、新加坡 EMS、USPS（美国邮政）、PARCELFORCE（英国邮政）则是相对来说使用较为广泛的国际邮政速递。 这些国际快递商通过自建的全球网络，利用强大的 IT 系统和遍布世界各地的本地化服务网络，致力于为网购中国产品的海外用户带来极好的物流体验。

国际快递商在对货物计费时一般分为重量计算与体积计算，常以两者中费用较多的一项为最终计费方式，并在货物包装方面要求较高。 国际快递可以根据客户的不同需求，如地域、货物种类、体积大小、货物重量等选择不同的渠道实现货物的运输与速递。 目前，为顺应出口 B2C 的快速发展，有国际快递商推出特色服务，如 EMS 和 e 邮宝，针对 2 千克以下跨境寄送的包裹收取远低于普通 EMS 的价格，且投递效率保持了既往水准。

国际快递与国际邮政小包具有明显的互补性，国际邮政小包的优势是国际快递的劣势，而国际邮政小包的劣势一般是国际快递的优势。 国际快递具有速递时效性高、丢包率低、可追溯查询等优点。 国际快递的全球网络较完善，能够实现报关、报检、保险等辅助业务，支持货物包装与仓储等服务，可以实现门到门服务及货物跟踪服务。 但是，国际快递的价格偏高，尤其针对某些国家或偏远地区收取的附加费更是惊人。 国际快递也会受一些国家的限定，尤其某些货物种类，在有些国家会成为禁运品或限运品。 在美国，一些货物被列入国际快递的禁运目录，如新鲜、罐装的肉类与肉制品，植物种子，蔬菜，水果，非罐装或腌熏之鱼类及鱼子等。

（3）国际物流专线

国际物流专线指的是发货终端在我国，到达目的国之后再使用目的国本土物流运输到具体目的地的一种跨境物流方式。 国际物流专线的一般流程是通过空运方式把大批量的商品集中运到目的国,分拣后通过目的国本土的合作物流伙伴,运输到具体的收件目的地。 国际物流专线总费用是前期的空运单位费用加上后期的本土物流服务费用。

现阶段,业内使用最多的跨境专线物流包括欧洲专线、美国专线、澳洲专线和俄罗斯专线等,如中国邮政旗下的国际e邮宝推出美洲专线、澳洲专线和英国专线。 与传统国际邮政小包相比,国际物流专线速度快、安全性高;与DHL,UPS,FedEx等国际商业快递商相比,它的价格优惠。 随着跨境电商进出口国家结构的变化,近年来也有许多物流公司推出了面向中东、南美和南非等新兴市场的国际物流专线。 如位于杭州跨境电商综合试验区的佳成国际,除美洲专线、日韩专线、澳洲专线、欧洲专线外,也开设了亚非专线、中东专线等。 在货物跨境运送过程中,使用国际物流专线的客户可全程跟踪邮件轨迹,正常情况下不用10天就可签收邮件。

国际物流专线采用大批量集中的空运运输方式,产生的规模效应降低了单位成本,在尺寸和重量的要求上和国际邮政小包相同。 虽然还是没有国际商业快递快,但相比国际邮政小包的时效提高不少,价格低于国际商业快递,因此其性价比是最高的,且在清关方面比较专业,是目前比较受欢迎的一种跨境物流模式。 但总体而言,目前国际物流专线的经营范围相对有限,覆盖地区比较少,且在货物体积、重量、价格方面的限制条件比较多。

(4)海外仓物流模式

基于海外仓模式的物流是近2年兴起的跨境物流模式,是指跨境电商企业在卖方所在国之外租赁或建设仓库,通过国际货运方式,预先将所售商品运至该仓库,然后通过跨境电商平台进行商品展示与销售,最后在接到消费者下单后,该仓库相关人员立即进行商品出货、物流与配送活动。 海外仓的建设可以让出口企业将货物批量发送至国外仓库,这不仅扩大了产品品类,还减少了中间环节,实现本地销售与配送。 此外,海外仓也是展示品牌、提供售后及咨询服务的窗口。 据估算,海外仓物流环节的成本较零售直邮方式可降低20%~50%,货运时间从20天左右缩短到3~5天。

海外仓模式自出现后,便备受关注,越来越多从事跨境电商业务的企业纷纷建立海外仓，用于解决所面临的跨境物流难题。截至 2017 年，杭州跨境电商综合试验区已有海外仓建设主体企业 34 家，海外仓 88 个，其中出口型公共海外仓 57 个，约占总数的 65％，已为 1000 多家外贸企业及跨境电商卖家提供服务。其中，杭州传美跨境物流有限公司是海外仓模式的典型代表，已为上光、光大、笑莱娅等 20 余家出口工厂及出口商提供海外仓储及美国本土销售管理服务。此外，根据"海外杭州"建设总体方案，杭州市力争到 2020 年，推动杭州企业在全球 50 个国家和地区建设并运营 100 个公共海外仓，其中市级及以上公共海外仓达 50 个，海外仓总面积达 20 万平方米，服务企业总数达 1 万家。

然而，目前海外仓物流模式也存在一定的局限，具体包括：首先，海外仓租赁、建设与运营需要投入人力、物力与财力，可能导致物流成本上升。其次，需要提前将商品批量运入海外仓库，因此对前期的消费预期与商品数量、种类预测要求极高。一旦预测错误，就会面临货物送到后因销售不畅而造成库存积压的后果。并且，除了国际货运成本外，还需要缴纳各类进口费用，同时海外仓也会面临所在国在政治、法律、社会等方面的风险（柯颖，2015）。

（5）主要跨境出口电商物流模式比较

本部分根据运输时效、适用货物、运输价格等方面的不同，对 4 种跨境出口电商物流模式进行比较，结果见表 6-2。

表 6-2 主要跨境出口电商物流模式比较

模式	运输时效	适用货物	运输价格	包裹丢失率	清关能力	实时跟踪
国际邮政小包	覆盖范围广，但递送时间久	主要针对的是 2 公斤以下的轻小件物品，在货物体积、重量、形状等方面限制较多	价格便宜，并方便个人操作实现通关	高	清关能力较强，出关不会产生关税或清关费用，但在目的地国家进口时有可能产生进口关税，具体根据每个国家海关税法的规定而各有不同	可进行物流跟踪，但在线查询的精准性比国际快递低，且非挂号件难以追溯进度

续 表

模式	运输时效	适用货物	运输价格	包裹丢失率	清关能力	实时跟踪
国际快递	时效性高,能够保证配送速度	货物基本都可以配送,但由于各国的规章制度存在差异,部分货物存在禁运或限运问题	价格偏高,且价格资费变化较大	低	清关速度较快,快递公司统一负责清关	可追溯查询,能够实现门到门服务及货物跟踪服务
国际物流专线	速度较快,介于国际快递和邮政小包之间	在尺寸和重量的要求上和国际邮政小包相同,主要针对的是2公斤以下的轻小件物品	价格介于国际快递和国际邮政小包之间	较低	清关方面较为专业,风险较小;经营范围相对有限,覆盖地区比较少	能够对货物物流全程进行跟踪,了解详细的配送情况
海外仓物流模式	提供本土化服务,发货周期短,配送速度快	库存周转快的热销单品,退换货方便	物流成本和价格都较低	低	能够实现清关的规模化和规范化,降低监管成本,提高通关效率,避免偷税漏税	能够远程操作海外仓储的货物,且保持实时更新

资料来源:根据相关研究文献分析并整理。

6.2.2 主要跨境进口电商物流模式分析

(1)"单一"式跨境进口电商物流模式

根据该跨境进口电商物流模式的运转流程,其起点为电商企业国外物流配送中心,海外供应商会将货品送达该物流配送中心,通过该物流配送中心对商品进行实质上的备货及仓储管理。 当消费者下单后,依然由该物流配送中心针对电商企业提交的消费者单笔订单进行拣货,同时负责货物的包装和出货(钟峥,2018)。 该物流模式下的包裹在形式上应根据"单一"订单包装而成,所以是一种单件包裹形式。 该包裹会以单件形式经国际快递公司送往不同收件国,为不同国家的客户提供送货到家服务,具体如图6-1所示。

该物流模式完全不需在转运物流配送中心重新设置,也不需要考虑与收件地国家的本土快递体系合作,只需选择合适的国际快递公司即可快速将包裹送至不同客户所在地。 另外，在该物流模式下，国际快递企业会全权负责与处理包裹的通关及报税等多种程序；同时在该物流模式下，不需要累积包裹至一定规模，由于单件包裹也可随时发货，因此与其他运输方式相比，其配送速度更快。 然而，此模式虽然简易方便、运送快捷，但国际单件快递运费较为高昂，当某一国家的订单来源比例较高时，难以进行整合运输（张滨，2015）。

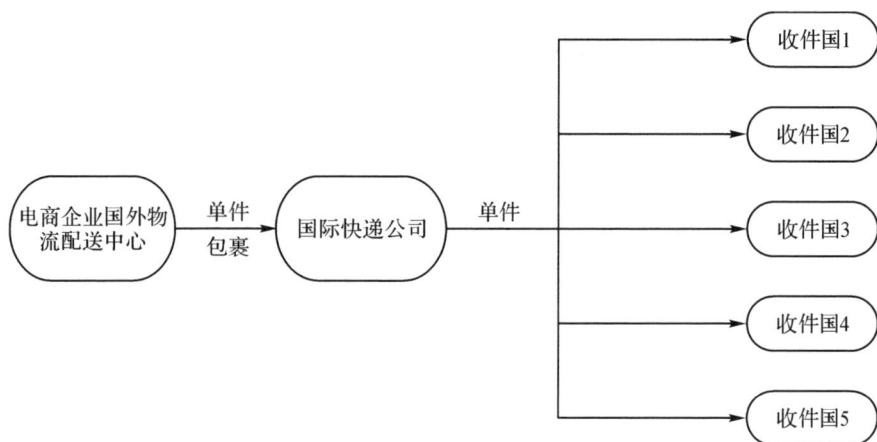

图 6-1　"单一"式跨境进口电商物流模式

资料来源：根据钟峥（2018）及相关研究文献整理。

(2)"两段中转"式跨境进口电商物流模式

根据该物流模式的流程，跨境电商企业的货品会被海外供应商送至该国物流配送中心，在商品实际备货方面及在商品仓储管理方面的事宜均由该物流配送中心进行负责。 消费者下单后，由该物流配送中心针对电商企业提交的消费者单笔订单进行拣货，并对货物进行包装和负责货物出货，同时在此基础上根据收件地相同原则对单件包裹加以整合，当货物达到整批规模要求后，由该物流中心向海外转运国进行运输（钟峥，2018）。 整批货品到达中转国物流中心后，由该中心实施拆封，以单件包裹形式由国际快递公司负责配送，使包裹到达指定国家收件地，具体如图 6-2 所示。

该物流模式是一种对跨国物流进行整合的跨境电商物流模式，且不需考

虑与收件地国家本土快递体系合作的相关问题。 在订单来源未明确显示来自
某一国家时，此运输方案可有效整合不同国家的单件包裹，以整批形式运输至
转运国物流中心以节省国际运费。 不过，此物流模式与"单一"式跨境进口
电商物流模式相比相对复杂，因配送形式同时包括整合运输与单件运输，电商
企业在选择配送服务的相关公司时，需同时寻找适合的批量运送国际物流企
业与单件快递企业（张滨，2015）。 此外，由于需经过中转国物流中心，在
货品配送进度信息上也被分为 2 个阶段，给物流配送信息整合带来不便，且该
物流模式会增加通关检验环节，导致税费增加和时间成本增加。

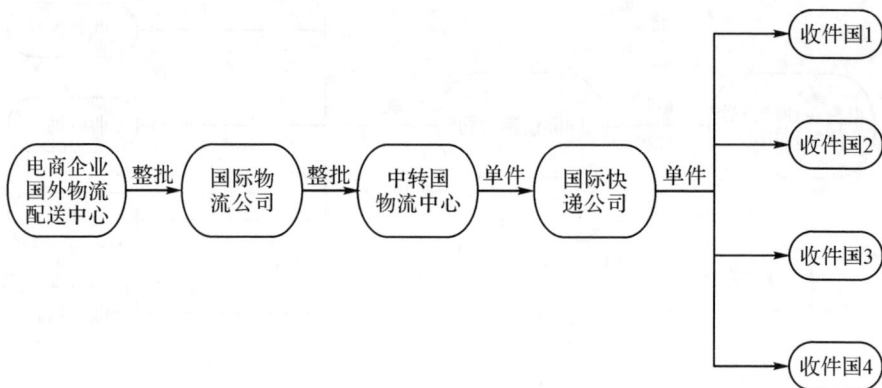

图 6-2　"两段中转"式跨境进口电商物流模式

资料来源：根据钟峥（2018）及相关研究文献整理。

(3)"两段收件"式跨境进口电商物流模式

该模式起点同样为电商企业国外物流中心，跨境电商企业货品将被配送至
该物流中心，由其对商品的实际备货及仓储进行管理。 消费者下单后，由该物
流中心针对电商企业提交的消费者单笔订单进行拣货，同时在此基础上根据收
件地相同原则对单件包裹加以整合，进行整批包装和出货，由国际物流公司以
整批发货形式运送至不同收件国当地的物流中心（钟峥，2018）。 对于整批货
品的拆封工作，将会由当地物流中心负责，以单件包裹形式下发给当地快递体
系，由当地快递公司将包裹送到指定收件地。 从其运输路程来看，在第一阶段
主要为整批运输，在第二阶段主要为单件运输，加之转运点为收件国，因此该物

流模式被称为"两段收件"式跨境进口电商物流模式，具体如图 6-3 所示。

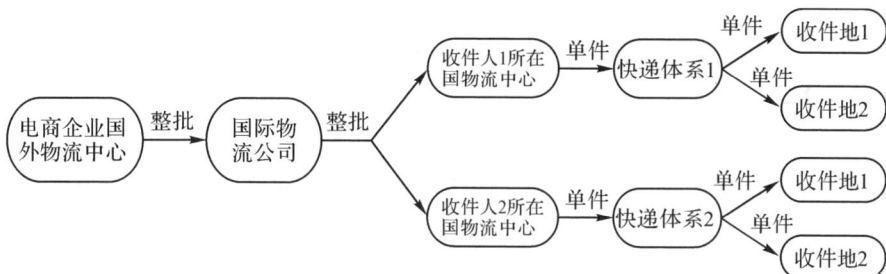

图 6-3 "两段收件"式跨境进口电商物流模式

资料来源：根据钟峥（2018）及相关研究文献整理。

此物流模式在跨境运输时具备整合运输的成本优势，在收件国运输时也享有收件国当地快递体系提供的优惠（张滨，2015）。 当订单来源国家比较明确，且收件国当地物流中心能够直接接收国外快递时，比较适用这种跨境电商物流模式。 不过该模式下的运输方案会涉及其他国家快递公司，而各国本土快递配送效率并不统一，因此会影响物流整体配送速度；与此同时，上述运输方案的配送速度受到各国本土快递体系运作效率的影响，对于全球本土的消费者来说，便是难以提供标准派送时间，且在快递信息处理上也会被分为国际运输阶段与收件人当地快递阶段两阶段条码。

(4)保税区发货的跨境进口电商物流模式

该物流模式一般适用于订单量较多的大型跨境电商企业。 在保税进口模式下，跨境电商企业可以提前进行集中采购，通过批量海运、空运等方式将商品运至保税区备货。 当消费者下单后，商品可直接在保税区仓库报关报检后发货，再直接送达消费者手中。 此种跨境物流模式，一般需要支付保税仓的储备费用及国内的物流服务费用。 相比其他跨境物流模式而言，它在物流配送成本上具有一定的优势。

保税区发货的跨境进口电商物流模式是利用大数据预测热门商品种类和销量，商家提前将货备至保税仓。 由于保税仓系统平台上协同对接了海关、商检等部门，订单产生后根据前置信息可以迅速地完成清关环节，正常情况下通关只需 1 小时便可以完成。 保税仓库是保税制度中应用最广泛的一种形式，是指经海关批准设立的专门存放保税货物及其他未办结海关手续货物的仓库。 由于保税模式相较于传统海淘有着得天独厚的优势，如商家可以批量运输备货，从而节省物流和人力成本；通过保税模式进入仓库的货物可以以个人物品清关， 无须缴纳传统进口贸易 17％的增值税；清关过程相对简化。 以聚美优品所开设频道中的聚美免税店为例，聚美优品的专业招商团队只从品牌官方或具有官方授权的贸易集团批量进货，商品从海外发货后能够直接进入政府监管的仓库，取消传统的层层代理，在提交订单后，2～6 小时内商品便可包装出库并提交海关查验，通常 24 小时即可过关并转由国内送货，基本 3 天可以到货。

综上所述，本部分对我国跨境电商企业最常见的 4 种跨境进口电商物流模式的成本和速度进行比较和分析，见表 6-3。

表 6-3　主要跨境进口电商物流模式比较

跨境进口电商物流模式	成本	速度	法律政策
"单一"式	单件快递运费较高，难以进行整合运输，其主要成本为支付给国际快递公司的快递运费	配送形式简易方便且快捷，与其他运输方式相比，其配送速度更快	有统一的邮税政策，直邮物品不需要许可批件、注册、备案，可直接通关；相关法律焦点在于对货物属性的认定及相关税收
"两段中转"式	和其他模式相比，增加物流中心及通关检验等的相关税费，在一定程度上增加了时间成本	配送形式较为复杂，包括整合运输与单件运输 2 种形式，配送时间较长	
"两段收件"式	该模式在整合运输中具有成本优势，总成本相对较低	物流整体配送速度难以保证，无法给予消费者标准的派送时间	
保税区发货	与其他跨境物流模式相比，其在物流配送成本上具有一定的优势，主要成本为保税仓的储备费用及国内的物流服务费用	通关速度较快，一般消费者能够在下单后 2～3 天内收到货物	受政策影响较大，需在海关备案，经过商检法规，其间所经历的时间成本、人力和物力成本较高；保税仓库及所有的货物受海关的监督管理，非经海关批准，货物不得入库和出库

资料来源：根据相关文献资料整理。

6.3 综合试验区跨境电商物流发展水平分析

6.3.1 综合试验区跨境电商物流发展水平的评价指标体系

科学有效地评价一个跨境电商综合试验区的物流发展水平，对完善综合试验区物流功能、提升综合试验区现代物流竞争力和推动整个跨境电商行业的健康发展具有重大意义。结合综合试验区跨境电商物流发展现状，本书将综合试验区跨境电商物流发展水平概括为综合试验区跨境电商物流竞争力 ＝ 环境竞争力 ＋ 现状竞争力 ＋ 潜力竞争力。

环境竞争力是测度跨境电商综合试验区所在城市的跨境电商物流发展环境优劣的指标，包括城市枢纽性水平、产业综合发展水平和城市综合竞争力等二级评价指标。

现状竞争力是测度跨境电商综合试验区所在城市的跨境电商物流现状发展水平的指标，包括全社会货运量/货运周转量、港口货物吞吐量、机场货邮吞吐量、快递业务量、进出境邮件通关量等二级评价指标。

潜力竞争力是测度跨境电商综合试验区所在城市的跨境电商物流潜在发展能力的指标，包括跨境电商产业规模、外贸（进口、出口和总额）规模和城市 GDP 等二级评价指标。

基于以上分析，本书构建的综合试验区跨境电商物流竞争力评价指标体系如表 6-4 所示。

表 6-4 跨境电商综合试验区物流竞争力评价指标体系

一级指标	二级指标	指标内涵
环境竞争力	城市枢纽性水平	该指标反映中心城市通过交通、物流等途径，将自身拥有的商品、资金、人才和文化资源传输给周边城市的辐射能力
	产业综合发展水平	该指标反映综合试验区跨境电商产业综合发展水平
	城市综合竞争力	选用 GDP、光华新零售城市发展指数等指标反映城市综合竞争力

一级指标	二级指标	指标内涵
现状竞争力	全社会货运量	试点城市全年实际运送的货物数量
	全社会货运周转量	试点城市全年完成的全社会货运周转量
	港口货物吞吐量	全年经由水运进出港区范围并经过装卸的货物数量
	机场货邮吞吐量	在机场全年完成货物和邮件运输的数量
	快递业务量	通过快递将特定物品运达指定地点的业务数量
	进出境邮件通关量	通过国际邮件互换局（站）进出境的邮件的全年通关总量
潜力竞争力	跨境电商产业规模	综合试验区试点城市全年跨境电商交易总额
	外贸规模	综合试验区试点城市全年外贸总量
	外贸出口规模	综合试验区试点城市全年外贸出口总量
	外贸进口规模	综合试验区试点城市全年外贸进口总量

6.3.2　评价指标的数据来源与处理

(1)环境竞争力

环境竞争力包括城市枢纽性水平、产业综合发展水平和城市综合竞争力 3 个评价指标。铁路、公路、航空都具有连接城市的属性，它们缩短了城市之间的物理距离，促进了城市之间更频繁的交流，而这些交流所反映出的数据，便是观察城市枢纽性最好的依据。本书关于我国跨境电商综合试验区城市枢纽性水平的评价，主要借鉴了《第一财经周刊》（2016 版）所发布的城市枢纽性指数，城市枢纽性指数的计算内容包括交通通达度指数、物流通达度指数和商业资源区域中心度指数。本书关于我国跨境电商综合试验区产业综合发展水平的评价，主要借鉴了苏为华等（2016）的相关研究成果。苏为华等（2016）认为，在构建评估测度体系时应更关注与跨境电商发展相关的产业链、生态链的建设情况，以及相关信息技术环境和服务支撑等方面的指标体系，并且从基础能力水平、服务支撑水平和发展潜力水平 3 个维度对 2016 年我国跨境电商综合试验区的发展水平进行了综合测度。本书使用 GDP 指数和光华新零售城市指数反映我国跨境电商综合试验区的城市综合竞争力（如表 6-5 所示）。 新零售城市指数是北大光华管理学院发布的我国 36 个城市的综合竞争力排名，主要从生产效率、流通效率、服务效率、交易效率、环境效率等 5 个方面反映城市综合竞争力。

表 6-5 跨境电商综合试验区物流环境竞争力比较

试点城市	城市枢纽性指数	产业综合发展水平	城市 GDP(亿元)	光华新零售城市指数
杭州	89.6	75.70	11 050.5	93.9
宁波	82.8	50.41	8541.1	89.1
郑州	86	44.12	7994.2	88.9
天津	89.6	40.41	17 885.4	88.2
上海	100	72.66	27 466.2	99.2
重庆	88.1	35.79	17 558.8	88.2
合肥	81.7	36.04	5274.3	88.0
广州	95.6	52.32	19 610.9	91.9
成都	90.5	43.22	12 170.2	91.2
大连	84.6	48.28	6730.3	87.8
青岛	未进入前 20 名	48.42	10 011.3	87.9
深圳	93.2	75.24	19 492.6	95.8
苏州	未进入前 20 名	54.67	15 475.1	—

资料来源:城市枢纽性指数来源于《第一财经周刊》;产业综合发展水平来源于苏为华等(2016);GDP 来源于相关省市统计公报;光华新零售城市指数来自北大光华管理学院发布的《新零售城市创新指数报告》。

(2)现状竞争力

现状竞争力是经济、社会和自然环境等多种因素综合反映和均衡作用的结果，体现了各跨境电商综合试验区物流发展的能力与水平。 现状竞争力的评价指标包括全社会货运量/货运周转量、港口货物吞吐量、机场货邮吞吐量、快递业务量、进出境邮件通关量等，我国跨境电商综合试验区物流现状竞争力情况如表 6-6 所示。

表 6-6 跨境电商综合试验区物流现状竞争力比较

试点城市	全社会货运量（万吨）	全社会货运周转量（亿吨公里）	港口货物吞吐量（万吨）	机场货邮吞吐量（万吨）	快递业务量（亿件）	进出境邮件通关量（万件）
杭州	30 170	480	7279	48.8	18.05	6484
宁波	46 258	2298	49 619	15.1	5.08	1306
郑州	22 038	686	—	45.7	4.24	3453
天津	51 580	2117	55 056	22.4	4.10	463
上海	88 689	19 376	70 177	344	26.03	7861
重庆	107 840	2965	17 372	36.1	2.84	1500
合肥	28 975	317	2811	5.8	3.03	1200
广州	112 507	15 466	54 437	165.2	28.67	23 100
成都	25 702	328	—	61.2	6.15	645
大连	43 116	8638	43 660	14.9	0.89	244
青岛	27 955	1367	51 486	23.1	2.50	710
深圳	31 164	2247	21 410	112.6	20.45	22 000
苏州	13 508	225	57 937	10.0	8.51	477

　　资料来源：根据国家统计局、中国港口网、中国民用航空网、民航资源网等发布的统计资料整理，除进出境邮件通关量外其余数据截止到 2016 年底，进出境邮件通关量为 2017 年数据。

(3)潜力竞争力

　　潜力竞争力是量化的跨境电商产业规模、外贸规模和城市 GDP 体现的各跨境电商综合试验区试点城市可持续发展的潜力。潜力竞争力包括跨境电商产业规模、外贸规模（进口、出口和总额）和城市 GDP 等，我国跨境电商综合试验区物流潜力竞争力情况如表 6-7 所示。

表 6-7 跨境电商综合试验区物流潜力竞争力比较

试点城市	跨境电商产业规模（亿元）	外贸规模（亿元）	外贸出口规模（亿元）	外贸进口规模（亿元）
杭州	527.3	3001.1	2216.9	784.2

试点城市	跨境电商产业规模 （亿元）	外贸规模 （亿元）	外贸出口规模 （亿元）	外贸进口规模 （亿元）
宁波	270.1	4189.3	2916.4	1272.9
郑州	65.0	3681.5	2120.7	1560.8
天津	7.7	4533.1	1952.2	2580.9
上海	25.0	28 700.0	12 100.0	16 600.0
重庆	21.7	4115.1	2652.7	1462.4
合肥	22.3	825.7	558.0	267.8
广州	146.8	5712.7	3453.1	2259.6
成都	23.0	2713.4	1450.5	1262.9
大连	11.3	3396.5	1610.0	1786.5
青岛	119.1	4361.3	2818.2	1543.1
深圳	2637.3	26 645.6	15 882.1	10 763.5
苏州	360.3	18 314.4	10 967.6	7346.8

资料来源:根据商务部、国家统计局、环球网、前瞻数据库等部门、机构发布的公开数据整理,数据截止到 2016 年底。

6.3.3　跨境电商物流发展水平的统计测度与分析

(1)对环境竞争力、现状竞争力及潜力竞争力的评价与分析

　　基于已建立的评价指标体系,本部分使用主成分分析方法对综合试验区跨境电商物流发展水平的环境竞争力、现状竞争力和潜力竞争力 3 个维度进行统计测度。 主成分分析是通过降维把多维空间的彼此相关的多变量数据化简为少量而且相互独立的新综合指标,同时又使简化后的新综合指标尽可能多地包括原有指标中的主要信息,或尽可能不损失原有指标的主要信息的一种多元统计分析方法。 主成分分析能将大量相关变量转化为一组很少的不相关变量,这些无关变量称为主成分,其中第一主成分是原始多维变量线性组合中方差最大的主成分,因此在多指标综合评价中通常可以根据第一主成分对原始多维变量的观测值进行综合排序。

根据表 6-5、表 6-6 及表 6-7 的相关数据，使用 SPSS 软件进行统计计算，得出的我国跨境电商综合试验区物流环境竞争力、现状竞争力及潜力竞争力的综合得分情况如表 6-8 所示。

表 6-8　跨境电商综合试验区物流环境竞争力、现状竞争力、潜力竞争力得分

综合试验区	环境竞争力得分	现状竞争力得分	潜力竞争力得分
上海	2.19	1.89	1.74
深圳	1.32	1.21	2.35
广州	0.99	1.91	−0.30
杭州	0.65	0.21	−0.44
成都	−0.08	−0.54	−0.61
重庆	−0.34	−0.66	−0.49
天津	−0.17	−0.50	−0.46
大连	−0.76	−0.77	−0.56
郑州	−0.63	−0.53	−0.51
苏州	−0.37	−0.43	0.91
宁波	−0.62	−0.32	−0.40
合肥	−1.16	−0.83	−0.79
青岛	−1.02	−0.64	−0.43

本部分基于环境竞争力、现状竞争力和潜力竞争力的二级评价指标体系，进一步使用聚类分析方法对跨境电商综合试验区物流的环境竞争力、现状竞争力和潜力竞争力进行层次聚类，聚类分析结果如图 6-4、图 6-5 及图 6-6 所示。

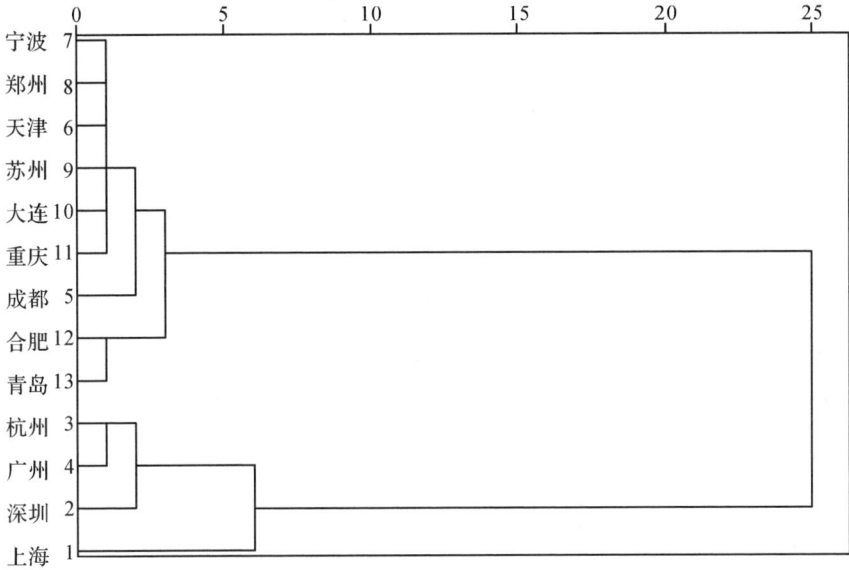

图 6-4　跨境电商综合试验区物流环境竞争力聚类分析结果

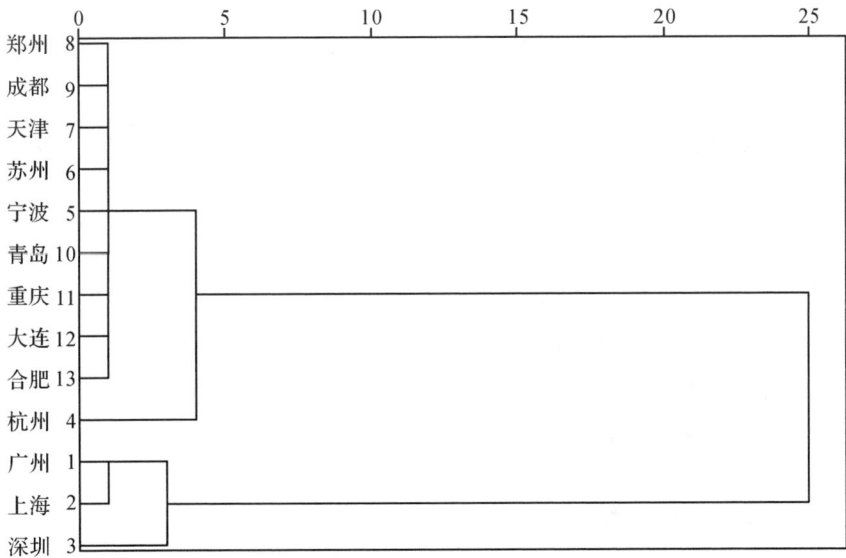

图 6-5　跨境电商综合试验区物流现状竞争力聚类分析结果

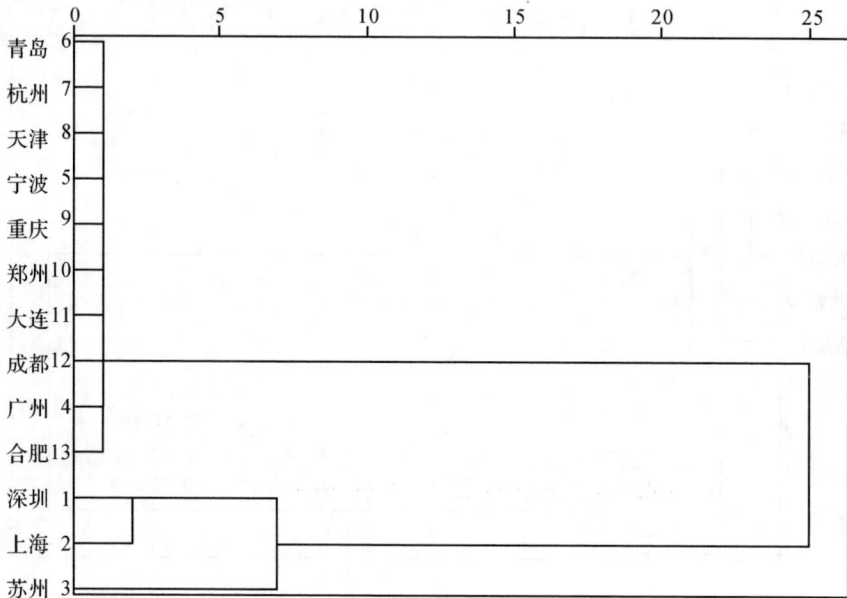

图 6-6　跨境电商综合试验区物流潜力竞争力聚类分析结果

　　综合比较主成分分析和聚类分析的统计结果，我们可以发现，就综合试验区跨境电商物流的环境竞争力维度而言，上海、深圳、杭州和广州 4 个综合试验区处于全国领先地位，而在其余 9 个处于第二层次的综合试验区中，天津、宁波、苏州、郑州、大连、重庆的环境竞争力较为接近，成都相对领先，合肥和青岛则相对落后。就综合试验区跨境电商物流的现状竞争力维度而言，上海、深圳、广州和杭州 4 个综合试验区处于全国领先水平，而其余 9 个综合试验区的现状竞争力处于相对落后地位。就综合试验区跨境电商物流的潜力竞争力维度而言，上海、深圳和苏州处于全国领先水平，而其余 10 个综合试验区的潜力竞争力则处于相对落后的地位。

(2)跨境电商物流发展水平的综合评价与分析

　　基于已得到的环境竞争力、现状竞争力和潜力竞争力得分，本部分分别使用简单加权算术平均方法和 TOPSIS 方法进行综合试验区跨境电商物流发展水平（物流竞争力）的综合评价。TOPSIS 方法即逼近于理想解的排序方法，是根据多项指标，对多个方案进行比较和选择的分析方法，其中心思想在于首先确定各项指标的正理想值和负理想值，然后求出各个方案与正理想值和负理想值的加权欧氏距离，最后由此得出各方案与最优方案的接近程度，作为评价方案的优劣标准。综合 2 种方法的评价结果，进一步求出 2 种方法标准得分的算术平均值作为跨境电商综合试验区物流竞争力的综合得分，并根据物流竞争力综合得分对各跨境电商综合试验区物流发展水平进行排序，结果见表 6-9。

表 6-9　跨境电商综合试验区物流发展水平排序

综合试验区	环境竞争力评价		现状竞争力评价		潜力竞争力评价		物流竞争力综合评价		
	标准得分	单项排名	标准得分	单项排名	标准得分	单项排名	平均数法	TOPSIS法	综合排名
上海	0.980	1	0.971	2	0.959	2	0.970	0.841	1
深圳	0.918	2	0.887	3	0.991	1	0.927	0.819	2
广州	0.824	4	0.972	1	0.382	4	0.751	0.736	3
杭州	0.844	3	0.583	4	0.330	7	0.585	0.673	4
苏州	0.295	9	0.334	6	0.819	3	0.467	0.583	5
宁波	0.312	7	0.374	5	0.345	5	0.347	0.560	6
重庆	0.251	11	0.255	11	0.312	9	0.271	0.635	7
成都	0.484	5	0.295	9	0.271	12	0.344	0.540	8
郑州	0.309	8	0.298	8	0.305	10	0.303	0.555	9
天津	0.319	6	0.309	7	0.323	8	0.316	0.541	10
大连	0.281	10	0.221	12	0.288	11	0.259	0.571	11
青岛	0.142	13	0.261	10	0.334	6	0.247	0.500	12
合肥	0.154	12	0.203	13	0.215	13	0.192	0.530	13

根据物流竞争力综合得分的计算结果，进一步使用 SPSS 软件对各跨境电商综合试验区物流发展水平进行聚类分析，聚类分析结果如图 6-7 所示。

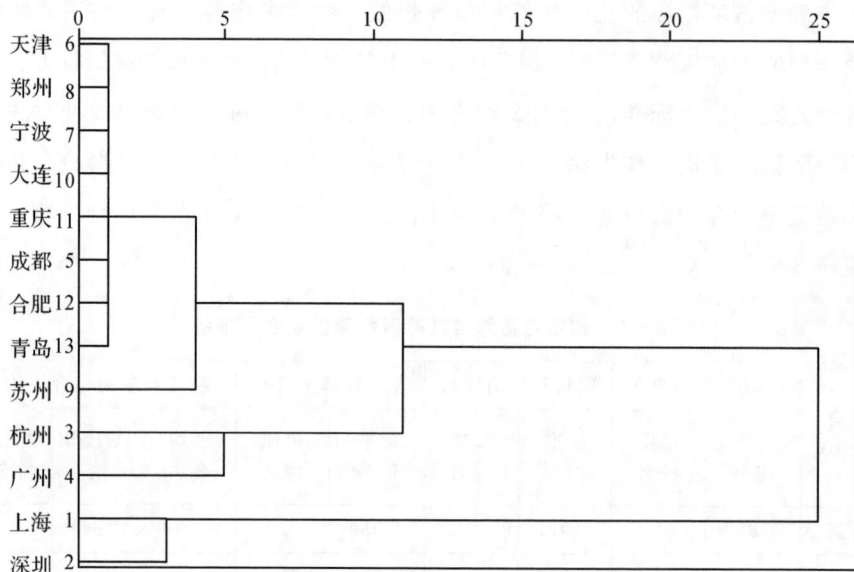

图6-7 跨境电商综合试验区物流发展水平聚类分析结果

综合比较综合试验区物流发展水平排序和聚类分析结果，我们可以发现，上海、深圳、广州和杭州的跨境电商物流发展水平明显处于全国领先地位，其中上海和深圳的跨境电商物流发展水平又明显高于广州和杭州俩城市；在其余9个综合试验区中，青岛和合肥的跨境电商物流发展水平相对较弱，具体如图6-8所示。

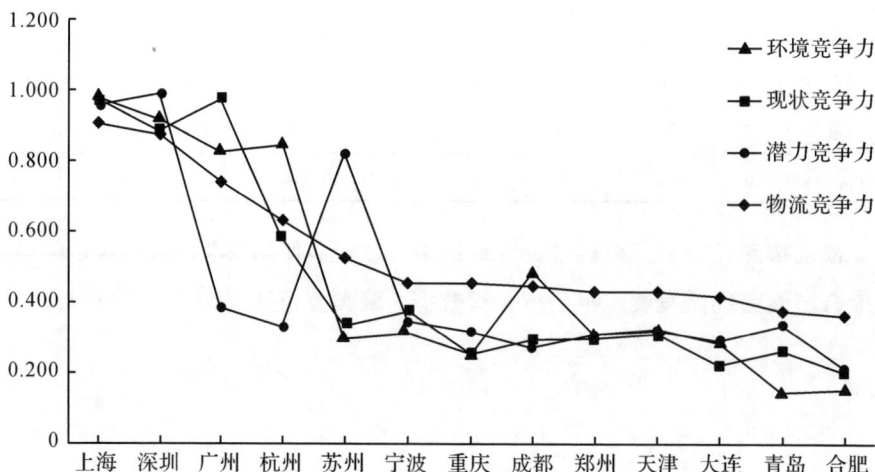

图6-8 跨境电商综合试验区物流发展水平(2016年)

6.4 综合试验区跨境电商物流创新实践分析

我国跨境电商产业近年来的迅猛增长，得益于跨境电商物流的快速发展，跨境电商产业的迅猛增长也促进了跨境电商物流的实践创新与继续发展。 跨境电商综合试验区物流模式的创新之处主要表现在以下 5 个方面。

(1)跨境电商货物通关模式创新

为了简化跨境电商货物通关流程、提高通关效率，各个综合试验区在完善监管模式、金融服务、标准规则等方面积极创新。 在通关监管模式创新方面，郑州实行"电子商务＋行邮监管＋保税中心"的通关监管模式，通过保税物流园区或服务企业作为第三方交换中心，推动海关、国检在同一区域实现现场查验流水线作业。 通过海关、国检、公安、银行等 4 个监管服务部门与保税物流园区信息平台的互联互通，实现对交易信息、支付信息、物流信息的有效采集，替代传统的装箱单、合同和发票，从而实现对跨境电商的 24 小时通关服务和全覆盖的税收征管，进一步推动跨境电商自由化、便利化发展，实现由 B2B，B2C 监管向 B2B2C 监管转变。 在通关效率创新方面，大连打造新型通关模式，完善事前备案、事中监管、事后追溯的监管模式，实现"一次备案、一次申报、一次查验、一次放行"的秒通关，因此通关和配送时效得到极大提高。 在金融服务方面，上海鼓励物流企业发挥货物监管优势，与货主和银行合作，开展代收代付、动产质押、仓单质押等物流金融服务。

(2)跨境电商物流基础设施创新

跨境电商物流园区作为物流作业集中区，多种物流设施和物流企业空间集聚区，跨境电商基础设施的核心区，在提高物流的组织化水平和集约化程度、转变物流运作模式及经济发展方式、调整优化经济结构和促进区域经济发展等方面发挥越来越重要的作用，日益成为各级政府和跨境电商企业关注的焦点，因此各综合试验区也在紧锣密鼓地建设物流园区。 天津设有空港航空物流园区，总规划面积 7.5 平方千米，分为核心功能区和配套功能区，主要包括货机坪、货站和快件中心、机场货运区、空港国际物流区、仓储物流扩展区及管理办公区。 目前，已有欧洲贸易中心跨境电商、华宇航空货站、罗捷斯电商公司、全麦网、亚马逊等多家企业在此开展业务。 郑州设有国际物流园区，总规划面积 86 平方千米，以"四港联动、多式联运"为总体思路，着力打造以"国际物流、区域分拨、城市配送"为主要功能的产城融合智慧物流新城。 商丘设有跨境电商物流产业园，该产业园是集产品资源、平台对接、数据化服务、办公、仓储配套、物流配送、人才输送、培训、第三方运营服务（帮助传统工业企业通过互联网开拓市场）、公共服务于一体的电商全产业链综合服务园区。

(3)跨境电商智慧物流技术创新

跨境电商智慧物流是跨境电商综合试验区解决行业低价厮杀的关键所在，目前已有不少跨境电商综合试验区在跨境电商物流的智能化应用方面采取相应措施。 杭州综合试验区在智能物流技术研发方面，涌现了一批创新示范型企业，最具代表性的有杭州海仓科技的智能化高效库区和个性化 WMS 仓储管理系统、圆通速递的全网使用基础性业务操作平台（金刚系统）及菜鸟裹裹自主研发的大宝仓储管理系统。 宁波建立了以感知和网络传输为基础、平台为核心、应用为目标、互联共享为纽带的智慧物流体系，提出了"1＋N"智慧物流协同化运作模式，由政府主导建设 1 个公共基础平台，以公益性服务为主，依托公共基础平台，由各个企业建设 N 个智慧物流协同平台，进行市场化运作。 成都依托空港保税物流中心（B 型）、空港国际快件中心试点建设跨境电商通关公共服务平台，实现了海关、检验检疫等政府部门及企业的联网办公，并且通过推行"全程电子通关"和"汇总纳税、清单验放"的作业模式，海关监管准入时限从传统的 2～3 个月提高到 2～5 个工作日。 广州率先在全国建设检验检疫"智检口岸"平台，广州检验检疫部门在南沙建立以"智检口岸"平台为核心的监管模式，通过实施具有我国自主知识产权的二维码——"真知码"溯源措施，可精准追溯每批产品、每件商品的质量信息。 同时，广州推出全球质量溯源体系 2.0 版本，由企业提前将商品质量信息通过公证信息接入系统导入"智检口岸"平台，商品抵达口岸后，检验检疫机构实施精准监管、快速验放，验放速度提高到 100 秒/件。

(4)新兴跨境电商物流模式不断涌现

跨境物流模式逐步向正规化、合法化、多样化等方向转变，已不再拘泥于国际邮政小包、国际快递或专人托带等模式。 目前，跨境电商物流模式较多，除了传统的国际邮政小包与国际快递外，海外仓逐渐兴起。 此外，还有一些新兴的跨境物流模式，如国际物流专线、边境仓、保税区和自由贸易区物流等。

海外仓在跨境电商物流领域扮演着日趋重要的角色，海外仓已经从服务电商拓展到各个行业，在全球范围内多点开花。 目前，中国邮政已开办美国、英国、德国和澳大利亚仓库业务，能根据卖家订单拣选对应货品，在 24 小时内出库配送，并支持退换货等。 菜鸟无忧物流的快递服务也已遍及俄罗斯、美国、英国、法国、西班牙等全球 200 多个国家和地区。 顺丰、圆通、申通等物流企业也纷纷设立海外仓，拓展国际化业务。 据不完全统计，目前中国已有 200 多家企业在境外设立了海外仓，数量超过 500 个。 海外仓通过深度整合跨境物流资源，进一步缩短了中国卖家与海外消费者之间的距离，助力卖家提供可与本地实体零售相媲美的一流购物体验，已然成为跨境电商撬动海外市场的利器。 目前，各综合试验区高度重视海外仓建设，不少城市对开展海外仓的企业进行资金补贴。 成都市政府对海外仓（含智能口岸、进出口集货仓、跨境电商专用冷链库等仓储场所）建设和租赁费用，货架（货柜）、视频监控系统、传送系统、专用推车（叉车）、辅助设备和管理信息系统等购置费用给予总投资额 70% 的扶持，但单个项目扶持金额不超过 200 万元。

(5)跨境电商进出口业务模式不断创新

跨境电商业务模式作为跨境电商综合试验区物流的核心，与多种业务模式之间的协调发展、资源共享，可以实现聚合效应，同时各综合试验区也在积极探索跨境电商发展模式。 郑州重点发展保税备货、进口和出口集货业务。

其中，保税备货模式通过跨境电商企业事先根据消费者的大数据需求信息，提前在国外（国内）采购货物后统一进入保税物流中心，等消费者下单后再报经海关清单核放，查验放行后由物流进行配送。 同时，郑州积极发展 B2C，O2O 等新型跨境电商业态，建立物流主体多元化、运输方式多样化、服务方式集约化的保税物流服务新模式，实现物流降本增效、货物快速抵达。 大连重点培育一批以日本、韩国和"一带一路"沿线国家为主要目标市场的跨境电商 B2B，B2C 进出口经营主体，形成联通东北亚、辐射全球的物流体系；推动"两直购两出口"的跨境电商运营模式，发展海运直购、店铺直购（前店后仓）模式，推动软件服务外包出口和装备制造业 B2B 出口。 成都以跨境 B2B 出口为主要方向，以物流基础设施、贸易规则为主要内容，与"丝绸之路经济带"沿途国家的城市形成多个点对点的电商合作，探索跨境电商新模式，释放市场活力，吸引大中小企业集聚，促进新业态成长。

7 跨境电商综合试验区制度创新实践研究

　　党中央、国务院高度重视跨境电商等贸易新业态的发展。 党的十九大报告明确提出，拓展对外贸易，培育贸易新业态新模式，推进贸易强国建设。从 2015 年起，连续 4 年的政府工作报告中均提出促进跨境电商等新业态的发展。 2015 年 3 月和 2016 年 1 月，国务院分两批在杭州等 13 个城市开展跨境电商综合试验区试点工作。 经过几年的大胆探索和创新发展，这两批 13 个综合试验区坚持问题导向，加强顶层设计，开展制度、管理和服务创新，探索形成了以"两平台六体系"为核心的管理制度和 12 个方面的成熟经验做法，并已面向全国复制推广。 2018 年 7 月 24 日，国务院国函〔2018〕93 号批复同意在北京等 22 个城市设立跨境电商综合试验区。 跨境电商作为一种外贸新业态，当前仍处于高速发展期。 在面向全国复制推广成熟经验做法的新时期，及时总结跨境电商综合试验区制度创新历程和实践经验，对于促进跨境电商监管制度、服务体系和政策框架创新，推进跨境电商综合试验区试点工作，培育外贸新动能和推进贸易强国建设都具有重要意义。 本书总结了我国跨境电商政策创新的实践历程、政策现状及面临的挑战，并基于文本计算方法对跨境电商政策创新特点和重点领域进行定量研究；详细阐述了前两批 13 个综合试验区制度创新的实践历程和主要举措，并基于文本计算方法对综合试验区制度创新举措的重点、制度相似性进行系统聚类和共现可视化分析；基于关、税、汇、检、商、融等角度，提出了针对跨境电商制度创新的对策建议。

7.1 跨境电商政策创新实践与文本量化分析

7.1.1 跨境电商政策发展历程

跨境电商的稳健发展离不开政策法规的支持和监管。目前，我国已经颁布的与跨境电商相关的政策法规涵盖了跨境电商交易流程的各个环节，初步形成了涉及跨境电商进出口商品监管、外汇支付、海关监管、税收征管、检验检疫等各个环节的政策体系。其发展历程主要体现在以下几个方面。

第一，跨境电商政策的发布时间。2012 年，商务部、国家发改委发布了1 项重要政策，就利用电商平台开展对外贸易、组织开展国家电商示范城市电商试点专项工作进行了规范部署。2013 年，国家各部门共计发布 4 项重要政策，为鼓励促进跨境电商零售出口业务的发展，提出电商应用的实施意见和跨境电商零售出口指导意见。2014 年，国家各部门共计发布 5 项重要政策，明确了跨境电商零售出口退税政策，增列了海关监管方式代码 "9610" "1210"，对网购保税进口模式有关问题进行了规范，通告了跨境贸易电商进出境货物、物品有关的监管事宜。2015 年，国家各部门共计发布 6 项重要政策，对跨境外汇支付业务试点工作、出入境检验检疫报检企业管理办法、网购保税进口的监管等领域进行了规范。2016 年，国家各部门共计发布 5 项重要政策，主要完善了跨境电商零售进口税收政策，提出与进口税收政策实施清单管理及跨境电商服务试点网购保税进口模式相关问题的解决办法。2017 年，海关总署、国务院关税税则委员会共发布 3 项重要政策，对推进全国海关通关一体化改革工作进行了部署，还以暂定税率方式降低部分消费品的进口关税。

第二，跨境电商政策的发布部门。国务院办公厅发布的跨境电商相关政策主要是指导性意见，要求各部门落实跨境电商基础设施、监管设施的建设工作，以及要求优化完善支付、税收、收结汇、检验、通关等过程。自 2012 年以来，国务院办公厅共计发布或参与发布了 5 项与跨境电商相关的重要政策，其中有 4 项政策的主题为试点工作指导意见，4 项中有 2 项政策的主题为促进跨境电商进出口业务的发展。海关总署作为跨境电商监管链条的关键部门，在跨境电商政策制定上有着较高的权限,在电商流程层面,特别是通关流程相关政策的制定中扮演着重要角色。自 2012 年以来,海关总署共计发布或参与发布了 14 项与跨境电商相关的重要政策,其中有 9 项政策的主题是加强海关监管,2 项政策的主题是完善税收,1 项政策的主题是跨境贸易电商服务试点。此外,财政部、商务部、发改委、质检总局、外汇管理局等部委根据指导性意见分别制定相应政策。国家质检总局自 2012 年以来共计发布或参与发布了 6 项与跨境电商相关的重要政策,其中 5 项政策的主题是加强检验检疫监管,1 项政策的主题是支持零售出口。国家外汇管理局、国家财政部、国家税务总局自 2012 年以来共计发布或参与发布了 6 项与跨境电商相关的重要政策,其中 4 项政策主要是关于进出口税收的,2 项政策主要是关于外汇支付的。

第三,跨境电商政策涉及的具体业务。自 2012 年以来,涉及进口业务的跨境电商政策有 8 项,其中 2 项政策的主题是关于进口税收的,6 项政策主题是加强进口监管。自 2012 年以来,涉及出口业务的跨境电商政策有 3 项,其中 2 项政策的主题是扶持出口业务发展,1 项政策的主题是完善出口税收。自 2012 年以来,进出口业务均有涉及的重要政策有 2 项,其主旨为加强对进出口业务监管的同时促进其快速健康的发展。目前,各项政策法规的颁布和执行为跨境电商的有序稳定发展奠定了良好的政策基础,具体政策颁布情况如表 7-1 所示。

表 7-1　跨境电商领域重要政策一览表(2012—2017 年)

政策名称	发布部门	发布时间	政策主题	政策类型
商务部关于利用电子商务平台开展对外贸易的若干意见	商务部	2012 年 3 月 12 日	提出对外贸易过程中的通关、退税、融资、信保等政策性问题	指导
关于组织开展国家电子商务示范城市电子商务试点专项的通知	国家发展改革委办公厅	2012 年 5 月 8 日	由海关总署组织有关示范城市开展跨境贸易电子商务服务试点工作	支持
支付机构跨境电子商务外汇支付业务试点指导意见	国家外汇管理局	2013 年 2 月 1 日	在上海、北京、重庆、浙江、深圳等地开展外汇支付业务试点工作	指导

政策名称	发布部门	发布时间	政策主题	政策类型
关于促进进出口稳增长、调结构的若干意见	国务院办公厅	2013 年 7 月 26 日	从调整法检费用和目录、加大出口退税支持力度等 12 个方面出台有效的支持措施	指导
关于实施支持跨境电子商务零售出口有关政策的意见	商务部	2013 年 8 月 21 日	提出了具体的支持政策、实施要求和其他事项	指导
关于促进电子商务应用的实施意见	商务部	2013 年 10 月 31 日	探索发展 B2B 进出口和 B2C 等模式	指导
关于支持跨境电子商务零售出口的指导意见	国家质检总局	2013 年 11 月 11 日	建立出口企业及其产品备案管理制度，创新电商出口产品监管模式	支持
关于跨境电子商务零售出口税收政策的通知	财政部、国家税务总局	2014 年 1 月 13 日	明确跨境电商零售出口退税政策、条件	支持
关于增列海关监管方式代码的公告	海关总署	2014 年 2 月 7 日	增列海关监管方式代码"9610"	规范
关于跨境贸易电子商务服务试点网购保税进口模式有关问题的通知	海关总署	2014 年 3 月 4 日	明确网购保税进口模式中的试点进口商品范围、购买金额、数量、征税等问题	规范
关于跨境贸易电子商务进出境货物、物品有关监管事宜的公告	海关总署	2014 年 7 月 23 日	即 56 号文，进一步明确了跨境电商进出境货物、物品通关管理、监管流程	规范
关于增列海关监管方式代码的公告	海关总署	2014 年 7 月 30 日	增列海关监管方式代码"1210"	规范
关于开展支付机构跨境外汇支付业务试点的通知	国家外汇管理局	2015 年 1 月 20 日	在全国范围内开展支付机构跨境外汇支付业务	支持
出入境检验检疫报检企业管理办法	国家质检总局	2015 年 2 月 15 日	改变报检单位和报检员资质认定模式	支持

政策名称	发布部门	发布时间	政策主题	政策类型
关于进一步发挥检验检疫职能作用促进跨境电子商务发展的意见	国家质检总局	2015 年 5 月 13 日	建立清单管理制度,构建风险监控和质量追溯体系,创新检验检疫监管模式	支持
关于加强跨境电子商务进出口消费品检验监管工作的指导意见	国家质检总局	2015 年 6 月 9 日	建立进出口消费品监管新模式、质量安全风险监测和追溯机制等	支持
关于促进跨境电子商务健康快速发展的指导意见	国务院办公厅	2015 年 6 月 16 日	优化海关监管、完善检验检疫监管、规范税收、完善支付结算、提供财政金融支持	指导
关于加强跨境电子商务网购保税进口监管工作的函	海关总署	2015 年 9 月 9 日	未经国家层面批准,地方政府自行设立的跨境电商园区跨境保税业务一律叫停	规范
关于跨境电子商务零售进口税收政策的通知	财政部、海关总署、国税总局	2016 年 3 月 24 日	宣布跨境电商税收政策将于 2016 年 4 月 8 日起进行调整,又称"四八新政"	规范
关于跨境电子商务零售进口商品有关监管事宜的公告	海关总署	2016 年 4 月 6 日	主要规范了企业管理、通关管理、税收征管、物流监控、退货管理及其他事项	规范
跨境电子商务零售进口商品清单	商务部、海关总署、质检总局等	2016 年 4 月 7 日	跨境电商零售进口税收政策实施清单管理,清单共包括 1142 个 8 位税号商品	支持
跨境电子商务零售进口商品清单(第二批)	财政部、海关总署、质检总局等	2016 年 4 月 15 日	共包括 151 个 8 位税号商品	支持
海关总署办公厅关于执行跨境电子商务零售进口新的监管要求有关事宜的通知	海关总署	2016 年 5 月 24 日	监管方案规定新的监管要求过渡期为 1 年,暂缓执行至 2017 年 5 月 11 日	规范

政策名称	发布部门	发布时间	政策主题	政策类型
海关总署关于推进全国海关通关一体化改革的通知	海关总署	2017 年 6 月 28 日	明确主要内容和适用范围,区域通关一体化向全国海关通关一体化过渡的有关安排	支持
海关总署关于增列海关监管方式代码的公告	海关总署	2017 年 9 月 4 日	增列海关监管方式代码"2210"	规范
国务院关税税则委员会关于调整部分消费品进口关税的通知	国务院关税税则委员会	2017 年 11 月 22 日	自 2017 年 12 月 1 日起,以暂定税率方式降低部分消费品的进口关税	支持

资料来源:作者整理。

7.1.2　跨境电商政策现状评估

(1)跨境电商税收征管体系有待完善

从跨境电商进口业务的税收管理来看,财政部、海关总署及国家税务总局发布的《关于跨境电子商务零售进口税收政策的通知》(财关税〔2016〕18号)规定,自 2016 年 4 月 8 日起,取消对跨境电商进口物品按邮寄物品征收行邮税纳税的方式,改为按货物进口征收关税、消费税、增值税,对交易限额、适用税种和范围进行较大调整。 与之前执行的 2014 年海关 56 和 57 号文中有关税收政策相比,新的税收政策主要解决了以下问题:一是个人单笔交易限额偏低。 将个人单笔交易额从 1000 元提高到 2000 元,新增个人年度交易限额 2 万元;对超出限额的商品,改走一般贸易货物形式。 二是明确进口商品使用税种。 规定跨境电商零售进口税包含关税、增值税、消费税 3 部分,取消免征税额,在交易限额内的,关税税率为 0,增值税、消费税按法定应纳税额的 70%征收。 三是扩大跨境电商零售进口税收适用范围,同步调整行邮税。 规定无论是否通过与海关联网的电商平台交易,只要能够提供交易、支付、物流三单信息的跨境电商零售进口,均按照跨境电商零售进口税征收。 同时,将行李和邮递物品税率(即行邮税)从原来的 10%,20%,30%和

50％四档税目调整为 15％，30％和 60％三档税目。

在新的进口税收政策中虽然调整了跨境电商零售进口税种，扩大了跨境电商零售进口税收适用范围，但是仍存在诸多问题。 一是适用对象没有覆盖全部跨境电商零售进口商品。 跨境电商进口税收政策目前只适用于跨境电商零售进口商品清单范围内从其他国家或地区进口的商品，主要包括 2 类：一类是所有通过与海关联网的电商交易平台交易，能够实现交易、支付、物流电子信息"三单"比对的跨境电商零售进口商品；另一类是未通过与海关联网的电商交易平台交易，但快递、邮政企业能够统一提供交易、支付、物流等电子信息，并承诺承担相应法律责任进境的跨境电商零售进口商品。 对于不属于跨境电商零售进口的个人物品，以及无法提供交易、支付、物流等电子信息的跨境电商零售进口商品，仍按原来的规定执行。 二是数字化等无形产品的适用税率仍难确定。 由于互联网没有清晰明确的国境界线，很难判断电商交易双方所处的国家，且因为电商所独有的虚拟性和无形性，海关难以准确判断货物或者服务的提供地和消费地，特别是数字化产品，即使海关发现了进口行为也难以准确判断其来源地及适用税率。 三是税收新政实施困难。 海关总署于 2016 年 5 月又出台了跨境进口电商新税制，明确了电商企业、平台或者物流企业可以代扣代缴相关税费，但这令众多中小跨境电商和个人代购者的压力增加，不得不暂缓执行。 从上述可以看出，跨境电商进口税收新政实施艰难，政策创新有待进一步突破。

从跨境电商出口业务税收管理来看，财政部和国家税务总局在《关于跨境电子商务零售出口税收政策的通知》（财税〔2013〕96 号）中对电商零售出口实现退税或免税的条件做了清楚的界定，对于能提供增值税专用发票的一般纳税人实行增值税和消费税退免税政策，对于不能提供增值税专用发票的小规模纳税人实行增值税和消费税免税政策。 该通知一方面明确了适用免税政策的条件。 其中一个条件是购进货物出口须取得合法有效的进货凭证，这些凭证包括增值税专用发票、海关代征进口增值税专用缴款书、普通发票、政府非税收入票据等。 因此，在进行税收申报时，不再向退税部门报送免税明细申报资料及电子数据，但仍须向征管部门进行增值税日常申报。 另一方面界定了电商出口企业退税条件，对于取得增值税专用发票的电商出口企业可退税，取得合法有效的进货凭证可免税。 目前，综合试验区争取在一定条件下的"无票免征"政策，即对纳入综合试验区"单一窗口"监管的跨境电商零售出口的货物，如果出口企业未取得合法有效的进货凭证，在平台登记销售方名称、纳税人识别号、销售日期、货物名称、计量单位、数量、单价和总金额等进货信息的，可在一定时期内暂执行免征不退政策。

现行的跨境电商出口税收政策也存在诸多问题。 第一，一些跨境电商产品没有进项增值税专用发票，企业没有办法列支成本，这直接影响其所得税缴税金额。 第二，部分出口企业因担心交易数据被税务部门用作征税依据，不愿主动申报相关信息，使按"先征后退"的出口退税方式办理的难度加大。第三，目前我国的出口退税管理属于条块分割管理模式，各职能部门的管理内容、要求和目的各不相同，部门之间缺乏充分的沟通协调，部门协作配合不到位、共享信息不充分、跨部门的信息传递不畅，因此出现了出口退税管理上的灰色地带和盲区，致使跨境电商出口退税仍面临各种挑战。

（2）外汇与支付管理政策有待突破

跨境电商平台的支付安全、支付成本、支付效率一直是跨境电商经营过程中最核心的问题。 2013 年 3 月，国家外汇管理局发布《支付机构跨境电子商务外汇支付业务试点指导意见》（汇综发〔2013〕5 号）（以下简称《指导意见》），明确了跨境支付企业的经营资质，解决了跨境电商的主体准入不完善问题。 同时，该《指导意见》还规定，支付机构参加跨境电商外汇支付业务试点，应先取得人民银行颁发的"支付业务许可证"，许可业务范围须包括互联网支付；支付机构应制订相关试点申请方案，经所在地国家外汇管理局分局、外汇管理部初审后，报国家外汇管理局核准。 2015 年 1 月 20 日，国家外汇管理局发布《关于开展支付机构跨境外汇支付业务试点的通知》（汇发〔2015〕7 号）（以下简称《通知》），对开展跨境支付业务的支付机构在资格准入、业务管理、备付金账户管理、数据报送和监督检查等方面均提出了具体要求，进一步加强了跨境支付业务的合规性和安全性。 但是，我国的跨境电商支付的政策法规仍有待完善。 第一，国家外汇管理局发布的《指导意见》和《通知》对相关企业退出市场的相关管理和程序没有做出规定，且其法律位阶太低，不属于《立法法》规定的"法律、法规、规章"等正式法律范畴，使得跨境电子支付中客户资金与信息安全保护、反洗钱、消费者保护等基本内容都缺少直接的法律依据，客户对跨境支付的安全性仍心存担忧，大量客户资金会在第三方电子支付平台沉淀，客户资金在"非金融机构"的沉淀可能会产生来自支付机构的变相使用、利用沉淀资金进行投资和资金被盗取等安全隐患上的风险。 第二，没有就跨境支付中的客户信息与资金保护问题做出明确规定，只是间接适用境内支付的监管要求。 第三，高昂的手续费和漫长的转账周期仍是跨境支付的痛点。

跨境电商外汇管理的政策法规建设也需要进一步完善。 目前《中华人民共和国外汇管理条例》是跨境电子支付的基本法，是国家外汇管理局获得法定监管职权的依据，但其中并没有规定跨境电子支付中外汇资金的收付与结售汇的具体内容。 实践中存在的主要问题包括：第一，外汇管理制度中第三方支付机构的定位不明确。 在第三方支付机构参与的跨境支付服务中，第三方支付机构实际上承担了一定的类似银行的外汇管理职责，执行着一定的国家外汇管理政策，而这类机构从性质上讲又不属于金融机构，如何从法律角度明确该类非金融机构的行为是外汇管理法律制度中亟待解决的一个主要问题。第二，外汇收支统计存在问题。 在跨境电子支付中，第三方支付机构充当跨境交易的收付款方，交易资金会在第三方支付机构大量沉淀，长此以往，不但会产生沉淀资金的安全问题，还会因国际收支申报收付款主体不是交易当事人而影响到监管机构对外汇收支统计的准确性。 第三，交易真实性的判别问题。 由于跨境支付是通过互联网来传递交易信息和完成交易流程的，缺少传统的书面纸质凭证，这在一定程度上增加了监管交易真实性的难度。

(3)跨境电商海关监管面临诸多挑战

跨境电商的通关监管模式还有待继续完善。 自2014年起，海关总署各直属海关陆续与驻地各口岸单位合作建成了一批"单一窗口"，这不仅在横向上协同了各个口岸部门，还对贸易链、产业链的纵向监管覆盖到跨境订单、物流、仓储、支付、信用评估等一系列行为，大大提高了通关效率。 2016年，海关总署推进通关作业无纸化改革，目前通关作业无纸化已实现所有海关作业现场全覆盖,并已成为企业主流报关模式。 2017 年 7 月,全国海关通关一体化改革后,海关采用"一次申报、分步处置"的新型通关管理模式,在企业完成报关和税款自报自缴手续后,安全准入风险主要在口岸通关现场处置,税收征管要素风险主要在货物放行后处置,实现既有效监管,又保障便捷通关。海关通关流程及监管制度虽然在一定程度上得到了完善,但是仍存在许多问题需要解决。 一方面,以跨境进口为例,各地海关采用的通关流程、验放尺度(如"自用、合理数量"的标准)、税款征收依据及通关管理平台信息系统尚未统一,严重影响海关执法统一性,个别监管模式甚至存在一定政策争议,给跨境电商的发展带来了风险。 另一方面,关、检、汇、税各部门之间缺乏统一的监管标准,商检、海关、税务、金融、物流等相关部门出台的跨境电商政策仍处于条块分割、分散使用状态,未能有效建立与畅通协调协作机制,多头管理、重复申报等问题时有发生,导致跨境电商在通关过程中存在联系及配合不到位的情况。

跨境电商的检验检疫工作也面临诸多挑战。 第一,普遍存在执法主体不明确的问题,检验检疫人员在行政执法过程中总有非法定受权而不可为的困惑。 同时,各地区执法人员对检验检疫部门公开的法律法规存在的理解偏差也造成了严重的执法困难,检验检疫执法依据亟须规范。 第二,商品清单管理也是跨境电商监管面临的严峻问题。 国家各部门在 2016 年公布的两批跨境电商零售进口商品清单,先后列出了涵盖食品饮料、服装鞋帽、家用电器、部分化妆品、纸尿裤和婴幼儿配方乳粉等共计 1293 个 8 位税号商品,虽然涵盖了实际进口的绝大部分商品,但是从跨境电商进出口实践上看,仍存在商品属性的判定和管理难度大的问题。 一是采用航空小包、邮递包裹、快递等方式把大量的跨境电商商品运输进、出境,既具有货物的贸易特点又同时具有物品的监管特点,导致单独套用任何一种管理方式对跨境电商商品进行管理都存在很大的不适应性,无法达到理想的管理效果。 二是限值监管规定难以落实。 海关对邮递物品或个人物品类快件的监管,执行署令 2010 年 43 号公告,即个人寄自或寄往港、澳、台地区的物品,每次限值 800 元;寄自或寄往其他国家和地区的物品,每次限值 1000 元。 超出限值的邮递物品或个人物品类快件退运或按货物规定办理通关。 但在网络市场虚拟化的背景下,对邮递物品或个人物品类快件的限值监管规定，难以真正落到实处。

(4)对跨境电商业务模式创新的支持力度不够

现有的对跨境电商政策的创新难以跟上跨境电商业务模式创新的步伐。随着跨境电商的深入快速发展，其业务模式不断丰富创新，在《国务院关于同意在天津等 12 个城市设立跨境电子商务综合试验区的批复》（国函〔2016〕17 号）中，要求各跨境电商综合试验区城市要突出本地特色和优势，着力在跨境电商 B2B 方式的相关环节的技术标准、业务流程、监管模式和信息化建设等方面先行先试，为推动全国跨境电商健康发展创造更多可复制推广的经验，以更加便捷高效的新模式释放市场活力，集聚大中小企业。在新一轮的跨境电商综合试验区建设中，探索的重点仍是跨境电商的 B2B 模式。但是，到目前为止，国家层面出台的关于跨境电商进出口的相关规定，多数只适用于零售（B2C）业务（如海关总署 2016 年第 26 号公告）。

另外，现有的跨境电商政策法规多是针对跨境进口电商的扶持政策，而跨境出口电商的许多基本问题尚未从制度层面得到解决。2013 年开始，国家发改委、商务部、海关总署等 8 部委联合启动跨境电商试点工作，对跨境电商出口，经研究后暂定 2 种模式：一是"一般出口"（海关监管代码："9610"），指国内的卖家根据海外电商平台的订单形成包裹，向海关申报后清关出境并派送；二是"特殊区域出口"（海关监管代码："1210"），指境内货物先批量进入海关特殊监管区域的仓库，在海外电商平台上有订单后，再从海关特殊监管区域发往境外。目前，已经初步建立了与上述 2 类出口业务模式相适应的流程、标准和规则，但总体而言，跨境电商出口业务模式仍比较单一，需要从制度和政策层面来进一步激发跨境电商出口业务模式的创新活力。

7.1.3 跨境电商政策文本计算分析

政策文本计算是 21 世纪初由 Michchael Laver，Kenneth Benoit 和 Will Lowe 等提出的，是他们运用计算机科学、语言学和政治学理论建立的海量政策文本挖掘和计算分析框架。政策文本计算理论主张运用政策编码、政策概念词表或政策与语词之间的映射关系进行政策概念的自动识别和自动处理，最终构建从政策文本到政策语义的自动解析框架,并在此基础上关注政策文本及其内涵分析。 具体到方法论层次,政策文本计算被认为是一种非介入式、非精确性的解析方式,并广泛应用于元政策分析领域。 政策文本计算方法已经被我国学者广泛应用于公共政策分析领域。 彭纪生(2008)等收集和整理了 1978—2006 年间国家及各部委颁布的 422 项技术创新政策,从政策力度、政策目标与政策措施 3 个维度制订了政策量化标准操作手册,然后通过赋值获得了政策量化数据。 宋清等(2017)运用因子分析、聚类分析和共词分析等方法确定政策文本的主题,并从政策文本主题分布、发布时间和发布主体等 3 个维度对中央与地方科技企业孵化器的扶持政策进行对比研究。 王晓珍等(2016)从政策内容、政策层面研究形式、政策力度和政策发布部门 4 个维度实证分析了我国风电产业政策的实施效果。 本书借鉴相关研究成果,试图基于政策文本计算方法解析我国跨境电商领域的政策创新。

(1)跨境电商政策文本选择与编码

为了更好地对政策文本进行整理和筛选,在政策文本选择时应坚持以下原则:①发文单位是中央政府相关部门和省市级及试点单位政府相关部门;②直接与制度创新密切相关;③主要选取法律法规、规划、意见、办法、通知、公告等政府有效文件(张红芳,2017)。 依据上述原则对 2012—2017 年间我国有关政府部门发布的与跨境电商发展相关的政策文本进行整理,选取与政策创新密切相关的内容,并剔除如《跨境电子商务零售进口商品清单》、《跨境电子商务零售进口商品清单(第二批)》、《国务院关税税则委员会关于调整部分消费品进口关税的通知》等不宜做编码量化的政策文本,最终确定 2012—2017 年间的 23 项政策文本作为研究对象,被编码的跨境电商政策文本如表 7-2 所示。

表 7-2　2012—2017 年跨境电商政策编码

编号	名称	发布时间
A	关于利用电子商务平台开展对外贸易的若干意见	2012 年 3 月 12 日
B	关于组织开展国家电子商务示范城市电子商务试点专项的通知	2012 年 5 月 8 日

编号	名称	发布时间
C	支付机构跨境电子商务外汇支付业务试点指导意见	2013 年 2 月 1 日
D	关于促进进出口稳增长、调结构的若干意见	2013 年 7 月 26 日
E	关于实施支持跨境电子商务零售出口有关政策的意见	2013 年 8 月 21 日
F	关于促进电子商务应用的实施意见	2013 年 10 月 31 日
G	关于支持跨境电子商务零售出口的指导意见	2013 年 11 月 11 日
H	关于跨境电子商务零售出口税收政策的通知	2014 年 1 月 13 日
I	关于增列海关监管方式代码的公告	2014 年 2 月 7 日
J	关于跨境贸易电子商务服务试点网购保税进口模式有关问题的通知	2014 年 3 月 4 日
K	关于跨境贸易电子商务进出境货物、物品有关监管事宜的公告	2014 年 7 月 23 日
L	关于增列海关监管方式代码的公告	2014 年 7 月 30 日
M	关于开展支付机构跨境外汇支付业务试点的通知	2015 年 1 月 20 日
N	出入境检验检疫报检企业管理办法	2015 年 2 月 15 日
O	关于进一步发挥检验检疫职能作用促进跨境电子商务发展的意见	2015 年 5 月 13 日
P	关于加强跨境电子商务进出口消费品检验监管工作的指导意见	2015 年 6 月 9 日
Q	关于促进跨境电子商务健康快速发展的指导意见	2015 年 6 月 16 日
R	关于加强跨境电子商务网购保税进口监管工作的函	2015 年 9 月 9 日
S	关于跨境电子商务零售进口税收政策的通知	2016 年 3 月 24 日
T	关于跨境电子商务零售进口商品有关监管事宜的公告	2016 年 4 月 6 日
U	海关总署办公厅关于执行跨境电子商务零售进口新的监管要求有关事宜的通知	2016 年 5 月 24 日
V	海关总署关于推进全国海关通关一体化改革的通知	2017 年 6 月 28 日
W	海关总署关于增列海关监管方式代码的公告	2017 年 9 月 4 日

　　本部分选择 2012—2017 年间 23 项和跨境电商发展相关的政策中共计 498 条编码政策文本作为研究对象。其中,2015 年的跨境电商政策文本编码数量最多,共计 167 条,约占 6 年中跨境电商政策编码关键词总数量的 33.53%;2012 年和 2013 年的跨境电商政策文本编码数量分别为 104 条和 122 条,分别

约占 6 年中跨境电商政策编码关键词总数量的 20.88％和 24.50％，仅次于 2015 年跨境电商政策编码数量；2014 年、2016 年和 2017 年的跨境电商政策文本编码数量分别为 71 条、27 条和 7 条，依次约占比 14.26％，5.42％和 1.41％。 各年份跨境电商政策文本编码具体数量分布如表 7-3 所示。

表 7-3　2012—2017 年跨境电商政策文本编码数量分布

年份	2012	2013	2014	2015	2016	2017
编码数量(条)	104	122	71	167	27	7
百分比(％)	20.88	24.50	14.26	33.53	5.42	1.41

(2)跨境电商政策创新文本的政策关键词确定

根据各年份政策创新的文本内容，从中归纳总结出 21 个关键词，分别为保护知识产权（$\eta 1$）、创新金融服务（$\eta 2$）、风险防控（$\eta 3$）、开拓国际市场（$\eta 4$）、跨境支付（$\eta 5$）、企业和商品备案（$\eta 6$）、人才培养（$\eta 7$）、税收征管（$\eta 8$）、通关管理（$\eta 9$）、统计监测（$\eta 10$）、物流仓储（$\eta 11$）、消费者纠纷解决机制（$\eta 12$）、信息数据共享（$\eta 13$）、信用监管评价（$\eta 14$）、政策支持（$\eta 15$）、质量安全监管（$\eta 16$）、综合服务（$\eta 17$）、外汇管理（$\eta 18$）、人民币结算（$\eta 19$）、海关监管（$\eta 20$）、检验检疫监管（$\eta 21$）。 关键词归纳概括的基本原则是将政策文本中语义相近的词用同一个词代替，如信贷担保、保险服务、拓展融资渠道等，皆用创新金融服务概括；产品质量追溯、质量安全、质量安全责任、质量监督等，则用质量安全监管概括。 上述 21 个关键词的频数分布如表 7-4 所示。

表 7-4　跨境电商政策创新文本的关键词分布

关键词	词频	关键词	词频
保护知识产权($\eta 1$)	9	消费者纠纷解决机制($\eta 12$)	7
创新金融服务($\eta 2$)	15	信息数据共享($\eta 13$)	14
风险防控($\eta 3$)	49	信用监管评价($\eta 14$)	25
开拓国际市场($\eta 4$)	21	政策支持($\eta 15$)	9
跨境支付($\eta 5$)	53	质量安全监管($\eta 16$)	51
企业和商品备案($\eta 6$)	22	综合服务($\eta 17$)	6

关键词	词频	关键词	词频
人才培养($\eta7$)	7	外汇管理($\eta18$)	28
税收征管($\eta8$)	38	人民币结算($\eta19$)	11
通关管理($\eta9$)	13	海关监管($\eta20$)	35
统计监测($\eta10$)	4	检验检疫监管($\eta21$)	58
物流仓储($\eta11$)	23		

(3)跨境电商政策创新文本关键词的年度频数分布

在各个关键词的年度分布中，2012 年发布的跨境电商政策重点为风险防控、开拓国际市场、跨境支付、物流仓储、信用监管评价、质量安全监管；2013 年发布的跨境电商政策重点为跨境支付、外汇管理、风险防控、人民币结算；2014 年发布的跨境电商政策重点为海关监管、跨境支付、税收征管；2015 年发布的跨境电商政策重点为检验检疫监管、质量安全监管、风险防控、外汇管理、信用监管评价；2016 年发布的跨境电商政策重点为税收征管、海关监管；2017 年发布的跨境电商政策重点为税收征管、通关管理、海关监管。 跨境电商政策创新文本关键词的年度频数分布如图 7-1 所示。

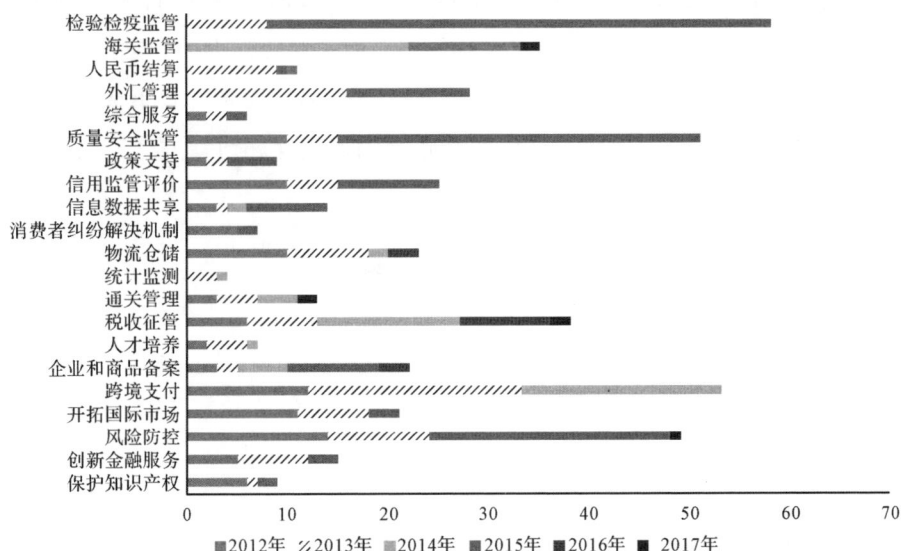

图 7-1　跨境电商政策关键词的年度频数分布

根据跨境电商政策关键词的年度频数分布，我们可以对我国跨境电商政策创新的实践历程做出更为科学和准确的判断：2012 年发布的跨境电商政策，对物流仓储、消费者纠纷解决机制、信息数据共享、信用监管评价、政策支持、质量安全监管、综合服务、保护知识产权、创新金融服务、风险防控、开拓国际市场、跨境支付、企业和商品备案、人才培养、税收征管和通关管理等 16 个方面均有涉及，其中较为关注跨境支付及风险防控。 2013 年发布的跨境电商政策在外汇管理和跨境支付方面有较大突破；此外，人民币结算、创新金融服务、物流仓储、税收征管、开拓国际市场等在 2013 年发布的相关政策中也有涉及。 跨境支付在 2014 年仍然是跨境电商政策较为重视的领域，但随着跨境电商的日渐发展，海关监管和税收征管的问题日渐突出，越来越受到国家税务总局、海关总署等相关部门的重视，因此海关监管、税收征管在 2014 年之后一直备受重视。 2015 年，国家质检总局在跨境电商的发展中扮演了重要角色，先后发布了《出入境检验检疫报检企业管理办法》《关于进一步发挥检验检疫职能作用促进跨境电子商务发展的意见》《关于加强跨境电子商务进出口消费品检验监管工作的指导意见》3 项重要政策，对跨境电商检验检疫监管、质量安全监管方面的工作做出了明确的指示和要求，对促进跨境电商的稳定快速发展意义重大。 2016 年，跨境电商的发展日趋成熟，相关政策日渐完备，国家层面关注较多的仍是税收征管、海关监管方面的问题。 2017 年是税收新政的过渡期，为了跨境电商发展有一个良好稳定的政策环境，2017年出台的跨境电商政策主要是维持现有政策的稳定性和可实施性，税收征管依然是跨境电商政策的重点。

(4)基于关键词共词矩阵的政策文本聚类分析

首先，构建关键词共词矩阵，如表 7-5 所示。

表7-5　跨境电商政策关键词共词矩阵

	1	2	3	4	5	6	7	8	9	10	11	12	13	14	15	16	17	18	19	20	21
η1	3	2	2	2	2	2	3	3	3	3	3	2	2	2	2	3	2	2	2	2	2
η2	3	2	2	2	2	2	3	3	3	3	3	2	2	2	2	3	2	2	2	2	2
η3	3	3	3	2	2	2	3	3	3	3	3	2	2	3	2	3	3	3	2	2	2
η4	2	2	2	2	2	2	3	3	2	3	3	2	2	2	2	2	2	2	2	2	2
η5	3	2	2	2	2	2	3	3	3	3	3	2	2	2	2	3	2	2	2	2	2
η6	2	4	4	3	4	2	4	3	3	3	3	2	3	4	2	2	4	4	3	4	2
η7	3	2	2	2	2	2	3	3	3	3	3	2	2	2	2	3	2	2	2	2	2
η8	2	5	5	3	4	1	3	2	2	2	2	1	2	4	1	2	5	5	3	4	1
η9	2	5	5	3	4	1	3	2	2	2	2	1	2	4	1	2	5	5	3	4	1
η10	2	3	3	3	3	1	3	2	2	2	2	2	1	2	1	2	3	3	3	3	1
η11	2	4	4	3	4	1	3	3	2	2	2	2	2	3	1	2	4	4	3	4	1
η12	2	1	1	1	1	2	1	3	3	3	3	2	2	1	1	2	1	1	1	1	2
η13	3	3	3	3	3	1	4	3	3	3	3	2	2	3	2	3	3	3	3	3	1
η14	3	2	2	2	2	2	3	3	3	3	3	2	2	2	2	3	2	2	2	2	2
η15	3	2	2	2	2	2	3	3	3	3	3	2	2	2	2	3	2	2	2	2	2
η16	3	2	2	2	2	2	3	3	2	2	3	2	2	2	2	3	2	2	2	2	2
η17	2	1	1	1	1	2	3	2	2	2	2	2	2	2	2	2	2	1	1	1	2
η18	2	2	2	1	1	2	2	2	2	2	2	2	2	3	2	2	2	2	2	2	2
η19	2	2	2	2	2	1	3	2	2	2	2	2	3	4	2	2	4	4	2	3	1
η20	2	4	4	2	3	1	3	2	2	2	2	2	3	4	2	2	4	4	2	3	1
η21	2	1	1	1	1	1	2	2	2	2	2	2	2	2	2	2	1	1	1	1	1

其次，基于共词矩阵采用 Ochiia 指数计算关键词间相关系数，关键词相关矩阵如表 7-6 所示。

表 7-6　跨境电商政策关键词相关矩阵

	1	2	3	4	5	6	7	8	9	10	11	12	13	14	15	16	17	18	19	20	21
$\eta 1$	1.00	1.00	0.87	0.67	1.00	0.78	1.00	0.52	0.52	0.67	0.58	0.82	0.87	1.00	1.00	1.00	1.00	0.82	0.67	0.58	0.82
$\eta 2$	1.00	1.00	0.87	1.00	1.00	0.77	1.00	0.52	0.52	0.67	0.58	0.82	0.87	1.00	1.00	1.00	1.00	0.82	0.67	0.58	0.82
$\eta 3$	0.87	0.87	1.00	0.87	0.87	0.67	0.87	0.67	0.62	0.58	0.50	0.71	0.75	0.87	0.87	0.87	0.87	0.71	0.58	0.75	0.71
$\eta 4$	0.67	1.00	0.87	1.00	0.67	0.52	0.67	0.52	0.52	0.67	0.58	0.82	0.87	1.00	1.00	1.00	1.00	0.82	0.67	0.58	0.82
$\eta 5$	1.00	1.00	0.87	0.67	1.00	0.78	1.00	0.52	0.52	0.67	0.58	0.82	0.87	1.00	1.00	1.00	1.00	0.82	0.67	0.58	0.82
$\eta 6$	0.78	0.77	0.67	0.52	0.78	1.00	0.52	0.80	0.80	0.78	0.89	0.63	0.89	0.78	0.78	0.78	0.78	0.63	0.78	0.89	0.63
$\eta 7$	1.00	1.00	0.87	0.67	1.00	0.52	1.00	0.52	0.52	0.67	0.58	0.82	0.87	1.00	1.00	1.00	1.00	0.82	0.67	0.58	0.82
$\eta 8$	0.52	0.52	0.67	0.52	0.52	0.80	0.52	1.00	1.00	0.78	0.89	0.32	0.67	0.52	0.78	0.52	0.52	0.32	0.52	0.89	0.32
$\eta 9$	0.52	0.52	0.62	0.52	0.52	0.80	0.52	1.00	1.00	0.78	0.89	0.32	0.67	0.52	0.78	0.52	0.52	0.32	0.52	0.89	0.32
$\eta 10$	0.67	0.67	0.58	0.67	0.67	0.78	0.67	0.78	0.78	1.00	0.87	0.41	0.67	0.67	1.00	0.58	0.67	0.41	0.26	0.58	0.41
$\eta 11$	0.58	0.58	0.50	0.58	0.58	0.89	0.58	0.89	0.89	0.87	1.00	0.35	0.75	0.58	0.87	0.82	0.58	0.35	0.58	0.87	0.35
$\eta 12$	0.82	0.82	0.71	0.82	0.82	0.63	0.82	0.32	0.32	0.41	0.35	1.00	0.35	0.82	0.82	0.82	0.82	1.00	0.41	0.32	0.50
$\eta 13$	0.87	0.87	0.75	0.87	0.87	0.89	0.87	0.67	0.67	0.87	0.75	0.35	1.00	0.87	0.87	0.87	0.87	0.71	0.58	0.67	0.71
$\eta 14$	1.00	1.00	0.87	1.00	1.00	0.78	1.00	0.52	0.52	0.67	0.58	0.82	0.87	1.00	1.00	1.00	1.00	0.82	0.67	0.52	0.82
$\eta 15$	1.00	1.00	0.87	1.00	1.00	0.78	1.00	0.78	0.78	1.00	0.87	0.82	0.87	1.00	1.00	1.00	1.00	0.82	0.67	0.52	0.82
$\eta 16$	1.00	1.00	0.87	1.00	1.00	0.78	1.00	0.52	0.52	0.67	0.58	0.82	0.87	1.00	1.00	1.00	1.00	0.82	0.67	0.52	0.82
$\eta 17$	1.00	1.00	0.87	1.00	1.00	0.78	1.00	0.52	0.52	0.67	0.58	0.82	0.87	1.00	1.00	1.00	1.00	0.82	0.67	0.52	0.82
$\eta 18$	0.82	0.82	0.71	0.82	0.82	0.63	0.82	0.32	0.32	0.41	0.35	1.00	0.71	0.82	0.82	0.82	0.82	1.00	0.82	0.63	1.00
$\eta 19$	0.67	0.67	0.58	0.67	0.67	0.78	0.67	0.52	0.52	0.26	0.58	0.41	0.58	0.67	0.67	0.67	0.67	0.82	1.00	0.77	0.82
$\eta 20$	0.58	0.58	0.75	0.58	0.58	0.89	0.58	0.89	0.89	0.58	0.87	0.32	0.67	0.52	0.52	0.52	0.52	0.63	0.77	1.00	0.63
$\eta 21$	0.82	0.82	0.71	0.82	0.82	0.63	0.82	0.32	0.32	0.41	0.35	0.50	0.71	0.82	0.82	0.82	0.82	1.00	0.82	0.63	1.00

最后，基于关键词相关矩阵，使用聚类分析方法进行关键词分类。根据 SPSS 软件输出的聚类谱系图（见图 7-2），结合定性分析，我们可以根据关键词之间联系的密切程度将它们分为 3 类：第一类包括信用监管评价、综合服务、创新金融服务、质量安全监管、保护知识产权、跨境支付、人才培养、风险防控和政策支持；第二类包括开拓国际市场、信息数据共享、外汇管理、检验检疫监管、消费者纠纷解决机制和人民币结算；第三类包括税收征管、通关

管理、物流仓储、企业和商品备案、海关监管和统计监测。

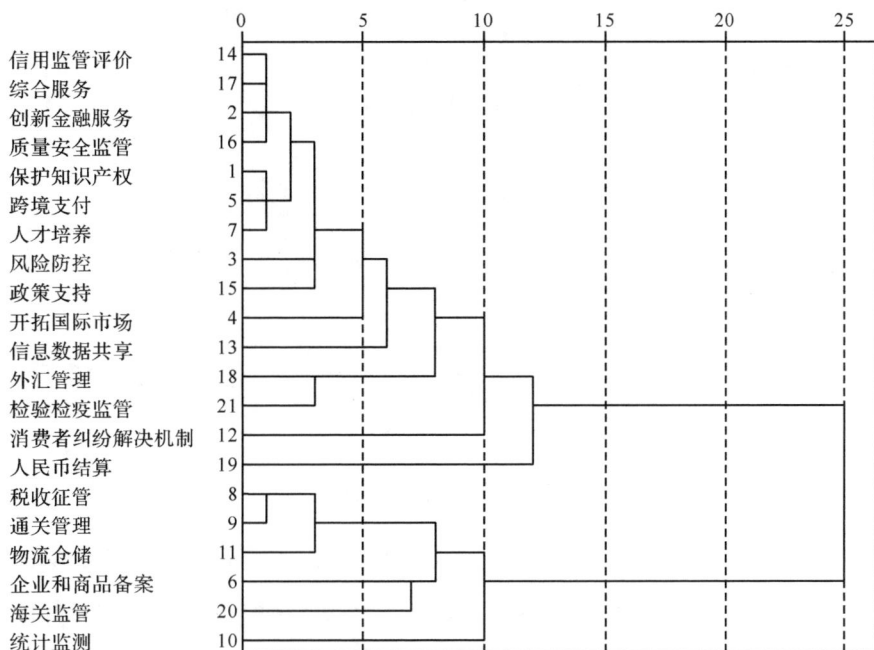

图 7-2 跨境电商政策创新文本关键词聚类谱系

(5)跨境电商政策关键词共现可视化分析

将共词矩阵导入社会网络分析软件 Ucinet6.0，利用其内部集成工具 Netdraw 进行跨境电商政策关键词共现可视化分析，并就节点中心度进行适度调节分析，得到如图 7-3 所示的高频关键词共现网络可视图。由高频关键词共现网络可视图可知，在我国 2012—2017 年发布的与跨境电商发展相关的政策中，政策支持、税收征管、开拓国际市场、统计监测、保护知识产权、跨境支付、通关管理等七大主题是跨境电商政策完善和创新的核心，而创新金融服务、风险防控、企业和商品备案、物流仓储、信息数据共享、信用监管评价、质量安全监管、外汇管理、人民币结算、海关监管、检验检疫监管等方面的政策创新与以上七大主题的政策创新密不可分。

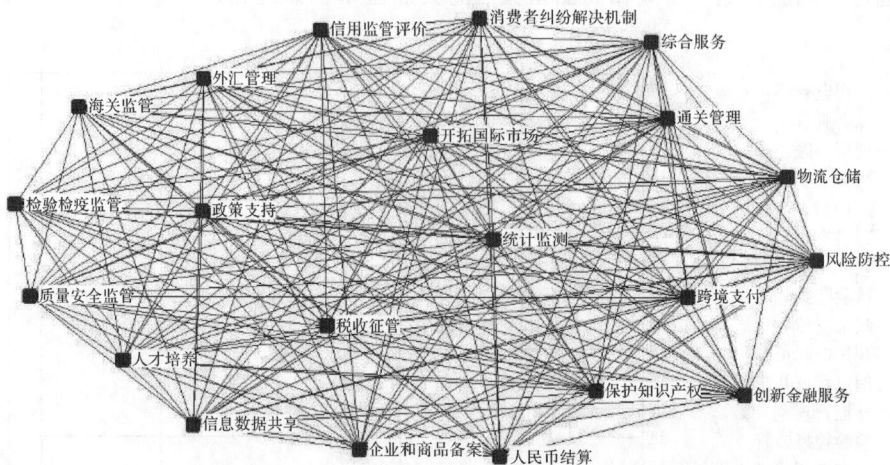

图 7-3　高频关键词共现网络可视图

　　目前，对跨境电商的政策支持，在政策工具上主要是给予直接的财政支持，如资金奖励、资金补贴等，如国家根据中欧班列沿线交通基础设施和配套服务设施的建设情况，投入预算给予相应的政策扶持。 在技术策略上主要是规模导向型，对跨境电商企业，政府根据其发展规模和销售数据进行直接支持；对跨境电商综合园区，政府根据园区内跨境电商企业注册入驻数量给予直接的资金奖励。 关于跨境电商税收征管政策的制定与完善目前仍处于探索阶段，前 2 年宽松的税收政策为跨境电商的快速发展提供了空间；但随着税收新政的发布，针对不同人群进行税率的调整，明确规定个人单笔和年消费额度，并将行邮税税目从 4 档简并为 3 档，可能对跨境电商交易规模及消费者的日常消费行为产生不可避免的影响。 当前统计监测方面的政策创新主要是为了服务于海关监管，无论是企业商品订单、支付数据、物流服务方面的统计改革，还是企业认证登记、信用评级等数据的统计录入，都是为了更好地监控跨境电商交易的各个流程，避免监控风险，保障跨境电商交易的真实性和安全性。此外，目前开拓国际市场的主要渠道是建立海外仓，但是海外仓的建设需要协调目的国的各项资源，包括政府的经营许可和市场准入，且国际市场的开拓仅仅依靠海外仓是不够的，文化认同、品牌意识、原产国形象等因素都会影响国际市场的开拓。 根据跨境电商政策关键词共现可视化分析结果可知，开拓国际市场与政策支持、外汇管理、通关管理、跨境支付、消费者纠纷解决机制、税收征管等方面息息相关，因此可考虑通过上述几个方面进行国际营销，开拓国际市场。

7.2 跨境电商综合试验区制度创新实践与量化分析

7.2.1 跨境电商综合试验区制度创新实践

(1)跨境电商综合试验区制度创新措施

截至目前，我国前两批 13 个跨境电商综合试验区出台的实施方案虽然各有侧重，但都明确提出了支持海外仓建设和出口品牌培育。 在支持海外仓建设方面，重点对跨境电商企业自建、收购、并购或租赁海外仓进行扶持，鼓励和引导企业利用自营海外仓拓展公共海外仓功能。 在支持出口品牌培育方面，积极开展跨境电商出口品牌培育工作，引导企业开展境外商标注册工作，鼓励企业创立自主品牌、收购境外品牌，鼓励跨境电商服务企业、商标注册机构、质量咨询和认证机构等中介组织提供品牌和知识产权申报注册服务；鼓励跨境电商平台对入驻品牌企业给予重点支持，逐步建立较为完善的跨境电商品牌培育、发展和保护机制。

在"单一窗口"建设方面，上海、广州、杭州、郑州、宁波等综合试验区均有创新举措。 其中，上海综合试验区的"单一窗口"建设，着重从对接国际贸易"单一窗口"方面，提出了实现跨境电商公共服务平台和上海国际贸易"单一窗口"系统与功能对接的创新举措。 广州综合试验区"单一窗口"建设则注重推进国际贸易"单一窗口"建设，提供便捷的一站式平台服务，提出了 7 条"单一窗口"建设创新举措，实现"一次申报、一次查验、一次放行"。 深圳综合试验区从实现船舶进境"一次申报"功能、实现关检货物"一次申报"功能 2 个方面，提出 3 条具体的"单一窗口"建设创新举措。 杭州综合试验区从实现"一次申报、一次查验、一次放行"，实现各部门信息共享并支持建立"负面清单"制度 2 个方面，提出了 12 条"单一窗口"建设创新举措。 郑州综合试验区针对建设"单一窗口"综合服务平台方面，提出了7条"单一窗口"建设创新举措。 宁波综合试验区从开放监管部门接口、开放其他单位接口2个方面，提出了9条"单一窗口"建设创新举措。

在监管制度优化方面，各跨境电商综合试验区都出台了一系列与跨境电商相关的监管制度。 其中，上海综合试验区从创新企业与商品监管制度、创新海关监管模式、创新检验检疫监管模式、创新市场监管制度和推动跨国监管共享等5个方面出发，提出了10条监管创新措施。 广州综合试验区从完善通关监管制度、创新检验检疫流程2个方面出发，提出了13条监管创新措施，并积极探索和推行"税款担保、集中纳税、代扣代缴"的通关模式。 深圳综合试验区依托地理优势，主要创新跨境电商海关监管模式，建立了跨境电商检验检疫"放、管、治"三位一体的监管制度，具体提出了9条监管创新措施。杭州综合试验区从建立"网上交易商品负面清单"、建立"公共信用管理负面清单"、创新质量监管制度、建立"一次申报、一次查验、一次放行"的便利化通关模式4个方面，提出了24条监管创新措施。 郑州综合试验区从建立风险导向型监管模式、创新跨境电商监管模式、建立跨境电商信息共享机制、加强跨境电商经营主体备案登记管理、完善通关方式、开放检验检疫业务系统申报接口、完善检验检疫申报和放行流程规范等7个方面，提出了24条监管创新措施。 宁波综合试验区从质量监管创新、创新清单管理、通关便利化3个方面，提出了10条监管创新措施。

在完善物流服务方面（物流是跨境电商的关键性环节，受到各综合试验区的高度重视），上海综合试验区提出完善国际物流服务、创新邮路监管制度、提升物流整体水平3个方面的做法，并具体提出了5条物流服务创新举措。广州综合试验区在加快跨境电商物流发展、推动海外仓建设2个方面，提出了7条物流服务创新举措。 深圳综合试验区通过支持大型快递企业设立清关中心和集散中心、在海外设立转运中心、加密现有国际货运航班、开通货运航班等措施促进物流稳定快速的发展，具体提出了2条物流服务创新举措。 杭州综合试验区针对增加运能采购自主权、加快进口邮件的快递速度、改变直封审批方式、开办国际新航线、加强对物流园区项目的支持5个方面，提出了9条物流服务创新举措。 郑州综合试验区着重完善物流服务，依托郑州铁路一类口岸，探索"郑欧班列＋跨境电商"模式，具体提出了 9 条物流服务创新举措。 宁波综合试验区在创新物流服务、支持海外仓服务创新 2 个方面提出了 11 条物流服务创新举措。

在健全税收征管政策方面，各跨境电商综合试验区也积极出台了一系列创新措施。 上海综合试验区重点创新了税收征管模式，借助国际贸易"单一窗口"开展在线数据退税申报业务，推进跨境电商企业退税办理无纸化进程。 广州综合试验区针对完善财税政策方面，提出了 4 条创新举措。 深圳综合试验区在推进退税无纸化申报的进程中，创新完善跨境电商企业出口退税类别管理，具体提出了 5 条创新举措。 杭州综合试验区在税收便利化方面做出积极探索，提出了 5 条创新举措。 宁波综合试验区在税收便利化方面，积极探索无票免税，提出了 5 条创新举措。

在金融服务创新方面，跨境支付、外汇监管、投融资等金融服务创新是各跨境电商综合试验区制度创新的重要内容。 上海综合试验区着重创新外汇监管制度，具体提出了 3 条创新举措。 广州综合试验区积极开展跨境外汇支付试点工作，创新融资方式，具体提出了 8 条创新举措。 深圳综合试验区重点从推动跨境人民币支付结算和融资保险服务 2 个方面，提出了 6 条创新举措。 郑州综合试验区从完善跨境支付服务、创新融资保险服务 2 个方面，提出了 8 条创新举措。 宁波综合试验区从支付便利化、融资保险服务 2 个方面，提出了 7 条创新举措。

在完善综合服务方面，各跨境电商综合试验区也做出了积极的探索。 上海综合试验区重点从完善公共服务平台、健全公共服务平台运营机制、探索综合金融服务、加快培育企业主体、提供配套数据服务、推进认证认可制度确定、培育集聚行业人才、制定产业扶持政策、推动国际交流合作等 9 个方面，提出了 15 条创新举措。 广州综合试验区针对加强人才培育、强化服务保障体系 2 个方面，提出了 10 条创新举措。 深圳综合试验区针对创新跨境电商业态和模式、打造产业综合服务平台、完善跨境电商通关服务平台功能、开展多种形式的跨境电商进出口业务 4 个方面，提出了 22 条创新举措。 杭州综合试验区从建立跨境电商统计监测制度、建立并发布跨境电商指数、放宽综合试验区外资电商企业准入门槛、探索以建设协商为主的跨境消费纠纷解决机制 4 个方面，提出了 9 条创新举措。 郑州综合试验区针对完善跨境电商纠纷处理服务、开展跨境电商统计试点、建设综合园区发展平台、提升跨境电商产业综合服务水平、深化商事制度改革、加强人才培养 6 个方面，提出了 19 条创新举措。 宁波综合试验区针对建立统计监测体系、建立风险预警体系、放宽市场准入、创新商务服务 4 个方面，提出了 6 条创新举措。

(2)典型的跨境电商综合试验区制度创新措施评述

上海提出力争通过 2～3 年的试验改革，形成一套线上交易、线上监管、线上服务、线下支撑的规则体系，适应和引领跨境电商产业的发展，建成政府服务高效、市场环境规范、投资贸易便利、资源配置优化、产业特色明显的全球跨境电商运营中心、物流中心、金融中心和创新中心。 与广州、深圳、杭州等城市提出的全国性目标相比，上海提出的是成为全球跨境电商四大中心，这与上海"全球城市"的定位相一致。 在具体的制度创新上，上海提出了建设跨境电商公共服务平台、推进跨境电商园区建设、集聚跨境电商企业主体、培育完整产业链、完善跨境电商监管制度、形成国际通用规则等重点试验任务，其中最为重要的试验任务是对跨境电商"关、检、税、汇"等监管制度的完善。 上海提出创新企业与商品准入制度，实行分类管理，同时创新海关监管模式和检验检疫监管模式，探索对跨境电商零售出口商品实行简化归类措施，推进清单申报通关模式的形成，支持 B2B，B2C 等多种出口业务模式落地，进口按照"事前备案、集中申报、分批出区、汇总征税"实施监管。

广州提出大力实施"互联网＋外贸"模式，引导传统外贸企业借助跨境电商推进转型升级，再通过综合改革、集成创新，推动跨境电商公共服务平台和各类特色试点园区融合发展，推进"关、检、汇、税、商、物、融"一体化，形成适应跨境电商发展的新型监管服务模式和制度体系，将广州综合试验区打造成为跨境电商创新发展先行区、外贸优化升级加速器，将广州市建设成为全国跨境电商中心城市和发展高地。 广州在推进跨境电商综合试验区制度创新时，与其他综合试验区所采取的主要举措相似，包括推进国际贸易"单一窗口"建设，涵盖跨境电商经营主体和进出口的各个流程；创新通关监管模式，研究推行涵盖企业备案、申报、征税、查验、放行、转关等各个环节的全程通关无纸化作业；探索适应 B2B 交易的电子信息向海关传输、申报的方式；推动落实跨境电商零售进口商品清单管理制度；加快海外仓的建设；等等。 其中，与杭州第二批制度创新举措侧重点相同的是探索适应 B2B 交易的电子信息向海关传输、申报的方式，以及加快海外仓建设、加大租建海外仓的政策扶持力度。 相比之下，广州综合试验区制度创新的特色在于积极争取跨境电商零售出口免征增值税、消费税政策，探索对跨境电商进口商品实施质量追溯管理，鼓励国内品牌商通过市场采购方式出口；争取国家部委的支持，下放进口食品境外生产企业注册备案、进境动植物及其产品检验和进口食品及化妆品的注册备案与安全审查权限等。

深圳将跨境电商综合试验区定位为亚太地区电商投资合作便利、产融创新突出、服务体系健全、营商环境规范的跨境电商交易中心、金融服务中心和物流枢纽，以建成"信息互换、监管互认、执法互助"的跨境电商通关服务平台和标准化、规范化、国际化运作的跨境电商管理体系，建立以跨境供应链服务和外贸综合服务为重点的跨境电商全产业链服务体系，在全市范围内建设布局合理、政策完善、设施齐备、功能齐全的跨境电商通关监管网络，形成以广东自由贸易试验区前海蛇口片区为龙头、以电商示范基地和电商产业园为支撑的跨境电商发展格局。 深圳提出的任务与创新举措与广州类似，依托深圳区位、产业发展和深港合作优势，借助周边城市的发展，整合资源。 其制度创新举措主要包括创新跨境电商海关监管模式和检验检疫监管模式，发挥跨境电商产业化优势，建设产业综合服务平台，创新 B2B 管理体制等。 其制度创新特色是提出建设跨境电商综合实验区和自贸区的结合体，支持品牌企业和优质产品通过跨境电商扩大出口；探索跨境电商促外贸转型新路径，构建以平台建设促产业发展的新机制，形成基础服务与高端服务协同发展的新格局，将深圳综合试验区建设成为跨境电商及相关产业创新发展的重要载体，为开创电商国际化合作新局面、服务国家"一带一路"倡议做出新贡献。

杭州跨境电商综合试验区不仅是全国第一个跨境电商综合试验区，也是国家在跨境电商领域的先行先试区。 杭州综合试验区的定位是全国跨境电商创业创新中心、跨境电商服务中心和跨境电商大数据中心。 杭州首次提出构建"两平台六体系"，并以此为基础，以线上交易自由与线下综合服务有效融合为特色，在监管制度、优化跨境电商金融服务、创新智能物流体系、统计监测体系、推进跨境电商生态圈、创新电商商业模式等领域进行政策创新，以实现跨境电商自由化、便利化、规范化发展。 与其他综合试验区相比，杭州综合试验区的绝大多数创新举措为全国首创，是其他综合试验区制度创新举措的参考依据。 其中，杭州海关取消了关区内转关手续，推出跨境零售出口"清单申报"，报税商品"先进区、后报关"等举措；外汇管理部门将业务交易限额由过去的货物贸易及服务贸易单笔交易限额 1 万美元提高到 5 万美元，通过简化单证、允许个体工商户开立结算账户等措施便利个人贸易经营者的外汇收支，避免过去的灰色收付汇通道；对纳入"单一窗口"监管的跨境电商零售出口货物在一定条件下实行"无票免税"政策。 另外，杭州第二批制度创新清单以促进跨境电商 B2B 业务为重点，包含了完善监管模式、创新金融服务、优化智能物流、建设信用体系、加强风险防控、健全统计监测、完善"单一窗口"、发展线下园区、推进品牌建设、制订标准规则等 10 个方面 30 项具体措施，其以 B2B 为重点，针对不同业务模式和不同贸易形式的跨境电商进口与出口贸易，制订以事前事后监管为主、事中监管为辅的标准化监管流程，鼓励企业创新商业模式，引导 B2C 业务通关逐步转向 B2B 业务通关。截至目前，新的管理制度和规则已经初见成效，产业体系、跨境电商生态圈、外贸水平及产业链配套服务进一步完善，产业发展环境优化促使产业物流、资金流、信息流、人流等集聚力大大增强。

郑州综合试验区的定位是成为总量规模居全国前列、服务政策全国最优、产业链支撑全国最强的跨境电商发展高地，成为中西部地区辐射全国的国际网购物品交易和要素资源集疏中心。 为了探索出一条适合中西部地区的跨境电商发展路径，郑州综合试验区在全国首创"电子商务＋保税中心＋行邮监管"的通关监管模式（海关监管代码"1210"），实现了跨境电商产品保税行邮进口，严密监管和信息化系统管理，实现了税费的应收尽收，解决了国人出境购物、传统邮快件渠道、灰色通关等造成的税收流失问题，大规模"海淘"被拉回国内；通关模式从口岸延伸到保税物流中心，让海关、国检在同一流水线实施现场查验作业，实现了"一次申报、一次查验、一次放行"，大大提高了通关效率。 同时，郑州还着力优化监管措施，提出了 24 条相应的措施，着力建设 3 个平台、7 个体系：即"单一窗口"综合服务平台、综合园区发展平台、人才培养和企业孵化平台，跨境电商信息共享体系、跨境电商金融服务体系、跨境电商智能物流体系、跨境电商信用管理体系、跨境电商质量安全体系、跨境电商统计监测体系、跨境电商风险防控体系；努力推进制度创新、管理创新、服务创新，破解跨境电商发展中的体制性、机制性障碍，构建跨境电商完整的产业链和生态圈，打造新型产业贸易服务链，加强对跨境电商人才的培养，促进产业健康快速发展。

宁波提出经过 3～5 年的改革试验，通过建设线上综合信息平台和线下园区平台、物流平台，拓展跨境电商产业链四大服务功能，构建有利于跨境电商自由化、便利化、规范化的五大支撑体系，推进 6 个方面的创新突破，把宁波综合试验区建成国内领先的跨境电商产业升级引领区、监管服务创新区、仓储物流示范区，实现跨境电商业务从以 B2C 为主向 B2B 和 B2C 并重转变，从进口为主向进出口并举、以出口为主转变。宁波综合试验区重点建设跨境电商综合信息平台、跨境电商园区平台和跨境电商物流平台三大平台，拓展可信交易服务、快捷结算服务、便利电商服务和协同物流服务四大服务功能，构建信息共享体系、风险防控体系、金融支撑体系、企业孵化体系、人才建设体系五大支持体系。与其他综合试验区相比，宁波的各项创新举措更加注重跨区域合作交流，推动综合试验区与其他综合试验区资源共享、优势互补，推动宁波与长江经济带腹地城市开展"区（综合试验区）港（无水港）合作"，与全球海外市场探索"区（综合试验区）海（公共海外仓）合作"，共建共享跨境电商全球供应链网络。此外，还围绕跨境电商新模式发展，推动实施"海外仓备货""外贸综合服务平台""大宗商品跨境电商"3 类出口新模式；围绕宁波优势，发挥对产业"走出去"的带动作用，提出了跨贸生态圈建设创新、海外分销渠道创新和产业联动机制创新三大创新举措。

7.2.2 跨境电商综合试验区制度创新文本计算分析

(1)综合试验区制度创新文本选择与编码

依据政策文本的选择与确定原则，我们首先选取杭州、广州、深圳、天津、上海、重庆、合肥、郑州、成都、大连、宁波、青岛、苏州13个跨境电商综合试验区建设实施方案中的制度创新内容作为编码对象，通过对制度创新文本内容进行编码，提取出高频关键词；其次，用聚类分析法对高频关键词进行分类，确定文本内容的主题词；最后，对主题词的整体分布及各个地区跨境电商综合试验区政策主题分布的特征进行分析。各跨境电商综合试验区实施方案的编码如表7-7所示。

表 7-7 各跨境电商综合试验区实施方案编码

编号	名称(全称)	发布时间
A	中国(杭州)跨境电子商务综合试验区实施方案	2015 年 6 月 29 日
B	中国(郑州)跨境电子商务综合试验区实施方案	2015 年 12 月 19 日
C	中国(大连)跨境电子商务综合试验区实施方案	2016 年 4 月 8 日
D	中国(苏州)跨境电子商务综合试验区实施方案	2016 年 4 月 8 日
E	中国(合肥)跨境电子商务综合试验区实施方案	2016 年 4 月 8 日
F	中国(宁波)跨境电子商务综合试验区实施方案	2016 年 4 月 18 日
G	中国(青岛)跨境电子商务综合试验区实施方案	2016 年 5 月 11 日
H	中国(广州)跨境电子商务综合试验区实施方案	2016 年 5 月 11 日
I	中国(深圳)跨境电子商务综合试验区实施方案	2016 年 5 月 11 日
J	中国(上海)跨境电子商务综合试验区实施方案	2016 年 6 月 1 日
K	中国(天津)跨境电子商务综合试验区实施方案	2016 年 6 月 3 日
L	中国(成都)跨境电子商务综合试验区实施方案	2016 年 7 月 1 日
M	中国(重庆)跨境电子商务综合试验区实施方案	2016 年 8 月 1 日

经过编码，我国13个跨境电商综合试验区实施方案中的创新举措共计有

634 条。 其中，青岛综合试验区的创新举措数量居于首位，约占 13 个综合试验区创新举措总量的 15.77％；其次是天津、郑州、深圳、广州和重庆综合试验区，依次占比约为 12.2％，9.78％，9.15％，8.83％和 8.68％；其他的综合试验区的创新举措数量占比相对较为分散。 各综合试验区制度创新文本编码数量分布具体如表 7-8 所示。

表 7-8　综合试验区制度创新文本编码的试点城市分布

城市	杭州	郑州	大连	苏州	合肥	宁波	青岛	广州	深圳	上海	天津	成都	重庆
编码量	42	62	17	51	14	27	100	56	58	33	77	42	55
百分比（％）	6.62	9.78	2.68	8.04	2.21	4.26	15.77	8.83	9.15	5.21	12.2	6.62	8.68

（2）综合试验区制度创新文本的关键词选取及共现分析

根据综合试验区创新措施的具体内容，我们将综合试验区制度创新分为创新检验检疫流程、创新通关模式、创新监管制度、创新金融服务、创新物流服务、创新信用管理、创新统计监测、创新综合服务、创新人才培养、创新发展模式、创新政策法规、创新税收征管等 12 个类别，进一步从中归纳总结了 32 个关键词，分别为完善综合服务（$\zeta 1$）、物流分拨及监管（$\zeta 2$）、创新海关监管模式（$\zeta 3$）、信用监管评价（$\zeta 4$）、信息数据共享（$\zeta 5$）、人才服务培养（$\zeta 6$）、建设综合（产业）园区（$\zeta 7$）、完善风险防控（$\zeta 8$）、创新统计监测（$\zeta 9$）、通关便利化（$\zeta 10$）、跨境支付和外汇管理（$\zeta 11$）、通关管理（$\zeta 12$）、创新财税政策（$\zeta 13$）、退税便利化（$\zeta 14$）、创新金融服务（$\zeta 15$）、建立（公共）海外仓（$\zeta 16$）、质量安全监管（$\zeta 17$）、检验检疫监管（$\zeta 18$）、投融资便利化（$\zeta 19$）、消费者纠纷解决机制（$\zeta 20$）、拓展海外营销渠道（$\zeta 21$）、企业和商品备案（$\zeta 22$）、优化检验检疫流程（$\zeta 23$）、创新税收征管（$\zeta 24$）、分类清单管理（$\zeta 25$）、人民币结算（$\zeta 26$）、"单一窗口"（$\zeta 27$）、进口商品清单管理（$\zeta 28$）、B2B 交易服务模式（$\zeta 29$）、智能物流（$\zeta 30$）、完善市场准入（$\zeta 31$）和建立信用数据库（$\zeta 32$）。 如前所述，关键词归纳总结的原则为将制度创新文本中语义相近的几个词汇用含义接近的同一个关键词概括，如建设综合园区、建设产业园区、创新试验园区、发展产业园区等皆用建设综合（产业）园区概括，其他关键词的提取皆用此法。 32 个关键词的词频分布如表 7-9 所示。

表 7-9　各跨境电商综合试验区制度创新文本的关键词分布

关键词	词频	关键词	词频
完善综合服务($\zeta 1$)	101	质量安全监管($\zeta 17$)	16
物流分拨及监管($\zeta 2$)	43	检验检疫监管($\zeta 18$)	15
创新海关监管模式($\zeta 3$)	34	投融资便利化($\zeta 19$)	15
信用监管评价($\zeta 4$)	30	消费者纠纷解决机制($\zeta 20$)	15
信息数据共享($\zeta 5$)	30	拓展海外营销渠道($\zeta 21$)	15
人才服务培养($\zeta 6$)	29	企业和商品备案($\zeta 22$)	14
建设综合（产业）园区($\zeta 7$)	26	优化检验检疫流程($\zeta 23$)	13
完善风险防控($\zeta 8$)	24	创新税收征管($\zeta 24$)	11
创新统计监测($\zeta 9$)	23	分类清单管理($\zeta 25$)	8
通关便利化($\zeta 10$)	23	人民币结算($\zeta 26$)	8
跨境支付和外汇管理($\zeta 11$)	22	"单一窗口"($\zeta 27$)	7
通关管理($\zeta 12$)	20	进口商品清单管理($\zeta 28$)	5
创新财税政策($\zeta 13$)	19	B2B交易服务模式($\zeta 29$)	5
退税便利化($\zeta 14$)	17	智能物流($\zeta 30$)	5
创新金融服务($\zeta 15$)	16	完善市场准入($\zeta 31$)	5
建立（公共）海外仓($\zeta 16$)	16	建立信用数据库($\zeta 32$)	4

根据上述内容，我们构建关键词共词矩阵，如表 7-10 所示。 根据关键词共词矩阵，采用 Ochiia 指数计算关键词间相关系数，并构建关键词相关矩阵（见表 7-11）。

表7-10　跨境电商综合试验区制度创新文本关键词共词矩阵

	1	2	3	4	5	6	7	8	9	10	11	12	13	14	15	16	17	18	19	20	21	22	23	24	25	26	27	28	29	30	31	32
ζ1	13	10	9	9	10	9	10	10	9	7	11	8	10	9	8	8	9	8	7	7	6	8	4	9	1	7	4	3	3	4	1	3
ζ2	10	10	7	8	10	8	10	9	8	7	9	8	8	8	7	5	8	7	6	7	4	7	5	7	0	6	6	3	3	4	1	3
ζ3	9	7	9	6	7	7	8	8	8	6	8	4	6	7	5	6	6	5	6	7	5	5	3	8	1	5	6	2	3	3	1	2
ζ4	6	8	6	9	4	7	6	8	7	9	8	7	7	8	7	5	8	4	7	6	5	5	3	7	1	7	6	3	2	4	0	2
ζ5	10	10	7	4	11	9	9	9	7	9	10	8	9	9	7	7	9	6	4	7	6	6	4	8	1	5	6	4	4	4	1	3
ζ6	9	8	7	7	9	9	7	9	9	9	9	6	8	6	7	5	7	4	5	6	4	6	4	7	1	6	6	3	4	3	2	3
ζ7	10	7	8	6	9	7	10	8	8	6	9	5	7	7	6	7	6	5	5	6	7	6	2	6	0	5	6	2	3	3	0	2
ζ8	10	9	8	8	9	9	8	10	7	5	10	5	8	8	7	7	8	5	6	7	5	5	4	7	1	7	6	3	2	4	1	3
ζ9	9	8	8	7	9	8	7	9	9	8	9	6	7	7	6	6	6	6	5	7	5	7	3	8	1	7	6	3	3	4	2	3
ζ10	7	7	7	9	9	9	9	5	8	9	9	7	7	8	5	7	8	6	7	7	5	6	8	9	1	7	6	1	2	5	2	3
ζ11	11	9	4	8	10	6	5	10	6	8	11	7	9	7	7	7	8	7	6	6	6	6	5	8	1	7	6	4	2	4	2	3
ζ12	10	8	6	7	8	7	8	7	7	7	7	7	8	8	6	6	6	6	5	5	5	7	5	5	1	5	3	3	3	3	1	2
ζ13	10	8	7	9	9	9	7	8	6	7	9	6	10	9	8	8	7	6	5	5	5	6	3	6	1	5	5	3	4	3	1	3
ζ14	9	8	7	8	7	7	6	8	7	7	8	6	7	7	6	6	8	3	4	4	4	4	4	5	1	6	6	3	3	4	2	1
ζ15	8	7	5	7	7	5	5	6	5	5	7	6	7	9	8	3	5	7	5	5	6	6	3	6	1	5	4	2	4	2	1	3
ζ16	8	5	6	5	7	7	5	5	5	7	7	6	6	8	3	8	5	4	4	4	6	6	4	6	1	5	6	2	4	4	2	0
ζ17	9	8	6	8	9	7	6	8	7	8	8	6	7	8	7	5	9	4	6	5	5	7	6	6	1	6	6	2	3	3	2	2

续 表

	1	2	3	4	5	6	7	8	9	10	11	12	13	14	15	16	17	18	19	20	21	22	23	24	25	26	27	28	29	30	31	32
ζ18~	8	7	5	4	6	4	5	5	5	7	7	8	7	4	3	5	4	9	3	4	2	5	5	6	1	4	6	4	2	1	1	3
ζ19~	7	6	6	7	4	5	5	6	5	7	6	5	5	6	5	4	6	3	7	6	3	3	4	6	1	5	4	2	2	3	1	1
ζ20~	7	7	7	6	7	6	6	7	7	7	7	5	5	6	5	4	5	4	6	7	4	3	3	7	1	5	6	2	2	2	1	2
ζ21~	6	4	5	5	6	4	7	6	5	5	6	5	5	5	4	6	5	3	3	4	7	4	2	5	0	3	4	2	2	3	1	1
ζ22~	8	7	5	5	7	6	6	6	5	7	6	5	7	5	6	4	7	5	3	3	4	8	4	5	1	3	4	3	1	2	1	3
ζ23~	4	5	3	5	4	4	2	4	3	8	5	5	3	4	3	4	6	6	4	3	2	4	7	2	1	2	4	2	2	1	0	0
ζ24~	9	7	8	3	8	7	6	7	8	9	8	5	6	5	6	5	6	5	6	7	5	5	2	9	0	6	5	0	0	3	0	3
ζ25~	1	0	1	1	1	1	0	1	1	1	1	1	1	1	1	1	1	1	1	1	0	1	1	0	5	1	1	1	3	1	0	0
ζ26~	7	6	5	7	5	6	5	7	7	7	7	5	5	6	5	5	6	4	5	5	3	3	2	6	1	7	4	1	3	4	1	1
ζ27~	4	7	6	6	8	8	7	6	7	6	7	6	3	5	6	4	7	6	4	6	4	4	4	5	1	4	6	3	2	7	1	3
ζ28~	3	3	2	2	4	3	2	3	1	5	3	2	3	3	2	2	2	3	2	2	2	2	3	2	0	1	3	2	4	2	1	1
ζ29~	3	3	3	2	4	4	3	4	3	4	4	3	4	4	2	4	3	2	3	3	3	2	1	3	0	4	4	2	1	1	0	0
ζ30~	4	4	3	3	4	3	3	4	4	4	4	3	3	4	2	4	3	1	1	3	1	2	1	1	1	4	1	0	0	4	0	1
ζ31~	1	1	1	1	1	2	0	1	2	2	1	1	1	2	1	2	2	1	1	1	1	1	0	1	0	1	1	0	1	2	2	1
ζ32~	3	3	2	2	3	3	2	2	3	3	3	2	3	1	3	0	3	3	1	2	1	3	0	3	0	1	3	1	0	0	1	3

表7-11　跨境电商综合试验区制度创新文本关键词相关矩阵

	1	2	3	4	5	6	7	8	9	10	11	12	13	14	15	16	17	18	19	20	21	22	23	24	25	26	27	28	29	30	31	32
ζ1	1.00	0.88	1.00	0.83	0.84	0.83	0.88	0.88	0.83	0.65	0.52	0.88	0.88	0.83	0.78	0.78	0.83	0.89	0.73	0.73	0.63	0.78	0.42	0.83	0.12	0.73	0.45	0.42	0.59	0.56	0.20	0.48
ζ2	0.88	1.00	0.74	0.84	0.95	0.84	0.70	0.90	0.84	0.74	0.86	0.89	0.80	0.84	0.78	0.56	0.84	0.75	0.72	0.84	0.48	0.78	0.60	0.74	0	0.90	0.90	0.47	0.47	0.63	0.22	0.55
ζ3	1.00	0.74	0.67	0.67	0.70	0.78	0.78	0.84	0.78	0.67	0.80	0.47	0.63	0.78	0.59	0.71	0.67	0.56	0.76	0.88	0.63	0.59	0.38	0.89	0.15	0.63	0.82	0.33	0.50	0.50	0.24	0.39
ζ4	0.83	0.84	0.67	1.00	0.40	0.78	0.63	0.45	0.78	1.00	0.80	0.83	0.74	0.89	0.83	0.59	0.89	0.45	0.88	0.76	0.63	0.59	0.38	0.78	0.15	0.88	0.82	0.50	0.33	0.67	0	0.39
ζ5	0.84	0.95	0.70	0.40	1.00	0.91	0.86	0.86	0.91	0.91	0.91	0.74	0.86	0.91	0.75	0.75	0.91	0.60	0.46	0.80	0.68	0.75	0.46	0.80	0.14	0.57	0.99	0.50	0.60	0.60	0.21	0.52
ζ6	0.83	0.84	0.78	0.78	0.91	1.00	0.74	0.95	0.89	1.00	0.91	0.85	0.70	0.67	0.83	0.59	0.75	0.45	0.63	0.76	0.50	0.71	0.50	0.78	0.15	0.76	0.76	0.50	0.67	0.50	0.47	0.58
ζ7	0.88	0.70	0.78	0.63	0.86	0.74	1.00	0.80	0.89	1.00	0.91	0.56	0.84	0.74	0.83	0.78	0.91	0.60	0.72	0.50	0.84	0.80	0.24	0.63	0	0.60	0.82	0.47	0.63	0.47	0	0.37
ζ8	0.88	0.90	0.84	0.45	0.86	0.95	0.80	1.00	0.74	0.63	0.56	0.70	0.78	0.78	0.56	0.84	0.53	0.60	0.84	0.67	0.59	0.24	0.74	0.84	0.14	0.84	0.78	0.17	0.83	0.63	0.22	0.55
ζ9	0.83	0.84	0.78	0.78	0.91	0.89	0.89	0.74	1.00	0.89	0.91	0.71	0.84	0.78	0.83	0.59	0.78	0.63	0.59	0.54	0.63	0.67	0.48	0.59	0.15	0.60	0.95	0.83	0.35	0.67	0.47	0.58
ζ10	0.65	0.74	0.67	1.00	0.91	1.00	1.00	0.63	0.89	1.00	0.91	0.80	0.74	0.78	0.83	0.56	0.63	0.78	0.83	0.83	0.88	0.83	0.38	0.88	0.15	0.88	0.82	0.45	0.60	0.67	0.47	0.58
ζ11	0.52	0.86	0.80	0.80	0.91	0.91	0.91	0.56	0.91	0.91	1.00	0.75	0.36	0.30	0.95	0.75	0.80	0.68	0.75	0.80	0.68	0.64	0.67	0.71	0.14	0.88	0.86	0.35	0.53	0.60	0.21	0.52
ζ12	0.88	0.89	0.47	0.83	0.74	0.85	0.56	0.70	0.71	0.80	0.75	1.00	0.89	0.74	0.78	0.75	0.71	0.94	0.67	0.67	0.67	0.63	0.67	0.67	0.16	0.67	0.87	0.47	0.63	0.53	0.25	0.41
ζ13	0.88	0.80	0.63	0.74	0.86	0.70	0.84	0.78	0.84	0.74	0.36	0.89	1.00	0.74	0.78	0.67	0.74	0.74	0.60	0.60	0.60	0.78	0.36	0.60	0.14	0.60	0.39	0.50	0.50	0.47	0.25	0.55
ζ14	0.83	0.84	0.78	0.89	0.91	0.67	0.74	0.78	0.78	0.78	0.30	0.74	0.74	1.00	1.00	0.71	0.71	0.45	0.76	0.63	0.63	0.59	0.50	0.76	0.15	0.67	0.68	0.35	0.33	0.63	0.22	0.19
ζ15	0.78	0.78	0.59	0.83	0.75	0.83	0.83	0.56	0.83	0.83	0.95	0.78	0.78	1.00	1.00	0.38	0.83	0.35	0.76	0.67	0.54	0.75	0.40	0.71	0.16	0.76	0.95	0.35	0.38	0.67	0.47	0.61
ζ16	0.78	0.56	0.71	0.59	0.75	0.59	0.78	0.84	0.59	0.56	0.75	0.75	0.67	0.71	0.38	1.00	0.59	0.54	0.54	0.54	0.76	0.67	0.54	0.59	0.16	0.67	0.87	0.33	0.38	0.35	0.25	0
ζ17	0.83	0.84	0.67	0.89	0.91	0.75	0.91	0.53	0.78	0.63	0.80	0.71	0.74	0.71	0.83	0.59	1.00	0.59	0.76	0.63	0.63	0.83	0.54	0.80	0.17	0.67	0.82	0.45	0.35	0.71	0.50	0.39
ζ18	0.89	0.75	0.56	0.45	0.60	0.45	0.60	0.60	0.63	0.78	0.68	0.94	0.74	0.45	0.35	0.54	0.59	1.00	0.38	0.50	0.25	0.59	0.63	0.54	0.17	0.50	0.96	0.38	0.50	0.50	0.47	0.58
ζ19	0.73	0.72	0.76	0.88	0.46	0.63	0.72	0.84	0.59	0.83	0.75	0.67	0.60	0.76	0.76	0.54	0.76	0.38	1.00	0.86	0.43	0.40	0.57	0.67	0.75	0.71	0.62	0.38	0.38	0.17	0.24	0.22
ζ20	0.73	0.84	0.88	0.76	0.80	0.76	0.50	0.67	0.54	0.83	0.80	0.67	0.60	0.63	0.67	0.54	0.63	0.50	0.86	1.00	0.57	0.40	0.43	0.67	0.17	0.71	0.93	0.38	0.57	0.57	0.27	0.44
ζ21	0.63	0.48	0.63	0.63	0.68	0.50	0.84	0.59	0.63	0.88	0.68	0.67	0.60	0.63	0.54	0.76	0.63	0.25	0.43	0.57	1.00	0.54	0.29	0.76	0.15	0.50	0.62	0.35	0.38	0.71	0.27	0.22
ζ22	0.78	0.78	0.59	0.59	0.75	0.71	0.80	0.24	0.67	0.83	0.64	0.63	0.78	0.59	0.75	0.67	0.83	0.59	0.40	0.40	0.54	1.00	0.54	0.29	0.16	0.40	0.40	0.35	0.35	0.57	0.25	0.61
ζ23	0.42	0.60	0.38	0.38	0.46	0.50	0.24	0.74	0.48	0.38	0.67	0.67	0.36	0.50	0.40	0.54	0.54	0.63	0.57	0.43	0.29	0.54	1.00	0.25	0.17	0.29	0.62	0.57	0.19	0.19	0	0

续 表

	1	2	3	4	5	6	7	8	9	10	11	12	13	14	15	16	17	18	19	20	21	22	23	24	25	26	27	28	29	30	31	32
ζ24	0.83	0.74	0.89	0.78	0.80	0.78	0.63	0.74	0.89	1.00	0.80	0.59	0.63	0.56	0.71	0.59	0.67	0.67	0.76	0.88	0.63	0.59	0.25	1.00	0	0.76	0.68	0.33	0.33	0.50	0.24	0.58
ζ25	0.12	0	0.15	0.15	0.14	0.15	0	0.14	0.15	0.15	0.14	0.16	0.14	0.15	0.16	0.16	0.15	0.75	0.17	0.17	0	0.16	0.17	0	1.00	0.20	0.18	0	0	0.22	0	0
ζ26	0.73	0.72	0.63	0.88	0.57	0.76	0.60	0.84	0.88	0.88	0.80	0.67	0.60	0.76	0.67	0.67	0.76	0.50	0.71	0.71	0.43	0.40	0.29	0.76	0.20	1.00	0.62	0.19	0.57	0.76	0.27	0.22
ζ27	0.45	0.90	0.82	0.82	0.99	0.82	0.90	0.78	0.95	0.82	0.86	0.87	0.39	0.68	0.87	0.58	0.96	0.82	0.62	0.93	0.62	0.58	0.62	0.68	0.18	0.62	1.00	0.61	0.61	0.82	0.29	0.71
ζ28	0.42	0.47	0.33	0.50	0.60	0.50	0.32	0.47	0.17	0.83	0.45	0.35	0.47	0.50	0.35	0.35	0.33	0.50	0.38	0.38	0.38	0.35	0.57	0.33	0	0.19	0.61	1.00	0.50	0.50	0	0.29
ζ29	0.59	0.47	0.50	0.33	0.60	0.67	0.47	0.63	0.50	0.33	0.60	0.53	0.63	0.67	0.71	0.71	0.50	0.33	0.38	0.38	0.38	0.35	0.19	0.57	0	0.57	0.61	0.50	1.00	0.35	0	0
ζ30	0.56	0.63	0.50	0.67	0.60	0.50	0.47	0.63	0.67	0.67	0.60	0.53	0.47	0.67	0.35	0.71	0.50	0.17	0.57	0.71	0.57	0.35	0.19	0.50	0.22	0.76	0.82	0.50	0.35	1.00	0.71	0
ζ31	0.20	0.22	0.24	0	0.21	0.47	0	0.22	0.47	0.47	0.21	0.25	0.22	0.25	0.25	0.50	0.47	0.24	0.27	0.27	0.27	0.25	0	0.24	0	0.27	0.29	0	0	0.71	1.00	0.41
ζ32	0.48	0.55	0.39	0.39	0.52	0.58	0.37	0.55	0.58	0.58	0.52	0.41	0.55	0.19	0.61	0	0.39	0.58	0.22	0.44	0.22	0.61	0	0.58	0.58	0.22	0.71	0.29	0	0	0.41	1.00

(3)制度创新文本关键词聚类

我们基于上述制度创新文本关键词相关矩阵进行关键词聚类分析,利用 SPSS 软件输出的关键词聚类谱系如图 7-4 所示。 根据关键词聚类分析结果,可以将高频关键词按相互间联系的密切程度分为以下 6 类:①跨境支付和外汇管理、完善风险防控、物流分拨及监管、创新统计监测、人才服务培养、创新金融服务、质量安全监管、退税便利化、创新海关监管模式、消费者纠纷解决机制、创新税收征管、投融资便利化、信用监管评价、人民币结算;②建设综合(产业)园区、拓展海外营销渠道、建立(公共)海外仓、B2B 交易服务模式、智能物流;③完善综合服务、创新财税政策、企业和商品备案、信息数据共享、通关便利化、通关管理、"单一窗口"、优化检验检疫流程、检验检疫监管、进口商品清单管理;④建立信用数据库;⑤完善市场准入;⑥分类清单管理。

考虑到制度创新文本关键词语义的相似性,如物流分拨、智能物流、建立(公共)海外仓等在本质上都是物流服务创新,故用创新物流服务替换物流分拨、智能物流、建立(公共)海外仓等关键词。 基于同样理由,优化检验检疫流程、检验检疫监管本质上都属于检验检疫方面的创新,故用创新检验检疫进行替换;投融资便利化、信用监管评价、人民币结算、建立信用数据库等均属于金融服务的创新,因此将这几个关键词统一为创新金融服务;信息数据共享、通关便利化、"单一窗口"、进口商品清单管理、完善市场准入、分类清单管理等,可用创新海关监管和通关管理来代替。 综合关键词聚类分析结果和上述关键词语义分析,最后对创新税收政策、跨境支付和外汇管理、完善风险防控、创新统计监测、人才服务培养、消费者纠纷解决机制、创新海关监管、建设综合(产业)园区、完善综合服务、创新通关管理、企业和商品备案、创新金融服务、创新物流服务、B2B 交易服务模式、创新检验检疫等共 15 个主题词进行进一步的分析。

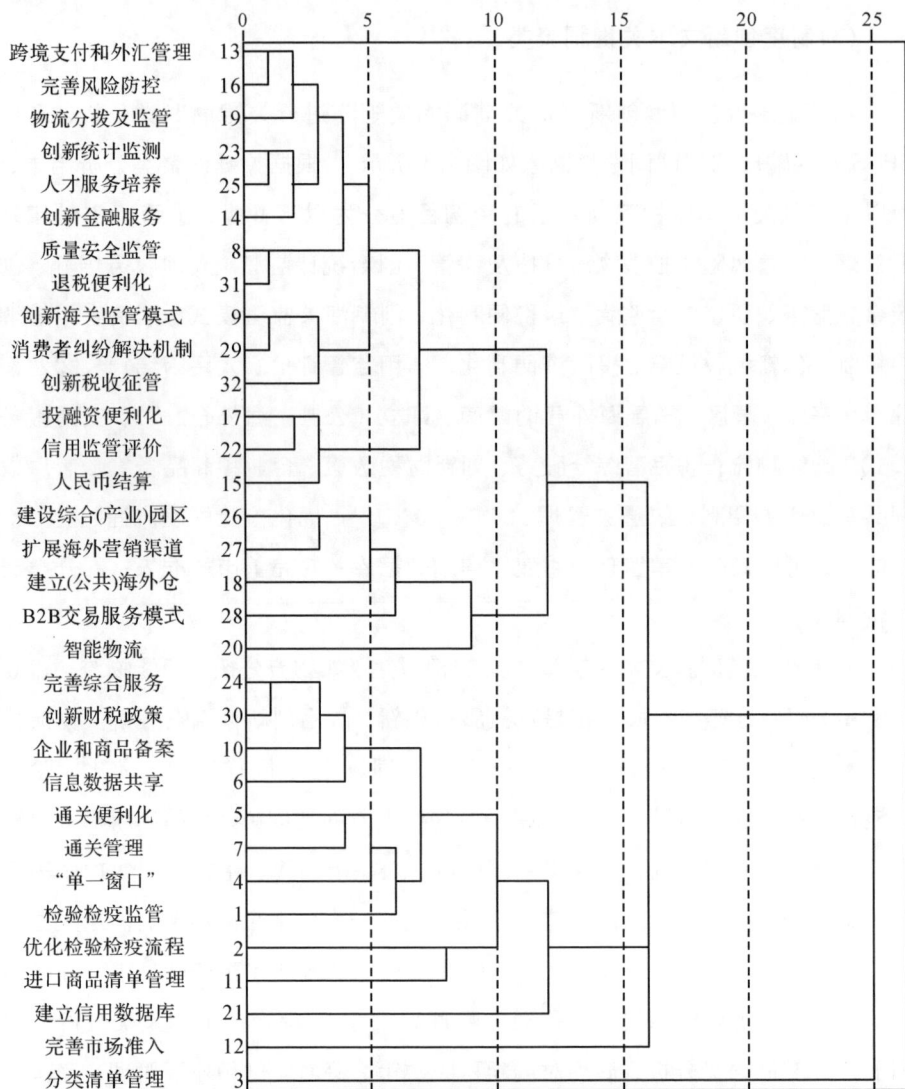

图 7-4　综合试验区制度创新文本关键词聚类谱系

(4)制度创新主题词分布

　　跨境电商综合试验区制度创新文本的主题词分布如表 7-12 所示。 在全部制度创新主题词中，完善综合服务、创新海关监管、创新通关管理、创新金融服务、创新物流服务出现的频率最高，占比依次为 16.09％，13.09％，

11.99％，10.57％和9.94％。其中，完善综合服务、创新海关监管、创新通关管理、创新物流服务受到了高度重视，13个综合试验区都制订了相关的规章制度。创新金融服务虽然在全部主题词中出现的频数较多，但相对其余4个主题词而言，它在各个综合试验区的普及程度相对不高，苏州、宁波和成都3个综合试验区都没有涉及金融服务方面的具体制度创新措施。而天津、青岛、郑州和苏州综合试验区则尤为重视金融服务的创新。

表7-12　跨境电商综合试验区制度创新文本的主题词分布

主题词	创新税收政策	跨境支付和外汇管理	完善风险防控	创新统计监测	人才服务培养	消费者纠纷解决机制	创新海关监管	建设综合（产业）园区	完善综合服务	创新通关管理	企业和商品备案	创新金融服务	创新物流服务	B2B交易服务模式	创新检验检疫
A（杭州）	2	3	1	3	3	3	2	0	3	6	1	5	3	0	7
B（郑州）	4	2	1	1	2	2	11	1	9	7	3	9	7	0	3
C（大连）	3	2	0	0	0	0	1	0	2	3	1	4	1	0	0
D（苏州）	2	2	2	1	1	0	6	3	13	6	1	7	4	1	2
E（合肥）	1	1	0	0	0	0	1	0	5	1	0	4	0	0	1
F（宁波）	1	1	0	0	0	0	3	3	8	4	0	0	4	0	3
G（青岛）	6	3	11	8	4	2	7	5	16	11	1	12	10	0	4
H（广州）	7	1	3	2	3	1	6	0	2	11	1	8	6	1	4
I（深圳）	5	3	1	1	2	2	8	2	12	8	0	4	2	1	7
J（上海）	3	2	1	0	1	1	5	2	10	3	1	2	1	0	1
K（天津）	5	1	1	4	9	2	12	2	9	5	2	14	8	0	3
L（成都）	5	2	1	1	0	4	11	2	3	3	1	0	7	2	2
M（重庆）	4	2	1	1	0	2	10	2	12	9	0	2	6	0	2
百分比（%）	7.57	3.79	3.64	3.21	4.57	2.37	13.09	4.10	16.09	11.99	2.05	10.57	9.94	0.79	6.15

B2B交易服务模式、企业和商品备案、消费者纠纷解决机制、创新统计监测、完善风险防控、跨境支付和外汇管理6个主题词在跨境电商综合试验区制度创新文本中出现的频率相对较低，其频数占比依次为0.79％，2.06％，

2.37％，3.21％，3.64％和3.79％，主要原因在于这些主题词并未受到全部跨境电商综合试验区的普遍高度重视。 其中，B2B 交易服务模式得到了苏州、广州、深圳和成都 4 个综合试验区的重视。 企业和商品备案、消费者纠纷解决机制这 2 个主题词，受到了绝大多数综合试验区的关注，但这两方面的创新举措并不多，仅天津和郑州相对更为重视。 从创新统计监测、完善风险防控、跨境支付和外汇管理 3 个主题词的分布来看，关于统计监测、风险防控、跨境支付和外汇管理方面的创新举措处于发展和成熟的过渡期，大多数综合试验区都已经制订了具体的政策制度，只有个别综合试验区仍未出台相关的制度措施。

创新税收政策、创新检验检疫、人才服务培养和建设综合（产业）园区 4 个主题词在综合试验区制度创新文本中的出现频率相对居中，占比依次为 7.57％，6.15％，4.57％和4.10％。 其中，创新税收政策得到了全部 13 个综合试验区的关注，13 个综合试验区皆出台了相应创新措施。 检验检疫是跨境电商交易过程的关键环节，几乎所有综合试验区在国家相关政策法规的基础上都提出了相应的创新举措，其中杭州跨境电商综合试验区作为首批跨境电商综合试验区，其检验检疫方面的大多创新举措为其他综合试验区的创新发展提供了参考，此外，深圳综合试验区在检验检疫方面的创新举措也较多。人才服务培养和建设综合（产业）园区是跨境电商综合试验区发展的根基和前提，稳定的人才输送和园区建设环境是必不可少的，各个综合试验区对跨境电商人才的培养和园区的建设都较为重视，其中青岛、成都、天津和深圳出台的创新举措相对较多。

(5)综合试验区制度创新举措相似性分析

我们基于制度创新文本主题词在各综合试验区的分布矩阵进行聚类分析，利用 SPSS 输出的聚类谱系如图 7-5 所示。 由聚类结果可知，郑州、天津、青岛、杭州、广州 5 个跨境电商综合试验区的创新举措具有较高的相似性，苏州、上海、深圳、重庆、宁波 5 个跨境电商综合试验区的创新举措具有较高的相似性，而大连、成都、合肥 3 个跨境电商综合试验区均与其他跨境电商综合试验区的创新举措的相似度较低，具有较高的创新性，且相互之间的相似度也较低。 根据跨境电商综合试验区制度创新举措相似性，可以将 13 个跨境电商综合试验区分为 5 个类型：第一类为郑州、天津、青岛、杭州和广州；第二类为苏州、上海、深圳、重庆和宁波；第三类为大连；第四类为成都；第五类为合肥。

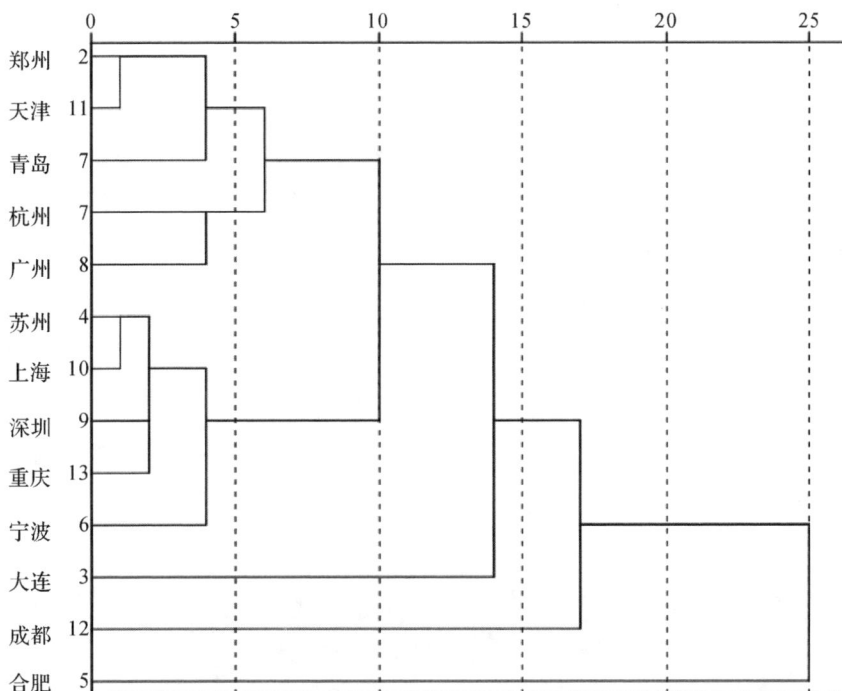

图 7-5　综合试验区制度创新文本相似性聚类谱系

郑州、天津、青岛、杭州和广州跨境电商综合试验区的制度创新举措具有较高相似性的原因在于这 5 个综合试验区都比较重视对税收政策、金融服务、物流服务的创新。 苏州、上海、深圳、重庆和宁波跨境电商综合试验区的制度创新举措几乎在同一时期（2016 年 4 月—2016 年 8 月）发布，较为重视通关管理、海关监管及与其他创新举措相配套的综合服务的完善。 相比较于其他跨境电商综合试验区，大连、成都和合肥跨境电商综合试验区的制度创新举措虽然整体数量偏少，但是更加侧重于某个具体主题的完善与创新，如大连跨境电商综合试验区注重金融服务和税收政策方面的创新，对完善风险防控、创新统计监测、人才服务培养、消费者纠纷解决机制、建设综合（产业）园区、

B2B 交易服务模式、创新检验检疫流程等方面均未涉及；合肥跨境电商综合试验区则比较侧重于创新物流服务，对创新税收政策、创新海关监管、建设综合（产业）园区、企业和商品备案、创新检验检疫流程等方面则稍有涉及；成都跨境电商综合试验区较为重视创新海关监管和创新物流服务，而对消费者纠纷解决机制、创新统计监测、创新金融服务方面则均未涉及。

(6)制度创新文本高频主题词共现可视化分析

我们基于主题词共词矩阵，利用社会网络分析软件 Ucinet 对综合试验区制度创新文本高频关键词进行共现可视化分析，输出的高频主题词共现网络可视图如图 7-6 所示。由高频主题词共现网络可视图可以得到以下结论：完善综合服务是跨境电商综合试验区制度创新的关键领域，投融资便利化、信用监管评价、跨境支付和外汇管理、检验检疫监管、"单一窗口"和通关便利化在主题词共现网络可视图中处于关键位置，与处于中心位置的完善综合服务紧密相连，同时与处于外围的关键词也密不可分。其中，检验检疫监管、"单一窗口"、通关便利化都是跨境电商交易的重要操作流程。

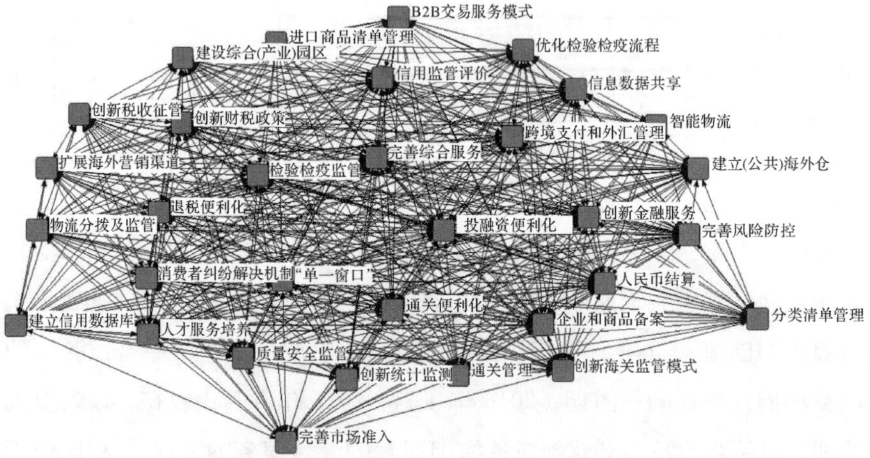

图 7-6　制度创新文本高频主题词共现网络可视图

7.3 跨境电商综合试验区制度创新的对策与建议

7.3.1 创新跨境电商海关监管服务

(1)明确跨境电商监管对象属性

海关监管对象有货物与物品之分,针对两者的税收征管制度与监管制度各异。 跨境电商商品,从其具有交易行为的属性看,可视为货物;从其物权归属来看,又可视为个人物品。 目前,一般把 B2B 商品当作传统贸易货物,B2C 出口商品视为货物,B2C 进口商品视为物品。 这样的监管政策有其合理性,但是不尽科学,也不利于进行准确的跨境电商统计监测。 今后,为了跨境电商的健康发展,一方面,要改变中国海关对货物、物品区别对待的特殊做法,借鉴国际上的通行做法,把所有进出境货物不做属性上的划分,只按价值区分,分成一般性货物及低值货物;另一方面,应摒弃"货物"与"物品"之争,出台专门针对跨境电商的法律法规,明确海关对其的监管要求,将目前通过跨境电商平台交易进出境的货物或者物品,统一称为"跨境电商货品",给予独立的海关申报通道,反映实际情况的同时避免与现行《中华人民共和国海关法》的货物或物品概念相抵触。

(2)创新跨境电商海关监管模式

目前,我国尚没有一套统一的跨境电商通关、结汇、退税等方面的管理办法和标准规范,跨境电商发展中遇到的通关、结汇、退税等问题在现行政策框架下无法有效解决。 深化不同区域之间乃至国家之间的海关协作,建立统一的执法规范,自上而下地推动各级海关各业务领域的协调配合,打破关区之间的藩篱,海关监管统一性建设已经刻不容缓。 一方面,将不同关区和拥有不同优势的海关整合形成一个整体性平台,根据不同海关的特点及优势,进行有侧重的专业化分工,实现优势互补,形成全国通关监管一体化格局。 另一方面,建设跨境电商通关服务平台,引入电商平台协助海关监管买卖主体,为个人申报提供交易订单数据，包括网站域名地址、商品信息、支付流水号、物流运单号和订购人信息等，通关服务平台根据个人提供的数据，同支付企业、物流企业进行比对，以印证数据的真实性，一旦在现场的物流监管中发现异常，海关便可对申报人进行追责。

(3)创新进出口商品检验检疫制度

引入第三方检验检疫机构开展进出口商品检验检疫，以加强对跨境电商的质量安全监管。 第一，由国家标准化管理委员会针对第三方检验检疫机构辅助监管跨境进口建立质量管理标准体系，再由鉴证机构按此标准体系，通过专业化服务，认证供应商产品并逐步规范电商平台。 第二，对于通过认证的商品，在跨境进口时可免予提交相关商品检验所需文件资料。 同时，检验检疫部门还可以抽检，验核第三方检验检疫机构的认证结果，从而有效降低跨境电商进口业务的技术壁垒。 第三，加快建立新型检验检疫监管模式，对电商出口企业及其产品进行检验检疫备案或准入管理，利用第三方检验检疫机构进行产品质量安全的合格评定，坚决打击跨境电商中出现的各种违法侵权行为，努力实现跨境电商在发展中逐步规范、在规范中健康发展。

7.3.2 健全跨境电商税收征管政策

(1)完善跨境电商的税收法律法规体系

完善税收征管领域法律法规对跨境电商的良性发展至关重要。 第一，按照实现税制公平原则，明确界定跨境电商纳税义务人、课税对象、纳税环节、纳税地点、纳税期限，完善税收法律规定，实现跨境电商发展与税收法律法规的平衡。 第二，完善税收征管制度。 加强对电商税务登记的管理，规定跨境电商平台运营商应审查经营者的工商营业执照、税务登记证或"三证合一"证照资料，并有义务向税务机关提供网络交易情况；强化金融机构向税务机关提供纳税人账户资金信息的义务，使税务机关可根据纳税人银行资金信息进行征收管理；积极推动基于跨境电商交易、在线支付、物流信息的网络（电子）发票应用。 第三，完善跨境电商退税机制。 继续试行企业出口未取得合法有效进货凭证，在过渡期内增值税免税政策；试行按商品大类设置综合退税率办法，方便跨境电商企业申报退税；探索研究上游供货企业尤其是小微企业的临时性税收政策，解决购进发票的缺失问题；落实出口退税全部由中央财政负担的政策；完善出口退（免）税企业分类管理办法，实行差别化管理制度；打破异地或口岸限制，实施跨境电商企业征、退税一体化管理。

(2)积极参与国际税收规则的修改和完善

创新国际税收征管合作方式与内容，深入参与全球税收合作，力求在世界范围内建立国际税收协定。 第一，积极与其他国家完成税收协定的谈签。 让税收协定网络覆盖面与企业开展跨境电商活动的目的地相匹配，并且根据已有协定的缔约国双方国内税法的变化情况，完成对已有税收协定的修订工作，夯实协定存在的基础，加强对税收协定的宣传，切实履行协定的落实，让跨境电商企业能真正享受到协定带来的优惠。 第二，积极参与完善国际税收争议解决机制。 当企业在境外发生税收争议时，一般需依照税收协定中规定的相互协商程序来进行双方国家税务部门间的相互协商，但相互协商程序的时间限制规定为 2 年，我们建议将相互协商程序规定的时限适当延长。 第三，做好争议协商人员队伍的建设工作，协调未来税法中的仲裁条款与《中华人民共和国仲裁法》之间的关系。

7.3.3 促进跨境电商创新金融服务

(1)推动跨境外汇支付稳健发展

一方面，完善跨境电商支付结算管理。 第一，稳妥推进支付机构跨境外汇支付业务的试点工作。 鼓励境内银行、支付机构依法合规开展跨境电子支付业务，满足境内外企业及个人跨境电子支付需要。 第二，推动跨境电商活动中使用人民币进行计价结算。 第三，支持境内银行卡清算机构拓展境外业务。 另一方面，完善跨境支付外汇监管体系。 首先，建议修订《中华人民共和国外汇管理条例》，增加非金融机构跨境支付业务的相关内容，明确非金融机构跨境支付业务的定义、范围、业务管理、资格准入和监督检查等内容，为跨境支付业务提供直接的法律法规支持。 其次，建议制定第三方支付企业市场退出准则，对破产申请、数据安全、系统技术处置、资料交接或销毁等方面做出具体的规定；建立健全从前期的市场准入，到中期发展的业务监管，再到后期的市场退出等整个流程的监管体系，有力防范跨境支付市场的外汇风险。最后，加强跨境支付的国内与国际监管合作，推动建立境内外支付监管机构间的合作监管机制和信息共享机制，从而加强对电商大额在线交易的监测，防范金融风险。

（2）创新跨境电商融资保险服务

顺应跨境电商产业快速发展的需求，加大对跨境电商领域创新金融服务的支持力度，须做到以下几点：第一，加大金融信贷政策支持，促进融资便利化。 适时允许跨境人民币融资，扩大贷款资金使用范围；允许具有货物贸易出口背景的境内外汇贷款办理结汇，方便企业在境内采购、备货和销售。 第二，鼓励银行机构开展科技金融创新，建立多元化贷款担保机制，拓宽企业融资渠道。 重点开拓面向跨境电商企业和 B2B 电商平台开发的信用融资、供应链融资等金融服务；引导各类股权投资企业对跨境电商企业进行投资，加大对跨境电商经营主体的信贷支持力度；推动"政企银"合作，建立信用保障资金池，协调建立企业融资增信机制，向临时资金周转不足的企业提供短期信用支持，缓解融资难、融资贵的问题。 第三，建立健全风险控制制度，加强对跨境资金流动风险的监测，规范跨境电商主体及金融机构业务办理原则，有效控制风险，促进融资保险服务规范健康的发展。

7.3.4 建立跨境电商信用评价体系

（1）建立跨境电商企业信用管理平台，完善信用管理制度体系

推进跨境电商企业信用管理平台建设，建立完善的跨境电商信用记录体系、信用评级评价制度和信用信息公示制度。 第一，建立跨境电商企业信用数据库，利用大数据、云计算等技术将跨境电商平台、平台经营户、与跨境电商相关的物流企业及其他服务企业的基础数据汇总，实现对买卖双方的身份认证和资质审查，通过技术手段避免刷信用问题。 第二，建立跨境电商经营主体的信用评级和评价制度。 设立信用分类评级标准和对应的评价指标，要求跨境电商平台针对每一个入驻平台的经营者建立信用档案，以便消费者和监管机构根据经营者的信用等级和经营情况对其做出信用评价。 第三，建立跨境电商经营主体信用信息公示制度。 监管机构应及时向社会公布经营者销售假冒伪劣产品、侵犯知识产权、虚构交易、炒作信用等违规行为，再结合企业信用信息公示制度，完善跨境交易信用征信、信用评价、信用服务等领域的制度规范；同时，鼓励跨境电商平台自建信用评级制度，防范经营者以虚构交易、炒作信用来欺骗消费者。

(2)探索引入第三方跨国鉴证机构对境外电商平台实施信誉认证

第三方跨国鉴证机构具有独立性、客观性和权威性，引入这类机构能够对境外电商平台实施信誉认证，能够为跨境电商平台、供应商和商品提供有效信誉保证。 第一，引入第三方跨国鉴证机构指导电商平台建立入驻经营者信用档案，积极推动信用调查、信用评估、信用担保等第三方信用服务和产品在跨境电商中的推广和应用。 第二，引导第三方跨国鉴证机构会同相关部门推动建立信用认证体系，再综合多方信用基础数据，建立跨境电商信用数据库、信用监管系统和负面清单系统，形成跨境电商平台、平台经营户、物流企业及其他服务企业的基础数据，实现对买卖双方的身份认证、资质审查和信用评价。

7.3.5 构建开放共享的跨境电商物流体系

(1)推进跨境电商物流便利化

第一，跨境电商综合试验区探索建设服务于跨境电商的一站式物流服务平台，鼓励各类物流信息服务平台互联互通、资源共享，打破"信息孤岛"，将跨境电商的订单、支付、物流、质量安全等信息集成为综合通关数据，进行汇总申报，从而推进通关便利化。 第二，完善海关、检验检疫、邮政管理等部门之间的协作机制，推动国家间、地区间检验检疫标准的互认。 第三，为电商物流企业的国际化和海外并购，提供法务、商务和税务方面的信息支持，推进海外并购审批、外汇便利化等。

(2)提升跨境电商物流服务水平

第一，跨境电商综合试验区鼓励有实力的国内物流企业实施国际化发展战略，通过自建、合作、并购等方式延伸服务网络，实现与发达国家的重要城市的网络连接，并逐步开辟与主要发展中国家间的快递专线，打造内外贸结合的电商物流网络，提高国内物流企业的跨境电商物流竞争力。 第二，加快发展海外仓、国际物流和保税物流，构筑立足周边、辐射"一带一路"、面向全球的跨境电商物流体系。 支持优势电商物流企业加强联合，在条件成熟的国家和地区部署海外物流基地和仓配中心；促进国内外企业在战略、技术、产品、数据、服务等方面的交流与合作，共同开发国际电商物流市场。 第三，高效配置物流资源，提高跨境电商物流的共同化水平，降低物流配送的能耗和排放，促进跨境电商货品包装的标准化、减量化和循环利用。

(3)完善跨境电商物流监管体系

第一，跨境电商综合试验区加强对跨境电商物流的监管，建立高效、便利、统一的公共服务平台，构建可追溯、可比对的数据链条，满足监管要求。重点是依托电子口岸，建设"单一窗口、一站式"服务平台，保障对国际物流快件报关、报检、入出境、入出关的实时监控。 第二，健全电商物流统计监测制度。 一方面，建立跨境电商统计监测指标体系，创新调查方法，科学选择统计样本，确保行业统计数据及时、准确，从而全面掌握跨境电商物流行业的发展情况。 另一方面，加强对跨境电商物流的统计监测，做好对重点领域、重点环节、重点时间节点的数据监控，依托统计数据信息，做好跨境电商行业发展形势的研判和风险分析工作，为相关部门、企业决策提供决策咨询和预警服务。

7.3.6　完善跨境电商综合服务体系

(1)支持跨境电商综合服务平台的建设

国家鼓励跨境电商平台培育国际竞争优势，打造国际化的跨境电商综合服务平台，为更多国内外企业沟通、洽谈和业务拓展提供优质服务。 第一，制定相关政策引导企业利用自建平台加快品牌培育，拓展营销渠道，向从事跨境电商的平台企业、物流企业、支付企业、生产企业开放规范数据接口及传输通道，进一步完善跨境电商中通关、结汇、退税等政策制度。 第二，为电商企业、物流企业、外贸综合服务企业和跨境电商综合服务平台企业形成产业链和供应链发展格局提供政策支持，制定相应的政策支持标准和方案，对向规模化、标准化、集群化和规范化方向发展的本地跨境电商产业给予相应的资金补贴或者资金奖励。 第三，鼓励跨境电商企业、非营利性组织、第三方评价机构等社会组织开展平台组织共治工作。 行业组织要充分发挥信息集聚优势，为政策制定、标准制定等提供信息支持；充分发挥在政府与企业间的桥梁作用，引导企业公平竞争、守法经营，为跨境电商企业提供全面配套的支持。

(2)加强跨境电商领域的国内外交流合作

加强跨境电商领域的国内外交流合作，全面加强中国在全球贸易治理和规则制定中的话语权。 第一，建立针对保护消费者权益的国际组织，颁布跨境电商国际消费者权益保护公约，对跨境电商消费者权益保护制度的确定及具体制度的设置、物流公司和电商平台的责任划分、管辖权和适用法均用统一的标准来规范，为消费者的权益提供明确的法律保护，为消费者的纠纷提供解决途径。 第二，结合"一带一路"建设，促进跨境电商海关监管国际规则的制定。 通过加强与主要贸易伙伴、"一带一路"沿线国家及相关国际组织的交流与合作，积极主动地对接全球贸易国家和地区，优化和完善跨境电商海关监管的中国理念和方案，即在中国跨境电商试点成果的基础上，综合考虑全球跨境电商的发展形势和监管特点，统筹形成中国特色的国际跨境电商海关监管制度。

8

基于多案例比较研究的跨境电商综合试验区创新演化模型

中国经济的高速发展有赖于不同领域的改革，而改革需要突破现有体制机制的约束，势必面临一系列巨大的风险。为更好地深化改革，我国通常会采取基于试验区试点战略的改革路径，即选择在有较强抵御风险能力和较大自身优势的区域范围率先进行制度创新和改革试点，获得一定经验后再进行总结并逐步向全国推广。可以说，构建不同类型的国家综合试验区已经成为当前中国深化改革并促进经济转型发展的重要抓手。无论是以开发开放为主题的上海浦东新区、天津滨海新区等国家级新区，以统筹城乡为主题的成都和重庆城乡统筹试验区等国家综合配套改革试验区，还是以浙江温州金融改革试验区和云南瑞丽市国家级重点开发试验区为代表的新一轮改革试验区，都充分说明了各类试验区建设对促进区域经济发展的重要意义。试验区的先行先试，为更大区域范围的深化改革积累了经验；在更大区域范围进行改革成果的复制推广，能够以点带面地推动更大区域范围内的协调发展。

中国跨境电商综合试验区是中国设立的跨境电商综合性质的先行先试的城市区域，旨在通过在跨境电商交易、支付、物流、通关、退税、结汇等环节的技术标准、业务流程、监管模式和信息化建设等方面先行先试，通过制度创新、管理创新、服务创新和协同发展，破解跨境电商发展中的深层次矛盾和体制性难题，打造跨境电商完整的产业链和生态链，逐步形成一套适应和引领全球跨境电商发展的管理制度和规则，为推动中国跨境电商健康发展提供可复制、可推广的经验。 目前，全国已有 35 个城市获批成立跨境电商综合试验区。 通过试点，各个试点城市不仅在跨境电商产业生态链的建设方面取得斐然成绩，更是探索和积累了大量的跨境电商制度创新经验。

随着跨境电商综合试验区试点工作的不断深入，跨境电商的发展逐步面临一系列涉及深层次矛盾和体制性难题的制度创新挑战，迫切需要从理论上得到指导。 但目前鲜有理论对跨境电商综合试验区进行系统性研究，已有对跨境电商综合试验区的研究主要集中在试验区内涵特征、影响因素、具体操作层面等的一般性研究，缺乏深层次的理论研究。 已有关于国家配套综合改革试验区的相关研究成果虽然提供了一定的研究基础，但在具体解释跨境电商综合试验区的创新演化机理及路径等方面存在明显不足。 因此，有必要从跨境电商综合试验区的建设经验出发，从理论和实践 2 个方面梳理跨境电商综合试验区的创新演化机理，揭示跨境电商综合试验区创新演化的实现机制。本书构建了跨境电商综合试验区创新演化的理论模型，并且以杭州和宁波跨境电商综合试验区建设实践为案例研究对象，系统梳理并揭示了跨境电商综合试验区的创新演化机制。

8.1 跨境电商综合试验区创新演化的理论模型构建

8.1.1 国家综合试验区创新演化的理论研究

国家综合试验区的本质是在特定区域率先进行系统性、综合性的制度改革或创新。 学者诺斯（1990）将制度分为正式制度和非正式制度，认为制度是"一个社会的游戏规则"，是决定人们相互关系的系列约束；舒尔茨（1968）将制度定义为一种行为规则，这些规则涉及社会、政治及经济行为。 综合国内外相关研究成果，本书认为，制度可以看作一种行为规则，涉及社会、政治、文化及经济行为等方面，通常由社会认可的非正式约束、国家规定的正式约束和实施机制所构成。 而制度变迁理论正是用来解释制度发展及其变化过程的重要理论，制度改革和创新均可纳入制度变迁的内涵。 因此，有必要从制度变迁视角来系统研究国家综合试验区创新演化的内在机理。 目前，国内外对制度变迁的研究主要涉及制度变迁动力主体、制度变迁方式和制度变迁阶段等方面。

从制度变迁动力主体上看，制度创新是指制度的变迁过程，是一个渐进式过程，是制度创新主体为获得潜在收益而进行的制度安排，制度创新主体包括个人、团体和政府，其中政府是最重要的制度创新主体（陈天祥，2000）。国家综合试验区是通过内生性制度创新，形成内生增长极，进而促进区域经济发展，故对其探析离不开对地方政府的制度创新研究。随着"简政放权"和财政体制改革的推行，地方政府开始具有独立的行为目标和行为模式，具有追求本区域经济快速增长及响应获利机会而进行制度创新的动力和能力，具有成为制度创新"第一行动集团"的客观必然性。因此，地方政府在制度创新中可以充当3种角色：一是以"第一行动集团"的身份，在自己固有职权范围内主动进行制度创新；二是以代理人的身份，在中央政府的制度准入条件下进行制度创新试验；三是以"第二行动集团"的身份，对微观主体的制度创新活动给予支持和鼓励（陈天祥，2000）。

从制度变迁方式上看，制度变迁方式是指制度创新主体为实现一定的目标所采取的制度变迁形式、速度、突破口、时间路径等的总和（何刚等，2004）。制度变迁方式的选择主要受制于社会利益集团之间的权力结构和社会偏好结构。不同学者对制度变迁方式有不同的划分，林毅夫（1990）基于"供给—需求"理论，将制度变迁方式划分为诱致性变迁和强制性变迁2类；结合中国制度变迁的实际，也有学者将制度变迁方式划分为3类，如杨瑞龙（1998）将制度变迁方式划分为供给主导型、中间扩散型和需求诱致型。此后，国内外学者从不同视角进行了充分的探讨，但总体来说可以根据主导主体不同，将制度变迁方式划分为中央政府主导型、地方政府主导型和需求诱致型。其中，中央政府主导型是指中央政府作为制度创新的主导力量推动制度变迁；地方政府主导型是指以地方政府为主导力量，凭借其行政权力及经济实力协助本地企业推动制度变迁；需求诱致型是指当企业获得较大的自主权，且政府控制企业的成本非常高时，政府采用"无为而治"的策略增强企业活力，推动制度变迁。

从制度变迁阶段来看，最早源于 Davis et al.（1971）提出的制度变迁模型，他们将制度变迁全过程划分为 5 个阶段，即第一阶段是形成"第一行动集团"，第二阶段是"第一行动集团"提出制度创新方案，第三阶段是"第一行动集团"对已提出的各种创新方案进行比较和选择，第四阶段是形成"第二行动集团"，第五阶段是"第一行动集团"和"第二行动集团"协作努力，实施制度创新并将制度创新变成现实的阶段。诺斯提出的制度变迁阶段理论，指出了利益集团与制度变迁的关系，但只是分析制度变迁某一阶段内的具体步骤，属于制度变迁的某一个阶段内利益集团的行动秩序研究（North，1990）。Campbell（2004）和 Thelen（2009）认为，制度变迁至少包括 3 个阶段：制度创新阶段、结构化阶段及再生产阶段。制度创新是指新的规则在特定场域出现；结构化是指新的规则逐渐以制度化的方式内化于场域之内的所有行动者；再生产是指特定的规则逐渐脱离特定制度场域，在空间和组织场域层次扩散。郝寿义（2008）根据我国综合配套改革的实践，把以制度变迁为主线的改革过程划分为 5 个阶段：发现改革利益阶段、组建利益集团阶段、制定和选择改革方案阶段、贯彻实施阶段、经验推广阶段。程栋等（2015）从国家综合配套改革试验区制度创新的动态演化实现机制入手，将制度变迁划分为制度输入、制度发展、制度成熟和制度输出等 4 个阶段。然而，现有对制度变迁阶段的划分忽视了制度创新前规则为何出现、如何出现的阶段，且就中国各类试验区的实践而言，制度创新本质上是一个"政策试点"的过程，通常政策试点主要包括 3 个阶段：前试点阶段、政策试点阶段和后试点阶段（刘伟，2015）。因此，结合中国实践，我们将制度变迁划分为制度突破（前试点）、制度创新（政策试点）、制度深化（区域推广）、制度扩散（政策扩散）4 个阶段，且本书认为在制度变迁的不同阶段涉及不同"行动集团"的角色变化。此外，在制度变迁的不同阶段，合适的制度变迁方式能促进制度变迁（何绍田，2014），且存在多种制度变迁方式并存、渐进转换（金祥荣，2000）及不同制度变迁方式的优势互补组合现象（何刚等，2004）。

8.1.2　跨境电商综合试验区多阶段创新演化模型构建

跨境电商综合试验区是国家为探索解决约束跨境电商领域发展的体制机制问题而建立的区域，是跨境电商领域的国家综合配套改革试验区，在试验内容上突出在跨境电商这一特定领域探索并进行全面性和系统性的制度创新，不仅强调促进本地跨境电商产业的发展，也高度重视为全国范围内的跨境电商改革提供示范和借鉴作用。

与其他类型的国家综合配套改革试验区不同，跨境电商综合试验区具有以下特点。 第一，"跨境电商"表明了综合试验区所承担的责任和地位，试点的重点内容是跨境电商领域，其核心是通过先行先试的体制机制创新促进区域跨境电商产业的发展。 同时，强调通过制度上的创新和发展，制度变迁行为的不断深入，形成有效的制度变迁累积创新机制，为全国跨境电商及相关产业的发展起到"示范和带动"作用。 第二，"综合"表明了跨境电商综合试验区试点工作具有复杂化和多元化的特点，是一项综合性的复杂系统工程，涉及跨境电商领域的方方面面，包括经济、政治、社会、文化等方面的综合性制度创新及相关机制创新。 即不仅包括狭义的制度创新（诸如政府法律法规、规章制度等），也包括管理创新和服务创新（诸如行政管理流程优化、运行机制优化等）。 第三，"试验区"是率先推动跨境电商制度创新的空间区域。 即选择特定区域给予跨境电商制度创新"先行先试"权，在中央政府既定框架内，进行体制机制创新。 第四，创新驱动机制的独特性。 跨境电商综合试验区的创新驱动力源于地方政府与区域微观企业的联合创新，强调政府在制度创新中主要作用的同时，还强调微观企业、公益组织等社会主体在制度创新中的作用。 即面对微观企业模式创新过程中对体制机制的需求，地方政府在权力和能力范围内使创新合法化、规范化，该创新过程更偏向微观企业主导的诱致性制度创新。 其中，中央政府侧重以法律法规、规章制度等为核心的制度创新，辅以管理创新；地方政府的创新强调以管理创新为主，以本区域实践的制度创新为辅；微观企业的创新行为则强调以技术创新、模式创新和业态创新等为代表的市场创新为主。

结合政府制度创新的概念和跨境电商综合试验区的特点，跨境电商综合试验区的创新演化过程从本质上是以制度创新为引领，融入管理创新和市场创新，相关主体相互协作的多阶段综合改革过程。 具体可分为以下 4 个阶段，即创新突破（前试点）阶段、创新示范（政策试点）阶段、创新深化（区域推广）阶段和创新扩散（政策扩散）阶段。 具体如表 8-1 所示。

表 8-1 跨境电商综合试验区创新阶段演化路径

创新演化过程	创新突破阶段	创新示范阶段	创新深化阶段	创新扩散阶段
标志性事件	2012 年 2 月，发改委、海关总署在郑州召开跨境贸易电子商务服务试点工作部署会	2015 年 3 月 7 日，国务院《关于同意设立中国（杭州）跨境电子商务综合试验区的批复》（国函〔2015〕44 号）	2016 年 1 月 12 日国务院《关于同意在天津等 12 个城市设立跨境电子商务综合试验区的批复》（国函〔2016〕17 号）	2017 年 11 月《商务部等 14 部门关于复制推广跨境电子商务综合试验区探索形成的成熟经验做法的函》
试点重点领域	依托电子口岸建设机制和平台优势，实现外贸电商企业与口岸管理相关部门的业务协同与数据共享，优化通关监管模式，提高通关管理和服务水平	在跨境电商交易、支付、物流、通关、退税、结汇等环节的技术标准、业务流程、监管模式和信息化建设等方面先行先试	在跨境电商 B2B 方式相关环节的技术标准、业务流程、监管模式和信息化建设等方面先行先试	复制推广"两平台六体系"做法，构建系统化试点体系
创新主体行为	本地外贸企业在市场创新中获取收益，并对政府制度创新、管理创新提出更高要求；国家部委探索对跨境电商新的监管模式；地方政府在监管服务过程中发现需要在更大范围内、更系统突破体制机制障碍	中央政府（国务院）以制度创新给予地方政府先行先试权；地方政府和中央政府（国家部委）开展以管理创新为主的创新实践；微观企业深化市场创新。该阶段以主动式的管理创新、市场创新催生制度创新	中央政府在现有跨境电商综合试验区试点经验总结的基础上，扩大试点区域范围；原试点区域地方政府纵向深化试点工作，持续创新探索；新增试点区域地方政府制订实施方案并落实创新实践；微观企业开展市场创新	中央政府结合各地跨境电商综合试验区试点经验提取具有普适性、适用性、可推广的创新制度；地方政府结合本地实际，借鉴已有经验形成本土化制度创新方案；微观企业开展跨境电商市场创新行动，形成行业发展规范

创新演化过程	创新突破阶段	创新示范阶段	创新深化阶段	创新扩散阶段
各主体角色分工	本地外贸企业和地方政府作为"第一行动集团",在区域范围内合法化外贸企业的市场创新;中央政府和国家部委作为"第二行动集团",为地方跨境电商产业发展申报提供指导和审查服务	微观企业和地方政府作为"第一行动集团"在中央政府既定政策框架下,形成地方性创新思路、原有政策机制的合理合法化、具体实施路径等;中央政府和国家部委作为"第二行动集团"配合地方政府创新	中央政府和地方政府作为"第一行动集团",在中央政府制度创新经验实践推广的要求下展开管理创新和制度创新行动;微观企业和国家部委作为"第二行动集团"开展制度创新行动	地方政府和微观企业形成"第一行动集团",推进本地跨境电商市场创新;中央政府和国家部委作为"第二行动集团"助力区域跨境电商创新的实现
创新特点	行业部门牵头的点线式推进的跨境电商创新	区域层面上进行的更为系统的体制机制全新创新探索	面上多点,纵向深化	多方面形成,实现制度体系固化

8.1.3　跨境电商综合试验区创新演化各阶段实现机制

(1)创新突破阶段

创新突破阶段的起点可追溯至 2012 年首批 5 个跨境贸易电商试点城市获批。随着跨境电商的快速发展,越来越多的企业利用跨境电商技术来开展业务,跨境电商正逐步成为当前中国对外贸易的重要组成部分。为进一步推动跨境电商的发展,并探索针对跨境电商这一新业态的监管模式,国家发改委和海关总署等国家部委于 2012 年牵头开展了跨境贸易电商试点工作,由试点城市地方政府和国家部委创造条件,以试点企业和试点项目为主,陆续在全国 24 个试点城市开展了针对跨境电商进出口业务模式试点及相关制度创新的探索。

随着跨境电商对区域经济发展的贡献日趋凸显,地方政府在试点过程中的积极性得到激发,主动为本地区外贸企业的潜在收益提供或创造有利条件,以此强化本地外贸企业的市场竞争力,加快提高本地经济发展水平来增加自己的"政绩"。 一方面，地方政府为微观企业进行跨境电商模式创新创造条件，以标准、法规、条例等形式合法化微观企业的市场创新行为，进而减少微观企业承担的相应的法律风险；另一方面，地方政府在向中央政府争取试点权时，往往以区域内微观企业绩效提高和地方财政收入增加来证明该试点权的合理性和有效性。

但随着跨境贸易电商试点工作的深入，企业在跨境电商发展中获取市场创新收益的同时对政府监管服务提出更高的要求，而地方政府在具体监管服务中表现出"力不从心"，因此需要在更大范围内、更系统地突破体制机制障碍。 由此，外贸企业、电商企业等微观企业和地方政府逐步形成了推动成立跨境电商综合试验区并开展更深层次改革创新的"第一行动集团"。 特别是以杭州等试点城市为代表的地方政府，试图在工作中探索形成监管服务惯例等的基础上，通过制度创新在区域空间范围内形成地方性法律法规，促进区域跨境电商和区域进出口贸易的发展，显著提高地区经济水平，进而以此为依据获得中央政府对已有创新工作的认可，申报成立跨境电商领域的国家级综合配套改革试验区，获得跨境电商领域制度创新的试点权。 本阶段创新实现机制具体如图 8-1 所示。

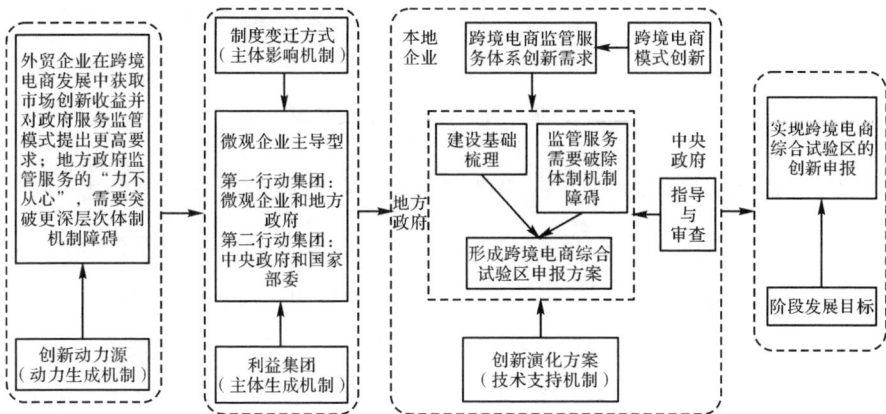

图 8-1 跨境电商创新突破阶段实现机制

（2）创新示范阶段

2015 年 3 月，国务院发布《关于同意设立中国（杭州）跨境电子商务综合试验区的批复》（国函〔2015〕44 号），意味着以杭州为代表的地方政府在跨境电商的系统性、全面性创新体系探索方面获得了中央政府的认可，也标志着跨境电商领域的创新试点工作上升到国家战略层面。 在创新示范阶段，中央政府给予率先试点的地方政府在其行政管辖范围内制度创新的先行先试权，试点城市地方政府与微观企业构成"第一行动集团"，在中央政府既定政策框架下，形成地方性创新思路、原有政策机制的合理合法化、具体实施路径等，具体如图 8-2 所示。

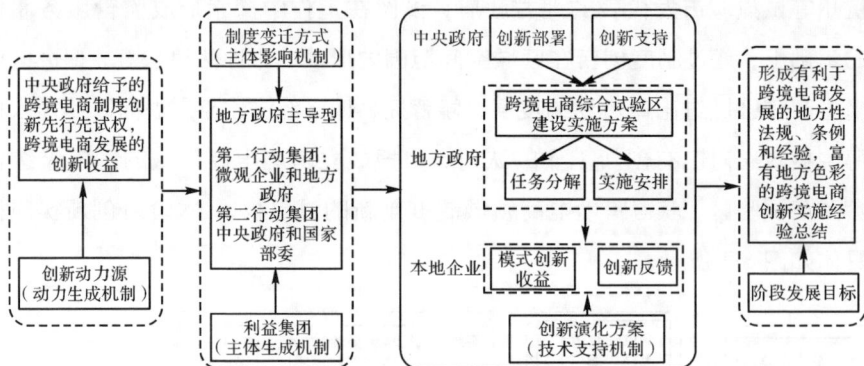

图 8-2　跨境电商创新示范阶段实现机制

试点城市地方政府在中央政府的授权下，在其行政管辖区域范围内开展全方位、深层次的体制机制创新试点工作。 一方面，充分利用先行先试的试点权力，从制度创新、管理创新和服务创新 3 个层面出发，营造有利于跨境电商发展的制度环境，孵化培育一批跨境电商新业态、新模式和新技术；而大量涌现的跨境电商企业又进一步从微观运行层面对地方政府提出了更高的制度创新要求；通过地方政府和微观企业之间的相互促进，逐步形成一批有利于跨境电商发展的地方性法规、条例和经验，引领区域内跨境电商走在全国前列，显著提高跨境电商对区域经济的贡献度。 另一方面，切实体现创新示范的效应，总结形成富有地方特色的试点经验，再通过和国家部委的相互协同，提炼并形成在全国可复制推广的共性制度及经验，进一步拓展和丰富国家层面的跨境电商制度体系。

(3)创新深化阶段

由于中国国情的复杂性，单一试点城市探索取得的成果可能在其他城市进行推广时，面临较大的局限性。中央政府常常会对率先试点城市取得的成效进行综合评估，确定是否将创新试点城市的规模扩大，以验证试点成果在更大空间范围的普适性。因此，尽管通过杭州跨境电商综合试验区的试点和探索，取得了以"两平台六体系"为核心的试点经验，但国务院仍在2016年1月发布《关于同意在天津等12个城市设立跨境电子商务综合试验区的批复》（国函〔2016〕17号），同意在天津、上海等12个城市设立跨境电商综合试验区。这也标志着自该文件发布之日起，中国跨境电商综合试验区的建设进入创新深化阶段。

在创新深化阶段，试点工作将从横向和纵向两个方面进行深化。一方面，推动杭州已取得的试点经验在更大空间范围进行横向复制推广。即由中央政府和率先试点城市（杭州），对率先试点城市取得的成功经验进行总结、提炼和概括，形成具有一定普适性的制度创新框架。进而在中央政府的授权下，由获批的第二批跨境电商综合试验区试点城市，结合本地区的实际情况，不断验证、拓展和丰富已取得的试点经验，如杭州探索出的"两平台六体系"经验在第二批12个试点城市的复制推广和普适性验证。另一方面，支持杭州在已取得试点经验的基础上进行纵向深化探索。即继续深化和探索前一试点阶段的体制机制创新，或是在更高层面上继续深化跨境电商综合试验区制度创新实践。如杭州立足国际网络贸易中心城市战略定位提出的跨境电商综合试验区2.0版本。本阶段的具体实现机制如图8-3所示。

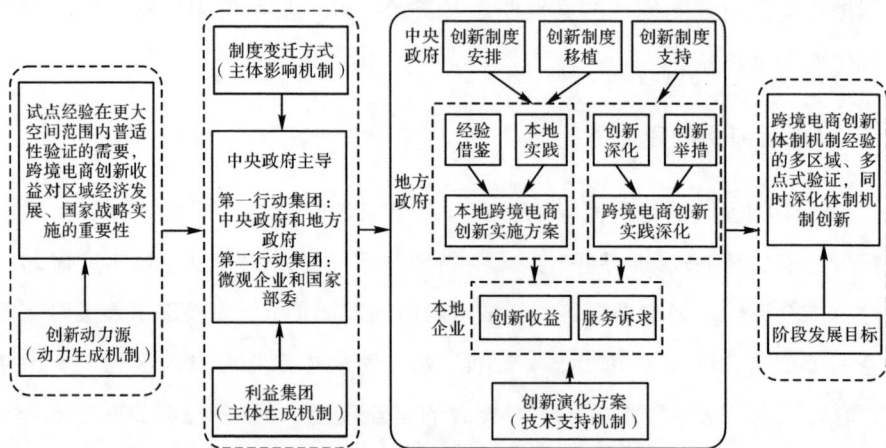

图 8-3　跨境电商创新深化阶段实现机制

(4)创新扩散阶段

党中央、国务院高度重视跨境电商等外贸新业态的发展，于 2015 年 3 月和 2016 年 1 月分两批批准设立杭州、宁波等 13 个跨境电商综合试验区。 按照党中央、国务院的决策部署，经过 2 年的发展，在各部门和地方共同努力下，13 个综合试验区建设取得积极成效，初步建立起一套适应跨境电商发展的政策体系，探索形成了一批可复制、可推广的经验做法，有力支撑了外贸转型升级和创新发展，推动了大众创业、万众创新。 2017 年 11 月，《商务部等14 部门关于复制推广跨境电子商务综合试验区探索形成的成熟经验做法的函》（商贸函〔2017〕840 号）的发布，标志着中国跨境电商综合试验区的建设进入创新扩散阶段。

在创新扩散阶段，试点工作从试点状况和管理角色分工 2 个方面进行扩散。 一方面，试点状况不断完善，逐渐呈现系统化、专业化。 从试点空间范围来看，试点工作将在更大范围内复制推广，如商务部在 2018 年重点工作部署中提出，要进一步推进跨境电商综合试验区建设，适时扩大综合试验区范围；从试点领域来看，从重点领域试点向系统化体系构建转变；从法律效力来看，试点区域制度创新从政府文件、行业管理条例或地方法规政策向具有法律效力的相关立法转变。 如 2018 年 8 月全国人大发布的《中华人民共和国电子商务法》，是在电商领域试点基础上形成的。 另一方面，管理角色分工逐渐明晰，呈现常态化。 中央政府自治权限下放，在既定制度框架下给予地方政府发展跨境电商的先行先试自主权；地方政府的"无为而治"，为微观企业提供有利于跨境电商发展的制度环境。 本阶段的具体实现机制如图 8-4 所示。

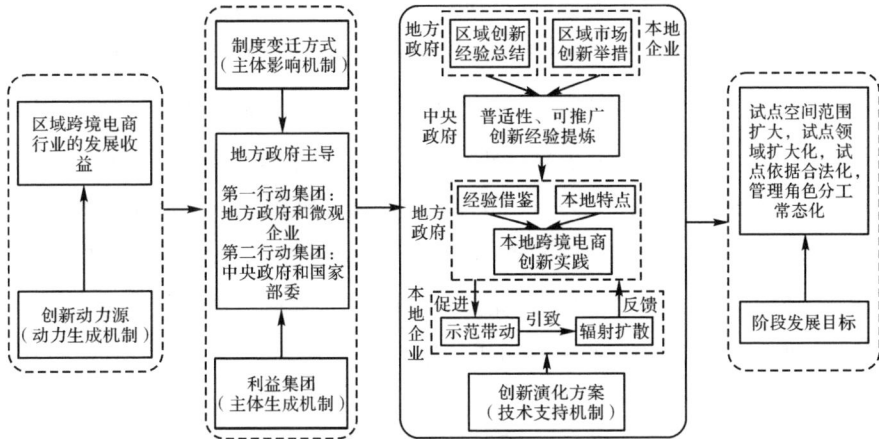

图 8-4 跨境电商创新扩散阶段实现机制

8.2 杭州跨境电商综合试验区创新演化案例研究

作为全国首个被批准设立跨境电商综合试验区的城市，杭州背负着国家新的战略使命。 具体而言，一是探索破解深层次制度难题的战略使命。 通过制度创新、先行先试，发现并着力化解跨境电商发展面临的深层次矛盾，制定适合跨境电商发展的制度体系，为全国提供可复制、可推广的经验。 二是贯彻落实"稳增长、促转型"的战略使命。 通过创新"互联网＋中国制造＋跨境贸易"的商业模式，重构生产链、贸易链和价值链，帮助中小微企业以更低成本拓展国际市场。 三是全面推进"一带一路"倡议的使命。 发挥跨境电商的贸易便利优势，积极探索"网上丝绸之路"的建设，与丝绸之路经济带形成线上线下互动模式，构建"一带一路一网"新格局。 四是探索数字经济时代政府治理模式的战略使命。 推动政府部门运用互联网思维，通过对大数据的运用，有效转变政府职能，提高政府服务效能。 五是推进"大众创业、万众创新"的战略使命。 通过发展跨境电商，降低国际贸易门槛，减少中间交易的环节和交易成本，更好地推动传统产业和中小企业的转型发展，为"大众创业、万众创新"提供新的更大的空间。

因此，自获批设立跨境电商综合试验区以来，杭州紧紧围绕加快建设具有全球影响力的跨境电商创业创新中心、服务中心和大数据中心，积极创新跨境电商发展体制机制，制度创新红利不断释放；同时，跨境电商生态链建设取得显著成效，对拉动地区外贸增长和带动区域经济发展的作用日益显现，并逐步形成了以"两平台六体系"为核心的杭州经验。 纵观中国（杭州）跨境电商综合试验区设立、建设与发展的整个过程，无论是其不同发展阶段中的主体角色定位与创新行为，还是创新演化的实现机制，都充分体现了以制度创新、管理创新和服务创新为核心的创新演化过程。

8.2.1 杭州跨境电商综合试验区建设背景及创新演化路径

(1)杭州跨境电商综合试验区的建设背景

2012 年 12 月，杭州成为全国首批跨境贸易电商服务试点城市，经过 2 年多的发展，试点工作取得了"四个最"的成效，走在了全国试点城市前列。由于试点成效的取得主要基于杭州地区实际情况且工作主要依托项目或平台展开，因此取得的试点经验具有一定的区域局限性，向全国复制推广的价值不高。 另外，全国跨境电商试点工作是以海关总署牵头、地方政府主导的自下而上的探索。 然而，随着跨境电商产业的不断发展，跨境电商中出现的商品碎片化、贸易主体碎片化、管理政策碎片化，使得现行监管政策制度与跨境电商发展需求"不适应"，政府监管部门之间存在"不协同"，跨境电商企业运作"不规范"，其中涉及的体制机制创新已经超出地方政府的权力范围，也不仅仅局限在海关等少数几个国家部委中。 因此，需要将跨境电商试点工作上升到国家战略层面，以破解更深层次的体制机制难题，为推动跨境电商健康发展提供可复制、推广的经验。

同时，独特的产业基础和已有的跨境电商试点工作经验，使得杭州成为首个跨境电商综合试验区试点城市的最佳选择。 第一，高度开放的外向型经济是杭州积极申报设立跨境电商综合试验区的重要动力。 2014 年，杭州实现外贸进出口总值 679.98 亿美元，比上年增长 4.5％。 其中，进口 188.32 亿美元，下降 7.2％；出口 491.66 亿美元，增长 9.8％。 按此计算，外贸依存度为 45.4％，高出全国 3.72 个百分点，其中外贸出口依存度达 32.82％。 同时，杭州还拥有"中国服务外包示范城市"之称，拥有"国家软件出口创新基地""中国制笔出口基地""中国球拍出口基地""浙江省农轻纺出口基地""浙江省机电产品出口基地""浙江省科技兴贸创新基地"等一批国家级、省级出口基地，以及杭州保税物流中心（B 型）、"境外经济贸易合作区"（华立泰中罗勇工业园）等外贸产业基础设施。 第二，相对完整的电商产业生态链是杭州获批设立跨境电商综合试验区的重要基础。 杭州是"中国电商之都"，其电商产业基础居于全国前列，已经形成了相对完善的电商产业生态链，并拥有阿里巴巴、淘宝（天猫）、支付宝、中国化工网等一批国内知名的电商平台。 统计数据显示，全国三分之一的综合性电商平台和专业网站均落户杭州，全国约 85％的网络零售额、70％的跨境贸易额和 60％的 B2B 交易额是在杭州的电商平台上完成的。 第三，跨境贸易电商服务试点的成功经验为杭州获批设立跨境电商综合试验区提供了重要保障。 杭州作为首批 5 个跨境贸易电商服务试点城市之一，在先行先试实践中获得"四个之最"的成效，率先创新了跨境电商的监管服务，建立了"清单核放、汇总申报"的便捷通关流程和"信息互通、监管互认、执法互助"的部门协同机制，初步实现"一次申报、一次查验、一次放行"。 创新成果得到商务部等国家部委的充分肯定，并成为海关总署《关于跨境电子商务进出境货物、物品相关监管事宜的公告》（56 号公告）的标准版本。

(2)跨境电商综合试验区创新演化路径的杭州实践

结合跨境电商综合试验区创新演化路径和杭州跨境电商综合试验区建设实践，本书系统总结了在跨境电商综合试验区创新演化的不同阶段，杭州跨境电商综合试验区的创新实践与经验，具体的创新演化路径如表 8-2 所示。

表 8-2 跨境电商综合试验区创新演化路径的杭州实践

创新演化过程	创新突破（试点前）阶段	创新示范（政策试点）阶段	创新深化（区域推广）阶段	创新扩散（政策扩散）阶段
标志性事件	2012 年 12 月,杭州成为首批跨境贸易电商服务试点城市	2015 年 3 月 7 日,国务院批复同意设立中国(杭州)跨境电商综合试验区	2016 年 1 月 12 日,国务院批复同意宁波等 12 个城市设立跨境电商综合试验区	2017 年 11 月,《商务部等 14 部门关于复制推广跨境电子商务综合试验区探索形成的成熟经验做法的函》
创新主体行为	传统外贸企业、电商企业依托跨境电商实现市场模式创新,而"通关难、退税难、结汇难"等问题使其对跨境电商监管模式创新提出更高的要求;杭州市政府在管理实践中发现对跨境电商深层次体制机制矛盾化解的需求,结合区域发展现状及资源,积极与中央各部委进行对接,谋求跨境电商综合试验区的建设	中央政府批复同意设立中国(杭州)跨境电商综合试验区,要求杭州结合实际探索破解跨境电商发展过程中的深层次矛盾和制度难题;杭州市政府深入分析跨境电商碎片化和小额贸易特点带来的挑战,推出以"两平台六体系"为核心的顶层架构及相关创新措施清单;外贸企业、电商企业等微观主体开展市场创新行动	国务院召开常务会议,要求将杭州跨境电商综合试验区初步探索出的相关政策体系和管理制度向更大范围推广,并要求杭州在已有经验的基础上继续进行制度创新探索;杭州市政府进行更深层次的创新实践,进入以国际贸易网络中心城市建设为目标的跨境电商综合试验区 2.0 阶段;微观企业在市场创新中提出新的制度需求	中央政府结合各地跨境电商综合试验区试点经验提取具有普适性、适用性、可推广的创新制度;杭州市政府总结本区域跨境电商发展可借鉴经验并上报;微观企业开展跨境电商市场创新行动

创新演化过程	创新突破（试点前）阶段	创新示范（政策试点）阶段	创新深化（区域推广）阶段	创新扩散（政策扩散）阶段
各主体角色分工	本地外贸企业通过跨境电商实现市场创新，并与杭州市政府形成"第一行动集团"；杭州市政府结合地区优势及资源，积极与上级部门对接，谋求更大范围、更系统的跨境电商综合试验区试点；中央政府和国家部委作为"第二行动集团"，为杭州跨境电商综合试验区申报提供指导	杭州市政府按照国务院及国家各部委要求，围绕制度创新、管理创新、服务创新，以"两平台六体系"建设为核心，进行跨境电商制度创新实践；本地企业以跨境电商实现市场创新，并与杭州市政府形成"第一行动集团"；中央政府和国家部委作为"第二行动集团"，配合地方政府的创新实践	杭州市政府结合已有跨境电商综合试验区建设经验，进行更深层次的制度创新实践，进入以国际贸易网络中心城市建设为目标的跨境电商综合试验区2.0阶段，并且与本地外贸企业形成"第一行动集团"；中央政府和国家部委作为"第二行动集团"给予更大范围的配合和自主权	中央政府形成"第一行动集团"总结跨境电商发展经验；本地外贸企业和杭州市政府作为"第二行动集团"助力跨境电商经验总结的同时开展创新实践行动

8.2.2　跨境电商综合试验区建设创新突破阶段的杭州实践

(1) 创新突破阶段实现机制

杭州在跨境电商综合试验区建设试点前，已经具有较好的外贸、物流和电商产业基础，特别是自2012年获批成为跨境贸易电商服务试点城市以来，杭州跨境电商发展取得一定成效，如率先创新了跨境电商的监管服务模式，并成为海关总署的标准版本。在阿里巴巴等跨境电商平台的带动下，外贸产业利用跨境电商的模式不断创新。然而，在跨境电商模式不断创新的同时，也存在"通关难、退税难、结汇难"等问题，这对跨境电商的监管服务提出更高要求；另外，地方政府和行业部门在具体跨境电商监管服务中表现出"力不从心"。因此，需要在更大范围内、更系统地突破体制机制障碍。

面对已有的各类跨境电商试点创新成果，结合跨境电商行业对监管体制、服务机制提出的新要求，杭州市政府整合已有的外贸、物流、电商等产业优势，积极发挥地方政府作为"第一行动集团"的职责，通过制度创新形成地方性法规政策，促进区域跨境电商和进出口贸易的发展，进而制订跨境电商综合试验区建设方案，并积极与上级部门对接，谋求对跨境电商综合试验区的建设。 杭州跨境电商综合试验区创新突破阶段的实现机制如图 8-5 所示。

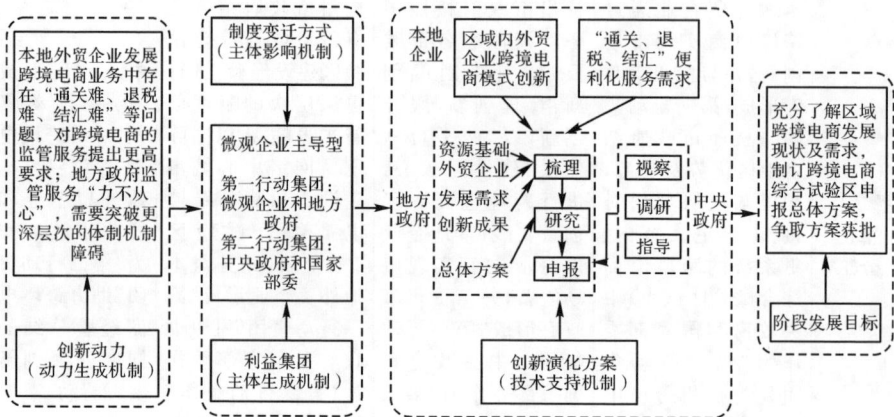

图 8-5　跨境电商综合试验区创新突破阶段杭州实践的实现机制

(2)创新突破阶段各主体创新措施

在创新突破阶段，本地外贸企业结合自身对跨境电商的发展需求进行市场创新，并与地方政府形成"第一行动集团"，而地方政府结合本地优势与资源，积极与中央政府对接，谋求更大范围的创新。 因此，各主体通过一系列创新措施，助推跨境电商的自由化、便利化和规范化发展。 该阶段重要措施实施历程如图 8-6 所示，各主体的具体创新措施如表 8-3 所示。

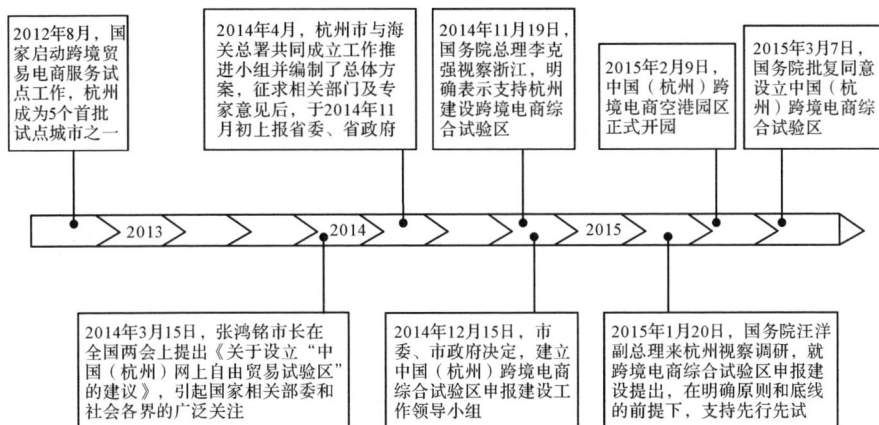

图 8-6 跨境电商综合试验区创新突破阶段杭州实践的重要措施历程

表 8-3 创新突破阶段各主体创新举措

创新主体	创新类型	具体创新措施
中央政府及各部委	制度创新	2012 年 12 月,发改委、海关总署牵头批复杭州成为首批跨境贸易电商服务试点城市,要求依托电子口岸建设机制和平台优势,实现跨境电商企业与口岸管理相关部门的业务协同与数据共享,能够解决制约跨境贸易电商发展的瓶颈问题
		将对杭州跨境贸易电商服务试点的监管服务模式上升为海关总署监管(56 号公告)的标准版本
地方政府	管理创新	2014 年 5 月,杭州市与海关总署共同成立工作推进小组并启动课题研究与方案编制工作,在征求相关部门及专家意见后,于 10 月份完成总体方案,并上报浙江省委、省政府
		2014 年 12 月 15 日,杭州市委、市政府建立中国(杭州)跨境电商综合试验区申报建设工作领导小组,龚正书记和张鸿铭市长担任组长,佟桂莉常委、谢双成副市长担任副组长兼办公室主任
	服务创新	建立"清单核放、汇总申报"便捷通关流程和"信息互通、监管互认、执法互助"部门协同机制,初步实现"一次申报、一次查验、一次放行",并成为海关总署(56 号公告)的标准版本
微观企业	市场创新	以多批次、小批量、小包裹为代表的碎片化订单,单个企业或消费者即时按需购买、销售或消费的模式出现
		中小企业、小微企业等转向跨境贸易

8.2.3 跨境电商综合试验区建设创新示范阶段的杭州实践

(1)创新示范阶段实现机制

作为首个设立跨境电商综合试验区的城市，杭州市政府作为跨境电商综合试验区建设的"第一行动集团"之一，在中央政府给定跨境电商先行先试权的背景下，进行跨境电商创新实践。 通过创新措施清单，争取中央各部委的支持；通过建设任务分解、各行政部门相互配合的方式，使跨境电商综合试验区的建设成为统一的有机整体。 在中央政府既定的创新框架下，结合杭州跨境电商产业发展实际及已有资源，形成《中国（杭州）跨境电子商务综合试验区实施方案》，以建设"两平台六体系"的 8 项创新举措为抓手，分批形成系列创新措施清单，并争取中央各部委的支持以实现创新措施落地，全面推进杭州跨境电商综合试验区的建设。 跨境电商企业因政府监管服务体系创新而获得便利化、规范化发展，获取创新收益，同时结合企业发展状况进行更深一步的模式创新，为政府完善监管服务体系提供反馈信息。 通过中央政府、地方政府和跨境电商企业的相互配合与通力合作，共同推进杭州跨境电商综合试验区的创新实践，从而形成"杭州经验"，为创新深化奠定基础。 具体实现机制如图 8-7 所示。

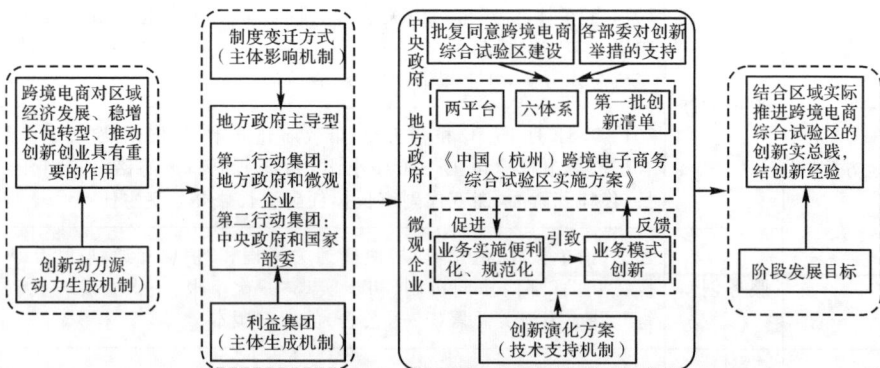

图 8-7　跨境电商综合试验区建设创新示范阶段杭州实践的实现机制

(2) 创新示范阶段各主体创新措施

在跨境电商综合试验区创新示范阶段，地方政府成为"第一行动集团"之一，以优惠政策、先行先试的创新举措完善跨境电商监管服务体系，促进跨境电商企业自由化、便利化和规范化发展；跨境电商企业在政府的监管服务体系下、在宽松优惠的政策氛围中进行跨境电商模式创新，促进跨境电商综合试验区建设的稳步推进；中央政府及各部委作为"第二行动集团"，给予地方政府跨境电商制度创新先行先试权，同时配合地方政府创新活动的开展。该阶段重要措施实施历程如图 8-8 所示，各主体的具体创新措施如表 8-4 所示。

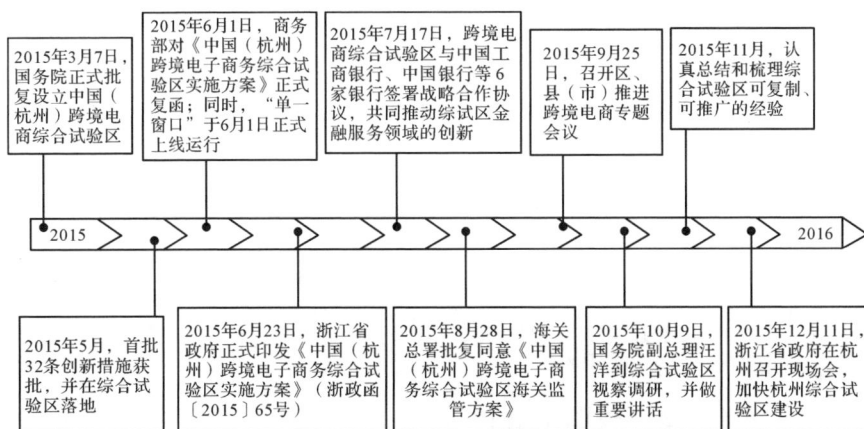

图 8-8　跨境电商综合试验区创新示范阶段杭州实践的重要措施历程

表 8-4　创新示范阶段各主体创新措施

创新主体	创新类型	具体创新措施
中央政府及各部委	制度创新	2015 年 3 月，国务院批复同意设立中国(杭州)跨境电商综合试验区
		同意关、检、汇、税等方面需要各部委支持的创新举措
	管理创新	2015 年 8 月，海关总署批复同意《中国(杭州)跨境电子商务综合试验区海关监管方案》
		杭州海关成立跨境电商管理办公室，直接对接跨境电商综合试验区各项工作；杭州检验检疫局筹建"跨境电商产品质量安全风险国家监测中心浙江分中心"；省外汇管理局扩大支付机构跨境外汇支付试点，批准连连银通电子支付公司参与试点；省市国税局为跨境电商打造"有票退税、无票免税、便利办税"的出口退(免)税机制
		2015 年 12 月，国家外汇局同意在综合试验区试行促进跨境电商便利化的 8 条举措

创新主体	创新类型	具体创新措施
浙江省政府、杭州市政府	制度创新	2015年4月,制定出台《做大跨境电子商务交易规模实施方案》,从发展跨境电商B2B模式、扩大贸易渠道等方面做好任务分工,充分调动各方积极性
		2015年4月,制定出台《关于推进跨境电子商务B2B出口的指导意见》,明确跨境电商B2B出口概念、经营主体等
		2015年6月,首批32条创新举措正式落地实施,7月落地实施创新举措增至55条
		2015年6月23日,浙江省政府印发《中国(杭州)跨境电子商务综合试验区实施方案》(浙政函〔2015〕65号),明确综合试验区建设的总体要求、主要建设任务等方面内容
		2015年6月26日,杭州市出台《关于推进跨境电子商务发展的通知(试行)》,鼓励培育跨境电商主体
		2015年7月,制定印发《中国(杭州)跨境电子商务综合试验区产业园区认定和管理办法》
		2015年7月,制定跨境电商B2B进出口业务扶持政策的实施细则,形成优商重商的良好发展环境
		2015年8月,研究制定跨境电商产业园管理细则
		2015年9月,制定印发《综合试验区招强引优专项行动计划》,部署招强引优工作
		2015年12月,制定出台《中国(杭州)跨境电子商务综合试验区发展规划》
	管理创新	跨境电商综合试验区建设领导小组办公室开始实体化运作
		2015年6月,"单一窗口"上线,7月完成B2B出口试点测试,8月完成与职能部门的数据对接及B2B业务接口软件开发工作,9月平台B2C业务进展顺利、B2B服务模块基本完成、实现与相关部门的数据对接,10月完成与监管部门的联调及B2B模块的开发、测试,至11月综合试验区综合服务平台建设见雏形
		2015年12月,探索基于"单一窗口"的金融服务,加快综合试验区金融服务体系建设
		2015年6月,授予阿里巴巴、京东、洋码头、工商银行等249家企业为"中国(杭州)跨境电子商务综合试验区首批试点企业"
		2015年7月,印发实施《跨境电子商务统计监测体系方案》,建立重要数据月报制度,家底逐步摸清,统计体系初步建立;同时建立区、县(市)和重点电商企业统计联络员队伍,规范和完善重要数据月报制度

创新主体	创新类型	具体创新措施
浙江省政府、杭州市政府	管理创新	2015年7月17日,跨境电商综合试验区与中国工商银行、中国银行、中国建设银行、交通银行、招商银行、中信银行等6家银行签署战略合作协议,共同推动跨境电商综合试验区金融服务领域的创新
		2015年7月,新增临安园区、江干园区为跨境电商综合试验区产业园区,8月跨境电商综合试验区临安园区正式开园,10月20日跨境电商综合试验区江干园区正式开园,11月审核通过萧山、余杭、邮政速递3个园区的规划,12月审核通过富阳园区规划
		2015年12月17日,杭州跨境电商综合试验区建设领导小组召开第二次全体会议
		2015年12月,建立线下产业园区定期例会制度并召开首次例会
	服务创新	2015年4月,编写《"单一窗口"平台建设的指导意见》和《"单一窗口"平台项目建设推进方案》
		2015年4月至6月,举办全市跨境电商综合试验区工作专项培训、外贸企业专题培训、外贸企业跨境电商实务操作培训、外贸企业跨境平台实操培训等
		2015年4月,制定出台《中国(杭州)跨境电子商务综合试验区招强引优三年行动计划(2015年—2017年)》,并于9月进行工作部署,10月至12月开展系列招强引优活动
		2015年6月,浙江省召开跨境电商综合试验区建设推进大会,杭州市召开跨境电商综合试验区新闻发布会暨政策解读会
		2015年6—8月,市综试办与阿里巴巴联合开展"推动跨境电商B2B进出口"专项行动,集中3个月时间,引导传统企业上线经营
		2015年6月,市综试办全方位、多媒体地开展跨境电商综合试验区宣传推广活动,8月在北京召开2015中国(杭州)跨境电商综合试验区推介会,9月在跨境电商综合试验区江干园区(九盛路9号)建成首个展示中心,借助各类投资贸易洽谈会、综合试验区专场推荐会等活动宣传展示跨境电商综合试验区
		2015年8月,召开区、县(市)推进跨境电商专题会议,要求各区、县(市)开发区以引导上线经营和提升线上交易为目标,注重实绩,做大增量;同时,通过企业沙龙、小型研讨会、案例分享会等形式,发挥榜样的力量,带动更多的企业参与到跨境电商综合试验区的建设中来
		2015年10—12月,深化做大做强跨境电商B2B专项行动,制订精准化服务企业方案。如与阿里巴巴合作举办"互联网＋外贸"生态圈和"中国外贸季"论坛;依托阿里巴巴开展"百城千校"人才培育计划,为跨境电商发展提供人才支撑

创新主体	创新类型	具体创新措施
浙江省政府、杭州市政府	服务创新	2015 年 11 月,总结梳理跨境电商综合试验区可复制、可推广经验,包括构建"两平台六体系"顶层设计框架等 9 方面 19 条做法
		2015 年 8 月 28 日,杭州跨境电商协会成立
		2015 年 5 月 18 日,阿里巴巴旗下 1688.com 正式上线全球货源平台,打造全球进口商品的分销平台
		2015 年 8 月 27 日,敦煌网"跨境外贸综合平台"落户中国(杭州)跨境电商综合试验区下沙园区
		2015 年 9 月 28 日,大龙网签约落户中国(杭州)跨境电商综合试验区萧山园区

8.2.4　跨境电商综合试验区建设创新深化阶段的杭州实践

跨境电商综合试验区建设创新深化阶段包括 2 个方面:一是原有试点区域试点建设内容的创新深化;二是中央政府在原先试点区域的基础上扩大试点范围以寻求多个样板、多方面的试验,探索结合不同区域特点所形成能解决跨境电商共性问题的机制创新措施。杭州跨境电商综合试验区建设创新深化阶段也主要体现在 2 个方面:一是以"两平台六体系"为核心的杭州跨境电商综合试验区创新经验的输出,以进行经验的多样本、多方面的创新验证;二是以国际贸易中心城市建设为载体的跨境电商 2.0 版本,实现纵向深化。杭州跨境电商综合试验区建设既要发挥政府的引导作用,也要在特定体制机制内发挥市场微观主体的能动性,通过建立相应的激励机制来协调各方的发展。

(1)创新深化阶段实现机制

随着杭州跨境电商综合试验区建设的不断推进,制度创新、管理创新、市场创新等推动了跨境电商行业的繁荣,然而,跨境电商企业市场创新的发展对政府监管服务体系的诉求不断更新,同时杭州跨境电商综合试验区在服务"一路一带"倡议、探索制定国际贸易新规则、加快供给侧结构性改革中的关键地位,促使跨境电商综合试验区创新不断深化。如前所述,一方面,杭州跨境电商综合试验区以"两平台六体系"为核心,进行杭州经验的总结与输出,此时地方政府和中央政府为"第一行动集团";另一方面,通过"两平台六体系"的深化发展，创新发展"一区三中心"，打造跨境电商综合试验区 2.0 升级版，将杭州建设成为具有全球竞争力和影响力的国际网络贸易中心城市，此时地方政府和微观企业为"第一行动集团"，在"业务模式创新—监管服务诉求—自由化、便利化、规范化、国际化"的互动博弈中推动创新演化，中央政府作为"第二行动集团"把握深化创新措施清单实施的制度底线，最大限度地促进杭州跨境电商综合试验区创新深化的实现。

在深化"两平台六体系"的建设中，杭州跨境电商综合试验区以制度创新为核心任务，推动监管模式创新，促进贸易便利化发展，在原有国内贸易体系的基础上，过渡到以国际贸易中心城市为建设核心的跨境电商 2.0 版本，参与全球治理。通过第二批制度创新清单的落地实施，杭州跨境电商综合试验区实现通关便利化、退税便利化和金融便利化；依托政府端和企业端的数据沉淀，杭州跨境电商综合试验区"单一窗口"综合服务功能领先发展，实现了提升服务能级、强化风险防控、完善统计监测的目标，进而形成完整的跨境电商产业链和生态圈，同时以"一区三中心"建设为重点，在全球贸易体系中引领网络贸易规则体系的形成和新模式、新业态的发展，确立了杭州建设国际网络贸易中心城市的目标。具体实现机制如图 8-9 所示。

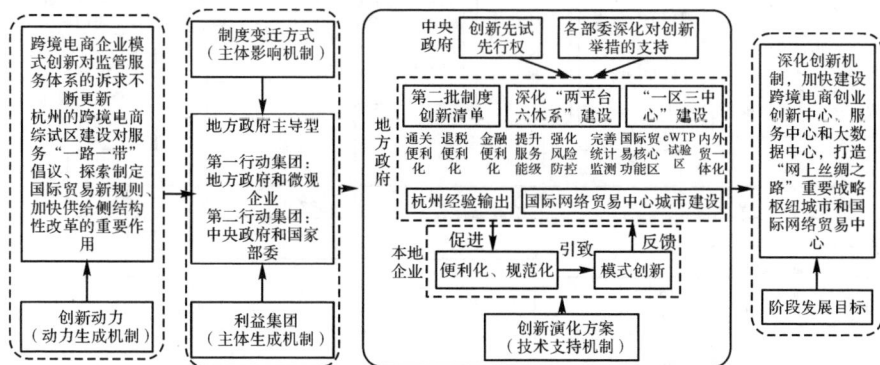

图 8-9 跨境电商综合试验区建设创新深化阶段杭州实践的实现机制

（2）创新深化阶段各主体创新措施

杭州跨境电商综合试验区坚持贯彻落实《中国（杭州）跨境电子商务综合试验区实施方案》，始终把制度创新作为核心任务，在基本建立与跨境电商B2C业务模式相配套的制度体系的同时，重点推动与跨境电商 B2B 业务模式相适应的制度创新，推动监管模式创新，促进贸易便利化发展。同时，以综合改革和推动产业发展为契机，推动跨境电商与杭州外贸、杭州制造跨界融合，加快传统企业的互联网基因改造。另外，依托政府端和企业端的数据沉淀，跨境电商综合试验区线上服务功能领先发展，提升了服务能级。杭州市政府注重政府端与市场端的联动、省内外的联动和境内境外的联动，加快把杭州建设成为以互联网为先导、线上线下融合发展的"网上丝绸之路"重要战略枢纽城市。随着杭州城市国际化战略实施和国际网络贸易中心城市建设的提出，杭州综合试验区试点工作的重点由跨境电商逐渐转向以国际网络贸易中心城市建设为核心的跨境电商综合试验区 2.0 版本。该阶段重要措施实施历程如图 8-10 所示，各主体的具体创新措施如表 8-5 所示。

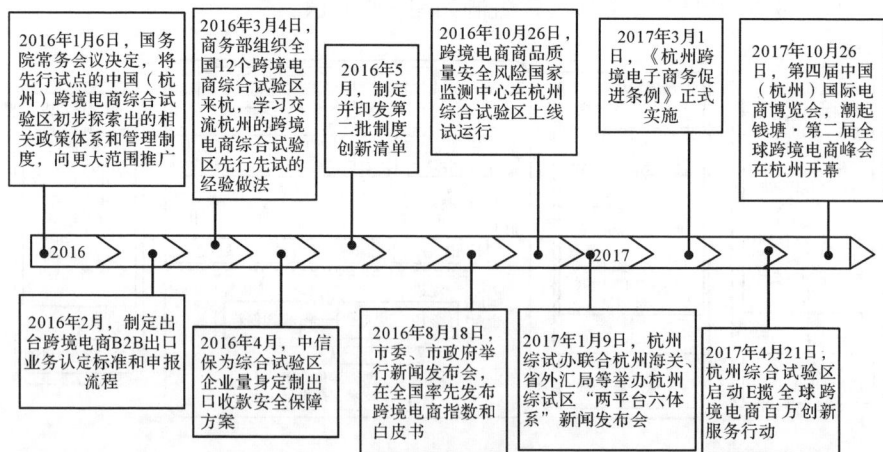

图 8-10 跨境电商综合试验区创新深化阶段杭州实践的重要措施历程

上排方框：
- 2016年1月6日，国务院常务会议决定，将先行试点的中国（杭州）跨境电商综合试验区初步探索出的相关政策体系和管理制度，向更大范围推广
- 2016年3月4日，商务部组织全国12个跨境电商综合试验区来杭，学习交流杭州的跨境电商综合试验区先行先试的经验做法
- 2016年5月，制定并印发第二批制度创新清单
- 2016年10月26日，跨境电商商品质量安全风险国家监测中心在杭州综合试验区上线试运行
- 2017年3月1日，《杭州跨境电子商务促进条例》正式实施
- 2017年10月26日，第四届中国（杭州）国际电商博览会、潮起钱塘·第二届全球跨境电商峰会在杭州开幕

时间轴：2016 —— 2017

下排方框：
- 2016年2月，制定出台跨境电商B2B出口业务认定标准和申报流程
- 2016年4月，中信保为综合试验区企业量身定制出口收款安全保障方案
- 2016年8月18日，市委、市政府举行新闻发布会，在全国率先发布跨境电商指数和白皮书
- 2017年1月9日，杭州综试办联合杭州海关、省外汇局等举办杭州综试区"两平台六体系"新闻发布会
- 2017年4月21日，杭州综合试验区启动E揽全球跨境电商百万创新服务行动

表 8-5　创新深化阶段各主体创新措施

创新主体	创新类型	具体创新措施
中央政府及各部委	制度创新	2016 年 1 月 6 日,李克强总理主持召开国务院常务会议,决定将先行试点的中国(杭州)跨境电商综合试验区初步探索出的相关政策体系和管理制度向更大范围推广,在天津、上海、重庆、合肥、郑州、广州、成都、大连、宁波、青岛、深圳、苏州这 12 个城市设立第二批跨境电商综合试验区
		2016 年 5 月,国务院印发《关于促进外贸回稳向好的若干意见》(国发〔2016〕27 号)
		2017 年 9 月,国务院常务会议决定要扩容跨境电商综合试验区,监管过渡期再延一年
	管理创新	2016 年 1 月,国家工商总局批复印发《关于支持中国(杭州)跨境电子商务综合试验区建设发展的若干意见》(工商办字〔2015〕233 号),出台 15 条新政支持杭州跨境电商综合试验区建设
		2016 年 2 月 19 日,国家质检总局同意杭州建设进口肉类指定查验场
		2016 年 3 月,财政部、海关总署、国家税务总局发布《关于跨境电子商务零售进口税收政策的通知》(财关税〔2016〕18 号)
		2016 年 5 月,国家质检总局出台《跨境电子商务零售进口通关单政策的说明》,对跨境电商零售进口通关单的相关政策做了进一步说明
		2016 年 12 月,海关总署发布《关于增列海关监管方式代码的公告》(公告〔2016〕75 号),增列海关监管方式代码"1239"
		2017 年 8 月,国家质检总局发布《关于跨境电子商务零售进出口检验检疫信息化管理系统数据接入规范的公告》(公告〔2017〕42 号)
		2017 年 9 月,商务部、海关总署、税务总局、质检总局、外汇局等 5 部门,联合下发了《关于促进外贸综合服务企业健康发展有关工作的通知》(商贸函〔2017〕759 号)
浙江省政府、杭州市政府	制度创新	2016 年 2 月,制定出台跨境电商 B2B 出口业务认定标准和申报流程
		2016 年 4 月,制定出台《杭州市跨境电子商务人才队伍建设实施意见》
		2016 年 5 月,制定印发杭州跨境电商综合试验区第二批制度创新清单,清单包括 10 个方面 30 项措施
		2016 年 5 月,杭州市中级人民法院出台《关于充分发挥审判职能为中国(杭州)跨境电子商务综合试验区建设提供司法保障的意见》
		2017 年 3 月 1 日起,《杭州市跨境电子商务促进条例》正式实施

创新主体	创新类型	具体创新措施
浙江省政府、杭州市政府	管理创新	2016年1月26日,中国(杭州)跨境电商综合试验区富阳园区正式开园;4月新增建德、拱墅2个线下产业园区;6月30日,建德园区正式开园;7月增设西湖园区;9月,拱墅、西湖园区开园
		2016年1月,从"单一窗口"B2B企业对接流程、金融服务机构业务对接方案、探索大数据支持功能等方面完善线上综合服务平台;2月,优化"单一窗口"政务服务功能;4月,推进"单一窗口"B2B业务多场景应用;5月,探索"区域通关一体化"以完善平台政务服务模块功能,引导电商企业通过"单一窗口"申报出口,尝试"杭州报关,宁波、上海等口岸放行"的跨关区申报模式;7月,优化"单一窗口"综合服务,如完成与大龙网、敦煌网等龙头平台企业的对接与测试
		2016年1月29日,杭州综试办召开挂职干部座谈会
		2016年4月,中信保为杭州跨境电商综合试验区企业量身定制出口收款安全保障方案
		2016年10月26日,跨境电商商品质量安全风险国家监测中心在杭州综合试验区上线试运行
		2017年8月3日,中国检验认证(集团)有限公司与浙江出入境检验检疫局、中国(杭州)跨境电商综合试验区、阿里巴巴的战略合作签约仪式在浙江出入境检验检疫局举行
	服务创新	2016年1月6日,浙江省综合试验区工作领导小组召开会议,总结回顾了跨境电商综合试验区过去一年的工作,研究部署新一年加快推进综合试验区建设工作
		2016年1月7—8日,举办全市跨境电商综合试验区工作专题培训会,重点围绕做大做强跨境电商B2B、加快线下产业园建设、引导企业上线经营等方面开展专题讲座、现场学习、交流发言等活动
		2016年2月,以多种形式深化推进招强引优专项行动;9月,开展"双招双引"工作
		2016年3月4日,举办全国跨境电商综合试验区学习交流活动
		2016年3月,市综试办部署开展深化跨境电商B2B专项行动;4月,组织开展跨境电商B2B"标杆300"行动
		2016年3月,举办综合试验区设立一周年新闻发布会,向媒体和企业代表通报综合试验区建设进展和发展成效,宣传跨境电商"杭州经验";2017年1月9日,杭州综试办联合杭州海关、省外汇局、杭州检验检疫局和杭州市国税局举办杭州综合试验区"两平台六体系"新闻发布会,第一次全面总结和系统阐述了"两平台六体系"的建设成果

创新主体	创新类型	具体创新措施
浙江省政府、杭州市政府	服务创新	2016 年 3 月,深化推进杭州跨境电商综合试验区与阿里巴巴的战略合作;5 月,综合试验区与亚马逊签署关于出口跨境电商业务的合作备忘录,与"义新欧"班列成功合作;6 月,谷歌、wish、Paytm Mall 这些国际跨境电商巨头纷纷牵手杭州跨境电商综合试验区
		2016 年 3 月,成功举办首届跨境电商创业创新大赛总决赛
		2016 年 4 月 12 日,杭州跨境电商综合试验区举办"供给侧改革与跨境电商发展"专家咨询会
		2016 年 5 月,制订出台跨境电商出口品牌建设 3 年行动计划;7 月,联合举办"亚马逊全球开店首届杭州卖家论坛";组织开展中国(杭州)跨境电商"教师培训营"活动;开展"TOP100"中国品牌专项行动
		2016 年 5 月 28 日,全市跨境电商人才建设工作推进大会成功举行
		2016 年 6 月 14 日,市委、市政府召开中国(杭州)跨境电商综合试验区建设深化推进大会
		2016 年 6 月 8 日,省委常委、市委书记赵一德主持召开跨境电商发展座谈会
		2016 年 7 月 19 日,杭州跨境电商综合试验区召开半年度工作会议,贯彻落实市委十一届十一次全会和综合试验区建设深化推进大会精神,总结交流上半年工作,研究部署下阶段任务,加快把杭州建设成为"网上丝绸之路"重要战略枢纽城市
		2016 年 7 月,编制跨境电商指数和《杭州综合试验区 2015 年度白皮书》;8 月 18 日,市委、市政府举行新闻发布会,在全国率先发布跨境电商指数和白皮书
		2016 年 8 月,组织编写《跨境电商企业实操指南》
		2016 年 8 月,大力促进跨境电商 B2B 大贸发展;9 月,深入推进跨境电商 B2B 发展
		2016 年 9 月,举办后 G20 时代跨境电商企业峰会;10 月 28 日,2016 中国跨境电商杭州峰会成功举办;2017 年 10 月 26 日,第四届中国(杭州)国际电子商务博览会、潮起钱塘·第二届全球跨境电商峰会在杭州开幕
		2016 年 10 月 23-29 日,开展综合试验区"网上丝路"境外招商推介会
		2017 年 4 月 21 日,杭州跨境电商综合试验区启动了 E 揽全球跨境电商百万创新服务行动,面向全球征选百项跨境电商创新服务,加快跨境电商服务资源集聚杭州

8.2.5 跨境电商综合试验区建设创新扩散阶段的杭州实践

(1)创新扩散阶段实现机制

杭州跨境电商综合试验区建设的创新扩散阶段主要体现在试点工作开展的规范化和管理角色分工的常态化。 在该阶段,杭州市政府和本地外贸企业形成"第一行动集团",一方面对跨境电商综合试验区建设过程进行经验总结,规范本地跨境电商的发展;另一方面,以本地外贸企业的市场创新为发展动力,继续深化国际网络贸易中心城市建设。 中央政府及各部委作为"第二行动集团"在地方政府创新经验总结的基础上,提炼具有普适性、适用性的创新经验向更大范围扩散,同时系统化跨境电商试点领域,实现差异化协同发展。 具体实现机制如图 8-11 所示。

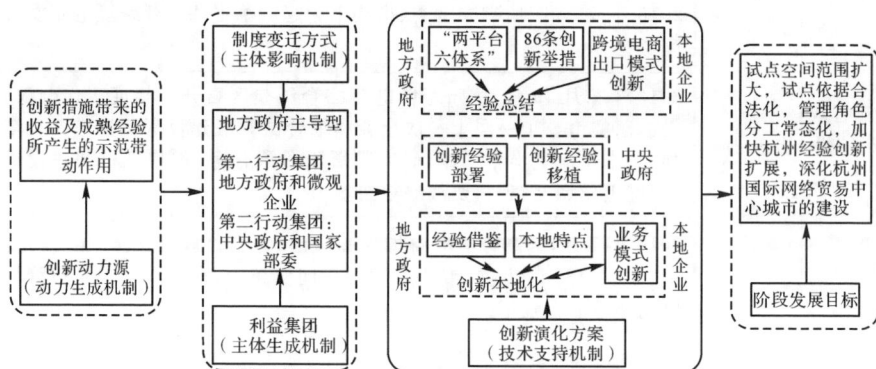

图 8-11　跨境电商综合试验区建设创新扩散阶段杭州实践的实现机制

(2)创新措施经验总结

如前所述,在创新扩散阶段各主体围绕创新经验总结以推进杭州跨境电商综合试验区的创新演化。 地方政府通过对跨境电商综合试验区建设的经验总结,一方面梳理综合试验区建设过程中存在的问题,通过针对性的改进措施推进杭州跨境电商综合试验区的创新演化;另一方面作为国内首个跨境电商综合试验区,杭州跨境电商综合试验区的建设成果对其他综合试验区具有一

定的示范带动作用，有利于全国性跨境电商行业的发展。具体经验如表 8-6
所示。

表 8-6　跨境电商综合试验区建设创新扩散阶段杭州经验汇总

序号	经验	经验举措
1	构建"两平台六体系"顶层设计框架	线上"单一窗口"是监管和服务创新的集中体现,通过对接监管部门和各类市场主体,集在线通关、物流、退税、支付、融资、风控等功能于一体,实现"一点接入、一站式服务、以平台汇总"
		以真实交易为基础的电商信用评价体系,对企业或商品实施分类分级监管,简化优化监管流程,并依托大数据分析,提供金融、物流等供应链综合服务,促进跨境电商自由化、便利化、规范化发展
2	创新跨境电商监管制度	对跨境电商出口产品实施"前期备案、提前监管、后期跟踪、质量监控"的监管模式
		对进口产品实施"提前申报备案、入区集中检疫、出区分批核销、质量安全追溯"的监管模式
		建立负面清单监管制度
		利用大数据手段,对跨境电商产品质量风险进行评估、监测和预警
		开展关检合作,实现"一次申报、一次查验、一次放行"
3	跨境电商数字化管理	确立交易订单、支付单、物流单"三单"数据格式标准
		建设"单一窗口"信息化综合服务平台,实现政府管理部门之间"信息互换、监管互认、执法互助",实现通关全程无纸化,提高通关效率,降低通关成本
		通过链接金融、物流、电商平台、外贸综合服务企业等,为跨境电商企业和个人提供物流、金融等供应链综合服务
4	税收便利化管理	对出口退税实行"无纸化管理"
		对于纳入杭州综合试验区"单一窗口"的外贸综合服务企业,符合资产状况好、纳税信用等级高、内部风控强的要求,被评定为一类或二类出口企业的,可使用增值税专用发票认证系统信息审核办理退税,之后再用稽核信息进行复核。对出口退税实行"无纸化管理"
		电商企业进行出口退(免)税正式申报时,只需提供通过税控数字证书签名后的正式电子数据即可,原规定向主管税务机关报送的纸质凭证和纸质申报表留存企业备查

序号	经验	经验举措
5	优化跨境电商金融服务	开展简化单证完善个人贸易外汇管理试点工作,允许符合条件的个体工商户开立个人外汇结算账户,直接在银行办理跨境电商涉及的外汇收支业务,可凭与代理企业签订的进出口代理合同(协议)或委托物流公司运输的单据办理结售汇业务,不受5万美元个人结售汇年度额度限制
6	创新跨境电商智能物流服务	推进水果、肉类口岸建设
		支持跨境电商物流企业完善产业链布局,科学规划并加快推进保税仓储建设,鼓励建设公共海外仓
7	跨境电商统计监测体系建设	以跨境电商交易数据为基础,园区统计和部门行政记录为补充,形成跨境电商多方联动统计机制,建立统计监测体系
8	推进跨境电商生态圈建设	制定杭州综合试验区跨境电商产业发展和空间布局规划,完善综合配套服务体系和生态系统,增强产业集聚效应,实现区域产业的集聚发展,打造完整的跨境电商产业链和生态圈
		发挥跨境电商综合服务企业的作用,为中小型跨境电商企业提供物流、报关、信保、融资、收汇、退税等一站式、综合性跨境电商服务
9	创新跨境电商商业模式	形成跨境电商B2B交易新模式,推出跨境电商B2B交易信保产品,解决交易信用障碍,形成跨境电商交易完整闭环
		将跨境电商这种新型商业模式与中国制造相结合,着力推动传统外贸企业和制造企业应用跨境电商模式,通过"互联网＋外贸"实现优进优出,为企业转型升级提供实现路径

资料来源:笔者调研整理并参考商贸函〔2017〕840号相关资料。

8.3　宁波跨境电商综合试验区创新演化案例研究

宁波于2016年1月成为第二批批准设立跨境电商综合试验区的试点城市。 与杭州相比,宁波背靠宁波—舟山港,口岸条件得天独厚,且具有扎实的国际物流基础,外贸发展迅猛。 从试点时间上看,由于历史发展原因,宁波在跨境电商综合试验区试点过程中处于"跟随者"地位。 自获批成立跨境电商综合试验区以来，宁波综合试验区的建设始终坚持以推动"宁波制造"更好"走出去"为着力点，深化政策引导和资金扶持，不断鼓励传统外贸、制造业、服务型企业积极"试水"跨境电商出口业务，通过创新"互联网＋"思维，加快"互联网＋外贸""互联网＋制造"的融合发展，重建商业模式，倒逼传统贸易、制造业转型升级，推动企业在品牌构建、产品创新、贸易方式革新上下功夫，重构产业链与价值链，培育并形成对外贸易竞争的新优势。

纵观宁波跨境电商综合试验区设立、建设与发展的整个过程，制度创新和管理创新扮演着极为重要的角色。结合跨境电商综合试验区创新演化阶段模型，本书对宁波跨境电商综合试验区创新演化中的动力主体作用、主体创新行为、阶段运行机制等方面展开分析，以期明晰各方主体在宁波跨境电商综合试验区建设过程中的角色定位、制度变迁方式及实现机制。

8.3.1 宁波跨境电商综合试验区的建设动因及创新演化路径

(1)宁波跨境电商综合试验区建设的动因

2015 年 3 月，国务院发布《关于同意设立中国（杭州）跨境电子商务综合试验区的批复》（国函〔2015〕44 号），经过将近一年时间的试点与探索，取得了以"两平台六体系"为核心的试点经验。由于中国国情的复杂性，需要选择更多的城市进行试点，以拓展和丰富杭州经验。

城市的独特性使宁波成为跨境电商综合试验区试点城市。第一，宁波市在跨境贸易电商服务试点中奠定了良好基础。自 2012 年 12 月，宁波获批成为国家首批跨境贸易电商服务试点城市以来，在"跨境购"平台建设、跨境电商模式探索等方面取得丰硕的成绩，并于 2015 年 11 月成为全国首个跨境贸易电商服务试点验收成功的试点城市。第二，宁波拥有以强大外贸产业优势为特点的产业结构。宁波的外贸产业关联度达 60％以上，是浙江首个、长三角地区第三个外贸总额超千亿美元的城市，在 15 个副省级城市中，进出口规模仅次于深圳和广州，产业基础扎实。第三，宁波具有卓越的国际物流区位条件和基础。宁波是亚太地区重要的门户区、"一带一路"的重要节点城市，是国家双物流节点城市、江海联运服务中心和全国多式联运枢纽，区位优势十分突出。依托良好的区位和港口条件及开放的优势，宁波形成了良好的物流配送服务体系，要素集聚和辐射能力强。

(2)跨境电商综合试验区创新演化路径的宁波实践

结合跨境电商综合试验区创新演化路径和宁波跨境电商综合试验区建设实践，本书归纳整理得到宁波跨境电商综合试验区各阶段的创新演化路径，具体如表 8-7 所示。

表 8-7　跨境电商综合试验区创新演化路径的宁波实践

创新演化过程	创新突破（试点前）阶段	创新示范（政策试点）阶段	创新深化（区域推广）阶段	创新推广（政策扩散）阶段
标志性事件	2012 年 12 月，宁波获批全国首批跨境贸易电商服务试点城市	2015 年 3 月 7 日，国务院批复同意设立中国（杭州）跨境电商综合试验区	2016 年 1 月 12 日国务院批复同意宁波等 12 个城市设立跨境电商综合试验区	2017 年 11 月，《商务部等 14 部门关于复制推广跨境电子商务综合试验区探索形成的成熟经验做法的函》
创新主体行为	宁波作为全国首批跨境贸易电商服务试点城市积极开展跨境电商试点工作；国家部委给予地方政府先行先试权；本地外贸企业在发展过程中对跨境电商监管服务体系提出更高要求	中央政府欲将杭州跨境电商综合试验区的建设经验在更大区域范围内验证，以总结有利于解决中国跨境电商发展共性问题的经验；微观企业通过市场创新对跨境电商监管服务体系提出更高要求	中央政府批复同意设立中国（宁波）跨境电商综合试验区，在借鉴杭州经验的基础上，要求宁波结合实际进行更深一步的创新探索；宁波市政府结合实际进行创新试验；外贸企业、电商企业等微观主体展开市场创新行动	中央政府结合各地跨境电商综合试验区试点经验提取具有普适性、适用性、可推广的创新经验；宁波市政府总结本区域跨境电商发展可借鉴的经验并上报，同时推进本地跨境电商创新深化；微观企业开展跨境电商业务模式创新行动

创新演化过程	创新突破（试点前）阶段	创新示范（政策试点）阶段	创新深化（区域推广）阶段	创新推广（政策扩散）阶段
各主体角色分工	宁波市政府和国家部委作为"第一行动集团"，在跨境贸易电商服务城市试点的政策优惠下，先行先试各类创新措施；中央政府和本地外贸企业作为"第二行动集团"，中央政府为地方跨境电商产业发展提供支持和指导，本地外贸企业进行市场创新	宁波市政府和本地外贸企业作为"第一行动集团"，微观企业从市场创新的角度对跨境电商的体制机制创新提出要求，地方政府从更长远的角度谋划设立宁波跨境电商综合试验区，以解决更深层次的体制机制问题；中央政府引导、支持宁波跨境电商综合试验区的申报工作	宁波市政府作为"第一行动集团"，按照国务院及国家各部委要求，围绕全面建成现代化国际港口城市和全国创新型城市的目标，以外贸产业转型提质为核心，以"三四五六"为总体建设框架，进行跨境电商创新实践；本地外贸企业在既定框架下进行跨境电商市场创新	宁波市政府和本地外贸企业作为"第一行动集团"总结跨境电商发展经验；中央政府作为"第二行动集团"提炼可推广借鉴的经验

8.3.2　跨境电商综合试验区创新突破阶段的宁波实践

2012 年 12 月，宁波与杭州同时成为全国首批跨境贸易电商试点城市，宁波市政府抓住这一重大机遇，把跨境电商作为推动宁波"电商换市"、外贸转型、加快"港口经济圈"建设的重要抓手，先行先试，改革创新，实现了跨境电商的快速发展。

(1)创新突破阶段实现机制

如前所述，在跨境电商综合试验区创新突破阶段，宁波还处于跨境贸易电商服务城市试点建设阶段，在该阶段宁波更侧重于对跨境电商发展从海关监管、检验检疫等影响跨境电商发展的一些环节进行体制机制的探索。在该阶段涉及中央政府、国家部委、宁波市政府、本地外贸企业 4 类主体，在跨境贸易电商服务试点城市推进的过程中，各方主体相互博弈推进试点的展开，具体实现机制如图 8-12 所示。地方政府和国家部委作为"第一行动集团"，在部委给定跨境电商试点城市建设先行先试的框架下，为跨境电商的发展提供监管、服务等方面的创新机制；微观企业作为"第二行动集团"逐渐进行市场创新实践，然而现有政府及行业部门的监管服务机制体系无法满足微观企业跨境电商碎片化和小额贸易特征带来的挑战，对政府监管服务体系提出更高的要求。

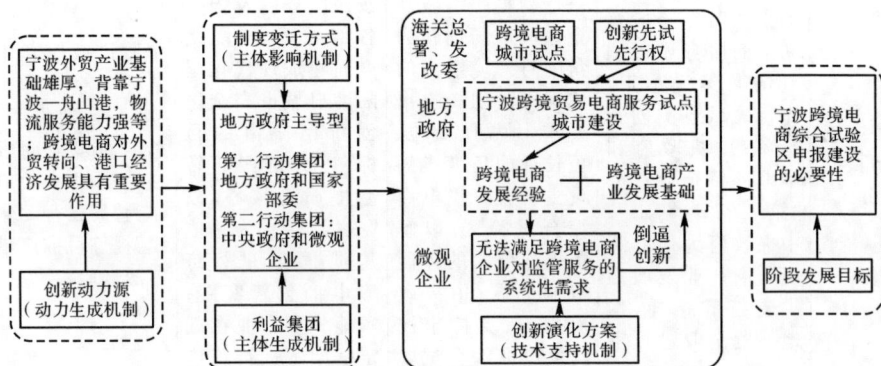

图 8-12 跨境电商综合试验区创新突破阶段宁波实践的实现机制

（2）创新突破阶段各主体创新措施

在跨境电商综合试验区突破阶段，宁波正处于跨境贸易电商服务城市建设试点阶段，此时更加强调地方政府和国家部委在制度创新中的作用。 宁波市政府抓住宁波作为全国首批跨境贸易电商服务试点城市的机遇，把跨境电商作为推动宁波"电商换市"、外贸转型、加快"港口经济圈"建设的重要抓手，先行先试，改革创新，获得系列创新成果。 该阶段重要措施实施历程如图 8-13 所示，各主体的具体创新措施如表 8-8 所示。

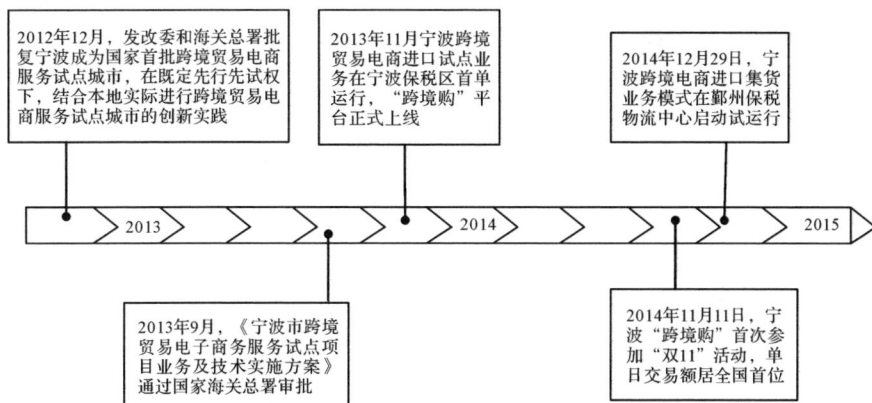

图 8-13 跨境电商综合试验区创新突破阶段宁波实践的重要措施历程

表 8-8 创新突破阶段各主体创新举措

创新主体	创新类型	具体创新措施
中央政府及各部委	制度创新	2012 年 12 月,国家发改委和海关总署批复宁波成为国家首批跨境贸易电商服务试点城市,在既定先行先试权下,结合本地实际进行跨境电商试点城市的创新实践
		2013 年 9 月,国家海关总署审批通过《宁波市跨境贸易电子商务服务试点项目业务及技术实施方案》
浙江省政府、宁波市政府	管理创新	2013 年 11 月,宁波跨境贸易电商进口试点业务在宁波保税区首单运行,"跨境购"平台正式上线
		2014 年 12 月 29 日,宁波跨境电商进口集货业务模式在鄞州保税物流中心启动试运行

8.3.3 跨境电商综合试验区建设创新示范阶段的宁波实践

2015 年 3 月,杭州市获国务院批复同意设立全国首个跨境电商综合试验区,在国家首批跨境贸易电商服务试点城市中突出重围,获得在区域范围内进行更加系统的跨境电商创新实践的机会。 而在跨境电商综合试验区创新示范阶段,宁波市在已取得跨境贸易电商服务试点城市建设经验的基础上,梳理中国(宁波)跨境电商综合试验区申报的系列文件,再借鉴杭州申报经验,进行创新申报。

(1)创新示范阶段实现机制

与杭州相比，宁波在该阶段更多体现了地方政府的推动式创新。 一方面，作为全国首批跨境贸易电商试点城市之一，以国家部委牵头的点线式推进创新实践；另一方面，从时间上看，宁波作为杭州的"跟随者"，在创新申报过程中既要深刻探究并把握杭州建设的重点，又要体现宁波的优势及差异点。因此，宁波在综合试验区申报过程中更多体现政府的主动性。 在该阶段，宁波地方政府和微观企业作为"第一行动集团"，对跨境贸易电商服务试点城市发展经验、杭州跨境电商综合试验区申报经验与宁波发展实际进行融合创新，形成宁波跨境电商综合试验区的申报方案。 具体实现机制如图 8-14 所示。

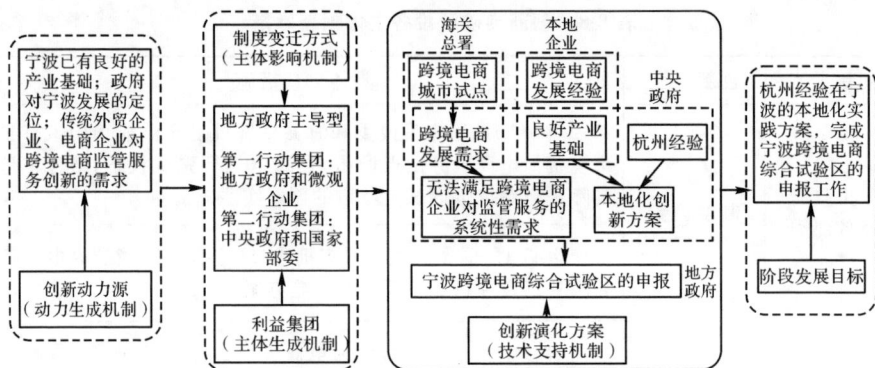

图 8-14　跨境电商综合试验区创新示范阶段宁波实践的实现机制

(2)创新示范阶段各主体创新措施

如前所述，在跨境电商综合试验区创新示范阶段，宁波更加强调地方政府的作用，在跨境贸易电商服务试点中获得了一定创新成果，成为全国首个跨境贸易电商服务试点验收成功的城市。 服务试点的成绩获得中央政府的首肯，说明无论从产业基础上还是政府政策试点执行上看，宁波都具备承接跨境电商综合试验区建设的基础。 另外，杭州跨境电商综合试验区经过将近一年时间的建设，形成的以"两平台六体系"为核心的杭州经验需要在更大范围、更多城市验证它的普适性，而毗邻杭州的宁波具有成为第二批跨境电商综合试验区的基础。此外，宁波外贸产业的转型升级，对跨境电商综合试验区的建设提出更高的要求。该阶段重要措施实施历程如图 8-15 所示，各主体的具体创新措施如表 8-9 所示。

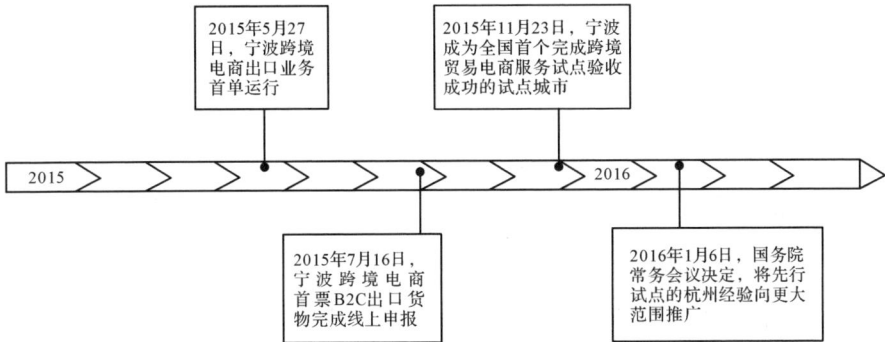

图 8-15　跨境电商综合试验区创新示范阶段宁波实践的重要措施历程

表 8-9　创新示范阶段各主体创新举措

创新主体	创新类型	具体创新措施
中央政府及各部委	制度创新	2016 年 1 月 6 日，国务院常务会议决定，将先行试点的中国(杭州)跨境电商综合试验区初步探索出的相关政策体系和管理制度向更大范围推广
浙江省政府、宁波市政府	管理创新	2015 年 5 月 27 日，宁波跨境电商出口业务首单运行
		2015 年 10 月，宁波市政府出台了《关于加快推进市跨境电子商务发展的指导意见》(甬政发〔2015〕122 号)
		2015 年 7 月 16 日，宁波跨境电商首票 B2C 出口货物完成线上申报
		2015 年 11 月 23 日，宁波成为全国首个完成跨境贸易电商服务试点验收成功的城市

8.3.4　跨境电商综合试验区建设创新深化阶段的宁波实践

(1)创新深化阶段实现机制

作为第二批跨境电商综合试验区，中国（宁波）跨境电商综合试验区从设立之初就得到了中央政府的关注。以"两平台六体系"为核心的杭州经验在推动外贸发展中所发挥的作用得到中央政府的认可，为了进一步验证杭州经验的可行性和普适性，从多样板、多方面探索解决中国跨境电商发展的共性问题，中央政府要对其进行横向试点深化。国务院于 2016 年 1 月 12 日正式同意宁波等 12 个城市设立跨境电商综合试验区。2016 年 4 月 18 日，《中国（宁波）跨境电子商务综合试验区实施方案》获浙江省政府批复；同年 5 月 16 日，宁波召开中国（宁波）跨境电商综合试验区建设动员大会，这标志着宁波跨境电商综合试验区全面启动实施。纵观宁波跨境电商综合试验区建设的过程，宁波市政府作为"第一行动集团"，在借鉴杭州经验的基础上，结合地方实际提出"三四五六"（三大平台、四大服务、五大体系、六大创新）的总体建设框架。"三大平台"即跨境电商综合信息平台、跨境电商园区平台和跨境电商物流平台；"四大服务"即可信交易服务、快捷结算服务、便利商务服务和协同物流服务；"五大体系"即信息共享体系、风险防控体系、金融支撑体系、企业孵化体系和人才建设体系；"六大创新"即跨境电商模式创新、跨境电商监管创新、税收便利化管理创新、跨境生态圈建设创新、海外分销渠道创新和产业联动机制创新。具体实现机制如图 8-16 所示。

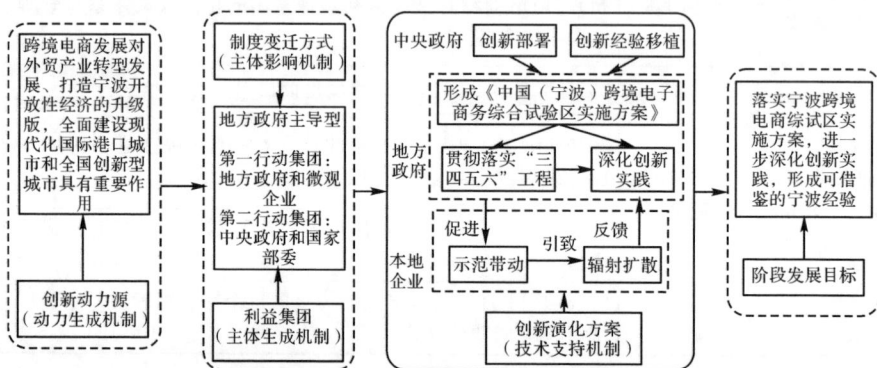

图 8-16　跨境电商综合试验区建设创新深化阶段宁波实践的实现机制

(2)创新深化阶段各主体创新措施

在创新深化阶段，宁波市政府和微观企业为"第一行动集团"。宁波市政府在借鉴杭州"两平台六体系"建设经验的基础上，形成具有宁波特色的

"三四五六"总体建设框架，在该框架的指导下推动"关、检、汇、税、商、物、融"一体化发展，形成适应跨境电商发展的监管服务模式和制度体系，打造跨境电商完整的产业链和生态链，探索跨境电商发展模式；微观企业结合自身发展，创新业务模式，对政府监管服务体系提出更具宁波发展特色的意见或建议。中央政府和国家部委作为"第二行动集团"助力宁波跨境电商综合试验区的建设，中央政府推动宁波跨境电商综合试验区建设，给予先行先试权，在一定范围内协调促进宁波跨境电商综合试验区各创新举措的落地。该阶段重要措施实施历程如图 8-17 所示，各主体的具体创新措施如表 8-10 所示。

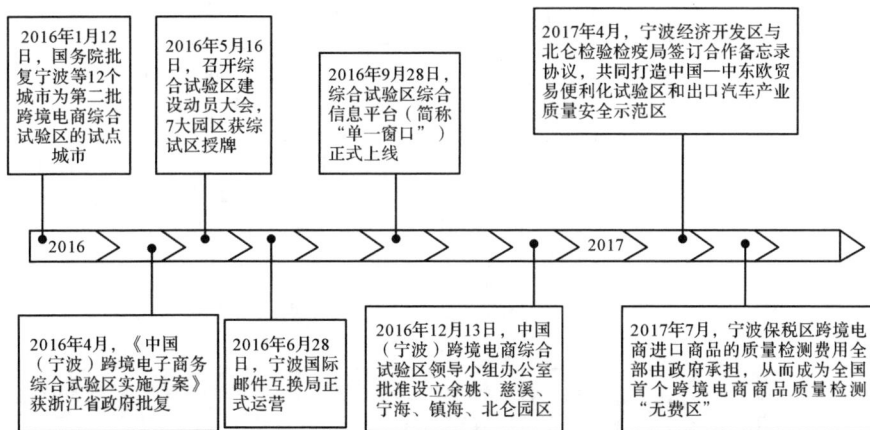

图 8-17　跨境电商综合试验区创新深化阶段宁波实践的重要措施历程图

表 8-10　创新深化阶段各主体创新举措

创新主体	创新类型	具体创新措施
中央政府及各部委	制度创新	2016 年 1 月 12 日,国务院批复同意在宁波等 12 个城市设立跨境电商综合试验区
	管理创新	同意关、检、汇、税等方面需要各部委支持的创新举措
		宁波海关积极扩容总署数据连接通道,加强大数据研判,实施差异监控和重点监控,保障包裹快速验放
		宁波国检取消跨境电商高风险能力认定制度,联合宁波保税区创建全国首个"跨境电商产业知名品牌创建示范区"和首个跨境电商商品质量检测"无费区"
		宁波外汇管理局简化企业收结汇流程,指导银行量身定制特色化融资产品,解决轻资产电商企业融资难问题
		宁波国税局实施企业分类管理,允许一类或二类跨境电商企业可先使用增值税专用发票认证系统审核办理出口退(免)税业务,之后再用稽核信息进行复核,全面推广出口退(免)税无纸化申报模式
浙江省政府、宁波市政府	制度创新	制定《宁波综合试验区 2017 年重点任务及分工方案》(甬跨境综试办〔2017〕1 号)
		市政府设立每年 2000 万元以上市级跨境电商专项扶持资金
		有效运作市电商发展产业基金,建立多元投资体系
		2016 年落地 6 条创新举措
		2016—2017 年落地 20 条创新举措
		2016—2018 年落地 32 条创新举措,且在 2016 年均已启动
		2016 年出台《市跨境电商专项资金管理暂行办法》(甬口岸〔2016〕19 号)和《市电子商务发展"十三五"规划》(甬发改规划〔2016〕533 号)
		2017 年 4 月,宁波经济技术开发区与北仑检验检疫局签订合作备忘录协议,共同打造中国—中东欧贸易便利化试验区和出口汽车产业质量安全示范区
		2017 年 7 月,宁波保税区跨境贸易电商进口商品的质量检测费用全部由政府承担,从而成为全国首个跨境电商商品质量检测"无费区"

创新主体	创新类型	具体创新措施
浙江省政府、宁波市政府	管理创新	2016年9月28日,宁波综合试验区综合信息平台(简称"单一窗口")正式上线,涵盖"申报服务、备案服务、海外仓服务、无水港服务、物流信息平台"等10方面服务,将为企业提供关、检、汇、税、融"一站式"服务
		特色产业园区不断涌现,如北仑区致力打造跨境B2C出口和跨境B2B冷链物流两大线下园区;江北电商经济创新园区打造"前洋E商小镇"
		先后两批授牌12个市级跨境电商园区,各区(县)市、各重点开发园区均建成1个以上产业园区,各地紧紧围绕产业特色,错位竞争,优势互补,形成了多极集聚的发展格局
		实现了"保税备货""保税集货"和"一般业务"3种进口模式和特殊监管区进口业务的全覆盖
		2016年6月28日,宁波国际邮件互换局正式运营
		成立由市政府主要领导担任组长的综合试验区领导小组,建立由口岸部门牵头抓、监管部门协调抓、各区域主体抓的工作机制;各有关部门、各县(市)区、园区政府均建立了跨境电商"一把手"负责制;综试办抽调海关、检验检疫、外管、国税、高等院校、园区等的骨干精英实行集中办公
		2016年12月13日,中国(宁波)跨境电商综合试验区领导小组办公室批准设立余姚园区、慈溪园区、宁海园区、镇海园区、北仑(宁波经济开发区)园区
	服务创新	将跨境电商综合试验区建设作为"一圈三中心"经济工作的重要内容纳入全市"十三五"发展规划纲要;编写《中国(宁波)跨境电子商务综合试验区实施方案》;制定并印发《中国(宁波)跨境电子商务综合试验区建设任务分解方案(2016—2018)》
		2016年5月16日,组织召开了综合试验区建设动员大会,7大园区获综合试验区授牌
		充分发挥宁波现有特色产业集群的优势,以海曙区服饰家纺、鄞州五金工具、余姚家电、慈溪家电、宁海家具等5个特色区域经济为试点,积极开展产业集群跨境电商工程
		先后与eBay、亚马逊签订战略合作协议
		开展跨境电商业务培训
		2016年10月17日,组织相关高校召开宁波跨境电商人才建设座谈会

续 表

创新主体	创新类型	具体创新措施
浙江省政府、宁波市政府	服务创新	联合在甬高校及阿里巴巴等大型平台企业,成立了全国首家跨境电商学院、首个跨境电商产教联盟,走出了一条校政企三方共建跨境电商人才体系的路子
		建立以"产训结合、产学结合"为特点的跨境电商专业培训机构和产业孵化园
		借助中东欧博览会、甬港经济合作论坛、甬台跨境电商对接洽谈会、宁波—德国跨境电商企业对接会等平台,积极帮助企业拓宽渠道、拓展市场
		支持本地强企布局跨境电商,如银亿集团与宁波保税区合作设立跨境电商O2O体验中心"亿彩购"
		开展了综合试验区宣传片、LOGO征集等工作,扩大综合试验区的影响,营造良好氛围
微观企业	市场创新	跨境电商O2O体验旗舰店纷纷布局线下园区
		天猫国际、网易考拉、京东全球购、小红书、唯品会等国内跨境电商龙头企业已齐聚宁波
		DHL、FedEx在宁波设立分公司,顺丰快递投建50亩储存中转场
		菜鸟网络建立的全国首个5万平方米跨境仓"天宫一号"投入运营
		网易考拉、蜜芽宝贝、京东全球购、聚美、敦煌网、大龙、一达通等一批知名跨境电商企业,以及第三方支付、金融服务、代理运营、仓储物流、快递配送、售后服务等相关服务型企业来甬集聚
	模式创新	依托第三方平台开展B2C模式,自建垂直平台的B2B2C模式和M2B2C模式,依托外贸综合服务平台开展B2B模式,传统外贸企业转型发展B2B2C模式

8.3.5 跨境电商综合试验区创新扩散阶段的宁波实践

(1)创新扩散阶段实现机制

在该阶段,地方政府和微观企业成为"第一行动集团",宁波市政府对宁波跨境电商综合试验区建设的经验进行总结，各主体的管理分工逐渐常态化；本地外贸企业在完善业务模式的前提下，配合宁波市政府进行创新经验的总结。中央政府和国家部委作为"第二行动集团"，对宁波跨境电商发展经验中具有普适性的创新经验进行提取，向全国或具有相近经济环境的区域进行推广。具体实现机制如图 8-18 所示。

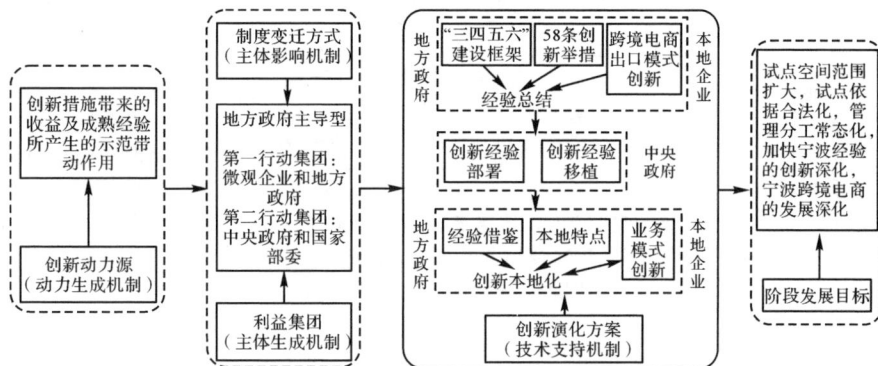

图 8-18　跨境电商综合试验区创新扩散阶段宁波实践的实现机制

(2)创新措施经验总结

经过一年多跨境电商综合试验区的建设实践，宁波市政府展开跨境电商综合试验区建设的经验总结，一方面对过往已取得的创新经验、创新成果进行回顾，以坚定未来的发展方向；另一方面以经验总结来梳理往后的发展路径，这对相近经济发展水平的地区具有一定的借鉴作用。具体经验如表 8-11 所示。

表 8-11　跨境电商综合试验区建设宁波经验汇总

序号	经验	经验举措	经验启示
1	"单一窗口"经验	作为首批跨境贸易电商服务试点城市,宁波于2015年开始启动"单一窗口"建设工作,并于2015年9月1日升级上线定位为宁波口岸通关贸易综合服务平台的浙江宁波国际贸易"单一窗口",成为国内(继上海后)首批、浙江首家上线"单一窗口"	宁波凭借全国首批跨境贸易电商服务试点城市的契机,以国际物流一般贸易平台为基础,抢先建设"单一窗口",并在运用过程中不断发展完善。宁波作为全国首批跨境贸易电商服务试点城市和第二批设立跨境电商综合试验区的城市,借助现有载体建设"单一窗口"的经验值得其他地区借鉴
		"单一窗口"涵盖口岸通关、跨境贸易、贸易合作、资质认证、数据应用、资讯中心、"一带一路"、物流服务等八大板块,实现相关功能300余项	
		宁波"单一窗口"不仅服务于浙江进出口企业,还与多个国家建立合作和互联,如服务于"一带一路"沿线国家的企业,提供广泛的"单一窗口"服务	
2	线下载体经验	宁波跨境电商综合试验区获批以来,先后授牌2批12个线下园区,分别为海曙园区、江北园区、鄞州园区、杭州湾园区、保税区园区、梅山园区、空港园区、余姚园区、慈溪园区、宁海园区、镇海园区、北仑园区(宁波经济技术开发区)。其中,海曙园区、江北园区、鄞州园区、余姚园区、慈溪园区、宁海园区、镇海园区、北仑园区由宁波行政区划海曙区、江北区、鄞州区、余姚市、慈溪市、宁海县、镇海区、北仑区与宁波跨境电商综合试验区联合打造,未来可拓展性较强,且由于具备政府背景,在政策扶持、资源集聚、人才培育等方面具备明显优势,极大地促进了宁波各区域跨境电商的发展	线下电商园区的建设,在承接政府政策扶持、孵化区域跨境电商企业方面起着至关重要的作用,宁波跨境电商综合试验区与宁波行政区联合设立线下跨境电商的经验值得广泛借鉴,由政府背书,既有利于各地区跨境电商扶持政策落地,又有利于园区企业与政府相关部门对接,为"单一窗口"的建设提供支撑

序号	经验	经验举措	经验启示
3	公共服务经验	宁波跨境电商综合试验区的公共服务有申报服务、备案服务、可信服务、资信服务、支撑服务、海外仓服务及无水港服务	宁波跨境电商综合试验区公共服务既有满足跨境电商企业常规需求的一般性跨境电商公共服务，又有结合宁波海外仓、无水港等自身优势的特色服务，未来其他地区在借鉴宁波公共服务经验时，不仅要提供跨境电商企业需要的一般性公共服务，还要结合自身区域特点，寻找自身发展优势，从而提供区域化、个性化的特色公共服务。
		建设有商务信息平台和物流信息平台，为宁波跨境电商企业、海关等政府部门提供及时的信息查询服务	
4	政策扶持经验	宁波跨境电商扶持政策由宁波多个政府部门发布，涉及领域广泛，且及时稳健的政策发布极大地促进了宁波跨境电商的发展	宁波跨境电商扶持政策由宁波市政府、宁波海关、宁波国检、宁波下辖各县市共同发布，政策密集且覆盖领域广泛，从这一现象可以看出，未来其他地区为发展跨境电商提供政策扶持时，要吸取宁波政策扶持的经验，多方协同、简政放权、因地制宜地发布跨境电商扶持政策
		宁波市政府出台的政策有《宁波市人民政府关于推进我市跨境贸易电子商务服务试点工作的通知》《关于加快推进宁波市跨境电子商务产业发展的若干意见》	
		宁波海关出台的《宁波海关跨境贸易电子商务进境商品监管办法》《宁波海关关于开展保税展示交易业务的公告》等文件	
		宁波国检出台的《入境电子商务检验检疫监管工作规范（试行）》等文件	
		宁波各县市也相继出台相关政策，如海曙区发布的《海曙区电子商务产业发展若干政策意见》等	

续　表

序号	经验	经验举措	经验启示
5	人才建设经验	面对人才紧缺问题,宁波采取多项措施,在解决人才数量不足问题的同时,致力于培养实战型人才和复合型人才	宁波在人才建设方面,采用内外兼修模式,共同建设宁波跨境电商人才队伍。一方面,宁波市相关政府部门与当地高校合作,凭借高校人才培养优势,培养宁波跨境电商人才预备队伍;另一方面,利用作为跨境贸易电商服务试点城市和第二批跨境电商综合试验区的优势,积极引进外部大型企业,借助外部大型企业人才培养经验,强化跨境电商现有人才队伍建设。双轨制人才建设措施,为其他地区解决跨境电商人才紧缺问题提供了解决方案
		2016 年 7 月 2 日,宁波市口岸打私办联合浙江万里学院成立全国首家跨境电商学院,以跨境电商为教学导向,不分专业方向,实行"2.5＋1.5"模式培养;同时让学生到龙头企业一线岗位见习培训,设置跨境电商 IT、跨境电商 UID、跨境电商数据分析、跨境电商运营与管理等专项培训项目。依托首家跨境电商学院的平台优势和高校的人才集聚优势,深化了校政企之间的合作	
		2016 年 12 月,宁波市教育局与阿里巴巴总部签订合作意向书,在宁波市现代服务业公共职业培训平台联合共建阿里巴巴跨境电商宁波人才培训孵化中心,面向在校大学生进行实训、创业孵化,面向企业在职员工进行培训,致力于对中高端实用型人才的培养,突出实训和创业特色,探索发展跨境电商人才培养的新路径、新模式	
		宁波在 7 个院校开设跨境电商相关课程,并协同亚马逊、eBay 等大型平台公司,开展跨境电商定制化、个性化人才培训	

参考文献

［1］查贵勇，2006．广东省外贸与经济增长关系的实证分析［J］．国际经贸探索，22（4）:26-29．

［2］陈发鸿，2011．电子商务发展与政府应对策略［J］．企业经济（11）:138-140．

［3］陈火全，胡日东，2017．利益相关者视角的电子商务园区商业模式升级研究——以国家级电商示范园福建德化产业园为例［J］．中国软科学（10）:53-62．

［4］陈剑玲，2012．论消费者跨境电商争议的解决［J］．首都师范大学学报（社会科学版）（2）:154-156

［5］陈天祥，2000．中国地方政府与制度创新［J］．中山大学学报（社会科学版）（6）:120-127．

［6］陈天祥，2000．中国地方政府制度创新的动因［J］．管理世界（6）:202-203．

［7］陈伟东，朱建明，2016．跨境商务中的支付风险分析与对策建议［J］．管理现代化，36（2）:91-94．

［8］陈晓文，张欣怡，2018．电商特色小镇的空间布局与产业发展——以淘宝镇为例［J］．中国科技论坛（6）:91-97．

［9］程栋，王家庭，2015．论国家综合配套改革试验区制度创新——基于演化阶段及实现机制的视角［J］．贵州社会科学（3）:140-146．

［10］褚学力，2016. 金融互联互通支持中小企业跨境电商发展探索——基于
我国与一带一路沿线国家和地区经济发展的思考［J］. 中国流通经
济，30（11）:66-74.

［11］戴小红，2016. 保税区域发展对载体城市经济增长的实证分析［J］. 统
计与决策 （18）:117-120.

［12］董秘刚. 2000. 我国对外贸易与经济增长相关性分析［J］. 西北大学学
报（哲学社会科学版），30（4）:81-85.

［13］杜永红，2016. "一带一路"战略背景下的跨境电子商务发展策略研
究［J］. 经济体制改革 （6）:66-70.

［14］高翔，贾亮亭，2016. 基于结构方程模型的企业跨境电子商务供应链
风险研究——以上海、广州、青岛等地167家跨境电商企业为例［J］.
上海经济研究（5）:76-83.

［15］高艳丽，路美弄，2017. "一带一路"助推跨境电商转型升级［J］. 人
民论坛 （21）:94-95.

［16］郭雁，田飞，2016. 对外贸易与经济增长关系的实证检验［J］. 统计与
决策 （1）:124-127.

［17］何刚，陈文静，叶阿忠，2004. 熵理论与制度变迁方式的选择［J］. 财
经研究，30（3）:106-112.

［18］纪淑娴，胡培，程飞，2008. 在线信誉管理系统中信用度计算模型研究
［J］. 预测，27（4）:59-65.

［19］冀芳，张夏恒，2015. 跨境电商物流模式创新与发展趋势［J］. 中国流
通经济 （6）:14-20.

［20］金祥荣，2000. 多种制度变迁方式并存和渐进转换的改革道路——"温
州模式"及浙江改革经验［J］. 浙江大学学报（人文社会科学版），
30（4）:138-145.

［21］柯颖，2015. 我国B2C跨境电子商务物流模式选择［J］. 中国流通经
济 （8）:63-69.

［22］匡增杰，2013. 基于发达国家海关实践经验视角下的促进我国海关贸易
便利化水平研究［J］. 上海对外经贸大学学报 （1）:19-28.

［23］来有为，王开前，2014．中国跨境电子商务发展形态、障碍性因素及其下一步［J］．改革（5）:68-74.

［24］李菁苗，吴吉义，章剑林，等，2012．电子商务环境下中小企业信用评价［J］．系统工程理论与实践，32（3）:555-560.

［25］李墨丝，彭羽，沈玉良，2013．中国（上海）自由贸易试验区:实现国家战略的可复制和可推广［J］．国际贸易（12）:4-11.

［26］李贤祥，2017．"一带一路"与浙江外向型经济［J］．中共浙江省委党校学报，33（3）:78-84.

［27］李向阳，2014．促进跨境电子商务物流发展的路径［J］．中国流通经济（10）:107-112.

［28］李向阳，2017．跨境进口电子商务海关监管新政效能评估［J］．上海经济研究（7）:117-127.

［29］李旭东，安立仁．2015．跨境电商物流企业综合服务体系及其实证研究［J］．中国流通经济（11）:49-57.

［30］连远强，2015．高校跨境电子商务人才生态化培养模式研究［J］．中国教育学刊（S2）:379-380.

［31］林毅夫，李永军，2001．必要的修正——对外贸易与经济增长关系的再考察［J］．国际贸易（9）:22-26.

［32］林毅夫，沈明高，1990．我国农业技术变迁的一般经验和政策含义［J］．经济社会体制比较（2）:10-18.

［33］刘恩专，王伟，2014．浅析新加坡单一窗口建设对我国的启示［J］．科技管理研究，322（24）:195-198.

［34］刘晋飞，2018．电子商务采纳与跨境电商企业成长——基于760家制造业跨境电商企业的实证研究［J］．中国流通经济（1）:93-101.

［35］刘伟，2015．政策试点:发生机制与内在逻辑——基于我国公共部门绩效管理政策的案例研究［J］．中国行政管理（5）:113-119.

［36］刘小军，张滨，2016．我国与"一带一路"沿线国家跨境电商物流的协作发展［J］．中国流通经济，30（5）:115-120.

［37］刘章发，2016．大数据背景下跨境电子商务信用评价体系构建［J］．中

国流通经济，30（6）:58-64.

[38] 鲁旭，2016. 基于跨境供应链整合的第三方物流海外仓建设[J]. 中国流通经济（3）:32-38.

[39] 逯宇铎，孙秀英，2017. 基于 SD 的跨境电子商务风险分析管理模型研究[J]. 商业研究（12）:162-167.

[40] 马述忠，濮方清，潘钢健，2018. 跨境零售电商信用管理模式创新研究——基于世界海关组织 AEO 制度的探索[J]. 财贸研究（1）:66-75.

[41] 孟亮，孟京，2017. 我国跨境电商企业海外仓模式选择分析——基于消费品出口贸易视角[J]. 中国流通经济，31（6）:37-44.

[42] 穆沙江·努热吉，何伦志，2017. "一带一路"为跨境电商提供政策高地[J]. 人民论坛（5）:100-101.

[43] 庞燕，2015. 跨境电商环境下国际物流模式研究[J]. 中国流通经济（10）:15-20.

[44] 彭纪生，仲为国，孙文祥，2008. 政策测量、政策协同演变与经济绩效:基于创新政策的实证研究[J]. 管理世界（9）:25-36.

[45] 荣飞琼，郭梦飞，2018. 基于大数据的跨境电商平台供应商信用评估研究[J]. 统计与信息论坛（3）:100-107.

[46] 石传玉，王亚菲，王可，2003. 我国对外贸易与经济增长关系的实证分析[J]. 南开经济研究，20（1）:53-55.

[47] 苏为华，王玉颖，2017. 我国跨境电子商务综试区发展水平的统计测度[J]. 商业经济与管理，37（6）:13-22.

[48] 宋清，刘义进，2017. 中国科技企业孵化器扶持政策研究——基于中央与地方政策文本量化分析的视角[J]. 软科学，31（9）:11-15.

[49] 王娟娟，郑浩然，2017. "一带一路"区域通关一体化建设问题研究——基于跨境电商视角的分析[J]. 北京工商大学学报（社会科学版），32（4）:57-65.

[50] 王磊，2017. 海关税收新政下我国跨境进口电子商务模式[J]. 中国流通经济，31（12）:50-55.

[51] 王林，杨坚争，2014. 跨境电子商务规则需求影响因素实证研究［J］. 当代经济管理，36（9）:18-23.

[52] 王晓珍，彭志刚，高伟，等，2016. 我国风电产业政策演进与效果评价［J］. 科学学研究，34（12）:1817-1829.

[53] 韦斐琼，2017. "一带一路"战略红利下跨境电商发展对策［J］. 中国流通经济，31（3）:62-70.

[54] 魏洁，魏航，2017. 跨境电子商务物流模式选择研究［J］. 科技管理研究，37（21）:175-179.

[55] 谢尚果，彭振，2017. "一带一路"倡议下我国边境地区发展跨境电商的困境与路径［J］. 中国行政管理（10）:150-152.

[56] 徐磊，2018. 后政策红利时代海关监管制度对跨境进口电商的影响及建议［J］. 中国流通经济（3）:52-61.

[57] 薛源，2014. 跨境电商交易全球性网上争议解决体系的构建［J］. 国际商务（对外经济贸易大学学报）（4）:95-103.

[58] 杨瑞龙，1998. 我国制度变迁方式转换的三阶段论———兼论地方政府的制度创新行为［J］. 经济研究（1）:3-10.

[59] 杨松，郭金良，2015. 第三方支付机构跨境电子支付服务监管的法律问题［J］. 法学（3）:95-105.

[60] 杨友孝，陈文良，2014. 广东省外贸区域发展差异与外贸转型升级的关系研究［J］. 国际经贸探索（1）:101-112.

[61] 于兆吉，胡祥培，毛强，2009. 电子商务环境下信用评级的一种新方法［J］. 控制与决策，24（11）:1668-1672.

[62] 张滨，刘小军，陶章，2015. 我国跨境电子商务物流现状及运作模式［J］. 中国流通经济（1）:51-56.

[63] 张红芳，2017. 专利权质押政策文本量化研究［J］. 科学管理研究（3）:102-105.

[64] 张莉，2017. 区域性跨境电商产业园区运营模式研究［J］. 中国流通经济，31（5）:66-72.

[65] 张夏恒，郭海玲，2016. 跨境电商与跨境物流协同:机理与路径［J］.

中国流通经济, 30（11）:83-92.

[66] 张夏恒, 马天山, 2015. 中国跨境电商物流困境及对策建议 [J]. 当代经济管理, 37（5）:51-54.

[67] 张夏恒, 2017. 跨境电子商务法律借鉴与风险防范研究 [J]. 当代经济管理, 39（3）:29-34.

[68] 张衍斌, 李洪心, 2017. "海淘" 税改新政对国家税收及居民消费的影响——基于 CGE 模型的模拟分析 [J]. 商业研究, 59（7）:52-57.

[69] 郑晶, 2006. 对外贸易对广东省经济增长作用的实证研究 [J]. 国际贸易问题 （4）:60-66.

[70] 钟峥, 2018. 我国跨境电商物流模式存在的问题与对策 [J]. 商业经济研究 （5）:107-109.

[71] AHMED S, 2003. Meta-model simulation for customs clearance [J]. WSEAS transactions on computers, 2（1）: 96-101.

[72] ALM J, MEINIK M I, 2010. Do ebay sellers comply with state sales taxes？ [J]. National tax journal, 63（2）:215-236.

[73] ASOSHEH A, SHAHIDINEJAD H, KHODKARI H, 2012. A model of a localized cross-border e-commerce [J]. Ibusiness, 4（2）:136-145.

[74] BASK A, LIPPONEN M, TINNILÄ M, 2012. E-commerce logistics：a literature research review and topics for future research [J]. International journal of e-services and mobile applications （IJESMA）, 4（3）:1-22.

[75] GÓMEZ E, MARTENS B, TURLEA G, 2013. The drivers and impediments for online cross-border trade in goods in the EU [C]. Social science electronic publishing, 6（1）:1-34.

[76] CAMPBELL J L, 2004. Institutional change and globalization [J]. Comparative studies in society & history, 48（3）:527-567.

[77] DAVIS L, NORTH D C, SMORODIN C. 1971. Institutional change and American economic growth [M].

[78] DENG H, DENG W, 2009. Identity authentication in rfid based

logistics-customs clearance service platform [C] // International Conference on Intelligent Information Hiding and Multimedia Signal Processing.

[79] DINEV T, HART P, 2006. An extended privacy calculus model for e-commerce transactions [J]. Information systems research, 17 (1) :61-80.

[80] DUCRET R, 2014. Parcel deliveries and urban logistics: changes and challenges in the courier express and parcel sector in Europe — the French case [J]. Research in transportation business & management, 11 : 15-22.

[81] GATUSZKA J, 2011. How to tax e-commerce-global or national problem? [J]. IOWAL. REV, 1289 : 1323.

[82] GESSNER G H, SNODGRASS C R, 2015. Designing e-commerce cross-border distribution networks for small and medium-size enterprises incorporating Canadian and U. S. trade incentive programs [J]. Research in transportation business & management, 16 : 84-94.

[83] GHADAMI F, AGHAIE A, MOHAMMADKHAN M, 2010. The impact of financial crisis on B2C e-commerce [J]. Ibusiness, 2 (2) : 193-200.

[84] GHORBANI A, BONAB M B, 2013. Globalization and the role of e-commerce in its expansion [J]. Journal of basic and applied scientific research, 3 (1) 78-82.

[85] GIUFFRIDA M, MANGIARACINA R, PEREGO A, et al., 2017. Logistics solutions to support cross border e-commerce towards China: the case of the apparel industry [M] // Business Models and ICT Technologies for the Fashion Supply Chain, 163-177.

[86] GOMEZ-HERRERA E, MARTENS B, TURLEA G, 2014. The drivers and impediments for cross-border e-commerce in the EU [J].

Information economics & policy, 28（1）:83-96.

[87] GRACIA D B, ARIÑO L V C, 2015. Rebuilding public trust in government administrations through e-government actions ［J］. Revista espanola de investigacion en marketing esic, 19（1）:1-11.

[88] GRÜSCHOW R M, KEMPER J, BRETTEL M, 2015. Do transaction costs of payment systems differ across customers in e-commerce? ［J］. ECIS 2015 completed research papers, 1-18.

[89] HAWKINS R R, EPPRIGHT D R, 2000. E-commerce in florida: evidence of sales tax revenue erosion ［C］// National Tax Association.

[90] HSIAO Y H, CHEN M C, LIAO W C, 2016. Logistics service design for cross-border e-commerce using Kansei engineering with text-mining-based online content analysis ［J］. Telematics & informatics, 34(4): 284-302.

[91] KAWA A, ZDRENKA W, 2016. Conception of integrator in cross-border e-commerce ［J］. 12（121）:63-73.

[92] LEE H L, WHANG S, 2001. Winning the last mile of e-commerce ［J］. Mit sloan management review, 42（4）: 54-62.

[93] LEWIS G, 2009. The impact of ICT on Customs ［J］. World customs journal, 3（1）:3-11.

[94] LIU L, 2015. Research on logistics problems and countermeasures in Chinese cross-border e-commerce development ［C］// International Conference on Education, Management and Computing Technology.

[95] MADDEN G, BANERJEE A, RAPPOPORT P N, et al. , 2016. E-commerce transactions, the installed base of credit cards, and the potential mobile e-commerce adoption ［J］. Applied economics, 49(1): 21-32.

[96] MANTECON T, 2009. Mitigating risks in cross-border acquisitions ［J］. Journal of banking & finance, 33（4）:640-651.

[97] MELTZER J P, 2014. Supporting the internet as a platform for

international trade: opportunities for small and medium-sized enterprises and developing countries [J]. Ssrn electronic journal, 1-56.

[98] MOÏSÉ E, SORESCU S, 2013. Trade facilitation Indicators: the potential impact of trade facilitation on developing countries [J]. Oecd Trade Policy Papers, 144.

[99] NGAI E W T, WAT F K T, 2005. Fuzzy decision support system for risk analysis in e-commerce development [J]. Decision support systems, 40 (2) :235-255.

[100] NICULESCU M C, MINEA M, 2016. Developing a single window integrated platform for multimodal transport management and logistics [J]. Transportation research procedia, 14 : 1453-1462.

[101] NORTH D C, 1990. Institutions, institucional change and economic performance [M]. Cambridge: Cambridge University Press, 151-155.

[102] PUGLIATTI L, 2011. Cloud single window: legal implications of a new model of cross-border single window [J]. World customs journal, 5 (2) :3-20.

[103] RAUS M, FLÜGGE B, BOUTELLIER R, 2009. Electronic customs innovation: an improvement of governmental infrastructures [J]. Government information quarterly, 26 (2) :246-256.

[104] RAUS M, 2010. Diffusion of business-to-government IT innovations: the case of e-customs [D]. ST. Gallen: The University of ST. Gallen.

[105] RAY S, 2011. Emerging trend of e-commerce in India: some crucial issues, prospects and challenges [J]. Computer engineering & intelligent systems, 2 (5) :17-36.

[106] SAKYI D, VILLAVERDE J, MAZA A, et al., 2017. The effects of trade and trade facilitation on economic growth in Africa [J]. African development review, 29 (2) :350-361.

[107] SELÇUK E Ş, SIMPSON N C, VAKHARIA A J, 1999. Integrated production/distribution planning in supply chains: an

invited review [J]. European journal of operational research, 115
(2):219-236.

[108] STYLIANOU P, 2008. Online dispute resolution: the case for a
treaty between the united states and the European Union in resing
cross-border e-commerce disputes syracuse [J]. Journal of
international law & commerce, 36 (1):117-143.

[109] SVATOSOVA V, 2011. The social mediums such as a future of internet
marketing [C] // JEDLICKA P, Hradecke Ekonomicke DNY 2011,
DIL I: Ekonomicky Rozvoj A Management Regionu. Economic
Development and Management Of Regions, 321-325.

[110] TERZI N, 2011. The impact of e-commerce on international trade and
employment [J]. Procedia - social and behavioral sciences, 24:745-753.

[111] THELEN K, 2003. Historical institutionalism in comparative politics
[J]. Annual review of political science, 2 (2):369-404.

[112] TSAI F M, HUANG C M, 2012. Cost-benefit analysis of implementing
RFID system in port of Kaohsiung [J]. Procedia - social and behavioral
sciences, 57:40-46.

[113] WAKABAYASHI K, SUZUKI K, WATANABE A, et al.,
2014. Analysis and suggestion of an e-commerce logistics solution:
effects of introduction of cloud computing based warehouse
management system in Japan [M] // Logistics Operations, Supply
Chain Management and Sustainability, 567-573.

[114] WEI L, 2014. Construction of e-commerce information services platform in
international trade [J]. Advanced materials research, 926-930:
2512-2515.

[115] WONG D W C, CHOY K L, CHOW H K H, et al., 2014. Assessing a
cross-border logistics policy using a performance measurement system
framework: the case of Hong Kong and the Pearl River Delta region [J].
International journal of systems science, 45 (6):1306-1320.